EXCELLENCE WITHOUT A SOUL
How a Great University Forgot Education

失去灵魂的卓越
哈佛是如何忘记教育宗旨的

作者：哈瑞·刘易斯（哈佛学院前院长）
译者：侯定凯等

（第二版）

华东师范大学出版社
·上海·

EXCELLENCE WITHOUT A SOUL: How A Great University Forgot Education
By Harry R. Lewis
Copyright © 2006 by Harry R. Lewis
Simplified Chinese translation copyright © 2007 by East China Normal University Press
Published by arrangement with PublicAffairs, a Member of Perseus Books Group
ALL RIGHTS RESERVED

上海市版权局著作权合同登记　图字:09-2006-858 号

请记住：我们的大学是为了公共利益而建立的。它拥有辉煌的历史。发展道德和智力是我们的主旋律。大学的发展和真正福祉从来都是与我们国家的命运休戚与共的。这座大学至今取得的所有伟大成就，都需要我们发扬光大。

——亨利·希金森（Henry Lee Higginson）
1901年10月15日在介绍哈佛学生联谊会
（Harvard Union）时的讲话

我们需要通过享用自由来考验这个自由的文明社会。但是如果我们以自由之名不务正业，或碌碌无为，或汲汲于一己之利，那就是文明社会的失败——我们的国家如此，美国的大学更是如此……建立文明社会的斗争不仅发生在战场上，也发生在讨论会、课堂、实验室、图书馆里……建设文明社会最关键的，是把青年培养成为能造福世界的人——他们不仅需要创造富庶的物质世界，更需要成为精神世界的楷模，需要通过教育让他们达到至真至善的境界。

——A·劳伦斯·洛厄尔（A. Lawrence Lowell）
1916年给耶鲁新生的讲话

目录

译者序	1
中文版序言	5
致谢	7
英文版序言　大学忘却了什么？	9
导言　　　不实的卓越	1
第一章　　选择与方向	17
第二章　　知识精英与公民意识	37
第三章　　沟通、竞争与合作	61
第四章　　咨询：永恒的主题	77
第五章　　为什么分数在上升	91
第六章　　评价只是教育手段	107
第七章　　独立、责任感、性侵犯问题	127
第八章　　学生与金钱	167
第九章　　大学体育与金钱	183
结语	218
注释	231
附录　哈佛大学现行各学院结构图	273
译后记	274

译者序

如今,各国的学术政策和学术项目越来越多地被冠以卓越之名。但在"何谓卓越"、"为何卓越"的问题上,却常常未能体现大学应有的反思和理性精神!一流大学在追求卓越地位和声望方面一直引领潮流,但是在保持教育本色方面的表现未必名副其实!

结合大量史料和长期在哈佛教学和工作的亲身经历,哈瑞·刘易斯《失去灵魂的卓越》一书为我们描述了哈佛这所知名大学是如何为卓越而放弃教育使命的。刘易斯教授从通识课程、学生咨询、分数贬值、校园犯罪、大学体育、大学领导风格等角度,对哈佛大学(特别是负责本科教育的哈佛学院)一味追求卓越、放弃教育之本的倾向提出了深刻反思。

透过《失去灵魂的卓越》,我们可以看到,知名大学正把消费者需求和公共关系作为办学指南,金钱和声望的重要性正在替代原则和理性。富庶的物质条件、时髦的课程(有时只是时髦的课程名称)、企业化管理、强大的营销策略是常见的达致卓越的策略。而"有灵魂的教育"则包括这样一些要素:大学对于学术、学生和国家的责任感;体现整体性的通识课程;恪守教书育人的本份;独立于社会流行观念的判断力;强调教育过程和方法甚于教育内容;对学生严爱相济、情理相融等。在刘易斯教授看来,哈佛失去教育灵魂的具体表征包括:

- 通识课程。学生拥有了更广泛的课程选择,但大学没有提出体现教育目标的基本课程要求。大学课程逐渐演变为由选修课堆积而成的"自助餐",缺乏知识的内在完整性,课程设计仅仅是为了让学生和教授开心。
- 大学教学。对教学持无关痛痒的态度,更多强调教师的科研发表记录,极少关注教师是否能上好一堂课。学生直到本科毕业时,都可能无缘教授的指点,因为本科教学任务都是由缺乏教学经验的助教完成的。
- 道德教育。虽然美国大学鼓励校园文化的多样性,但教授们并不需要为学生在本科四年里的全人（whole human beings）发展承担责任。在选拔、培训和评估教师时，大学也很少将教师在品德教育方面的表现考虑在内。另一方面，道德教育与取悦学生家长的需要形成了冲突。家长希望自己的孩子表现完美无缺，最终获得理想的大学文凭，这极大地妨碍了学生自立意识和责任感的养成。

- 国际化。哈佛前校长劳伦斯·萨默斯担心哈佛太"美国化"了，主张哈佛学生应该培养更多关于其他国家和文化的意识；而刘易斯认为，海外学习并不一定是学生接受教育的最佳方式，问题的关键不是海外游学是否有教益，而是如何充分利用哈佛大学现有的各种宝贵资源和时间。

- 宿舍教育。上世纪初的学生宿舍是教育的场所，来自不同背景的师生组成民主的生活社区。如今哈佛的学生宿舍已丧失其教育目的，而只为学生的生活更加舒适。

- 学生辅导。学生辅导工作本应致力于把学生培养成为有责任感的成年人。但如今，在个人生活方面，大学教师并不比普通人高明多少，他们无力给学生提供适当的生活指导。

- 评分制度。针对教师给学生课程的评分不断升高的所谓"分数贬值"趋势，作者认为，学生分数不断上升源自多方面因素：学生给教师的压力、学生评教和教师职称评定制度的影响、学生学业能力的提高、小型课程数量的增加、教师教学水平的提高、评分方式的变化等。而在作者看来，真正对学生起激励作用的不是分数本身，而是如何让课堂教学变得更有趣味。

曾有中国读者认为，在现代社会中，哈瑞·刘易斯强调的大学教育目标几乎是不可能完成的任务。一方面，大学教授都是各个领域的专家，他们的优势在于传授专业知识，而不在教导学生如何生活；另一方面，现代社会价值多元，如何生活的答案因人而异。但是，这样的评论忽略了"传统精英思想"在大学环境里的新价值。在大学里，很显然，关于民族认同、传统文明、公民教育，我们不是做得太多了，而是做得太少了。人们通常假设学生的基本素质教育都在基础教育阶段已经完成，于是在大学阶段重点传授那些远离生活和现实的专门知识。当社会价值日益走向多样化的时候，大学干脆放弃了这些作为公民基本素养的教育目标。

刘易斯教授对自己的学生倾注了热诚，对自己服务了三十多年的哈佛充满了感激，对自己的祖国忠贞不渝。我不知道下一代的哈佛教授是否认同哈瑞·刘易斯先生的执著，但至少，哈瑞·刘易斯的存在本身可以解释哈佛之所以为哈佛的原因——虽历经时代变迁，依然给古老的教育信仰留下了一片天地。这是健康大学生态的一部分。

记得一位哈佛的生物学家说过：社会不仅由我们创造的事物组成，而且是由那些我们拒绝破坏的事物组成的。托马斯·杰斐逊在谈及《独立宣言》及其公民生活的原则的目的时曾说："不是要发现从来没有想过的新原则、新观点，也不是要说我们从来没有说过的话，而是把每个人都知道的常识摆在人们面前。它的权威力量来自当时人们的理想与和谐的情感，体现在日常的谈话中、书信中、印刷的文章中，或者公民权利的初级课本中，如亚里士多德、西塞罗、洛克、希德尼等。"这位英明政治家的宣言也应该成为所有教育者的行动指南。哈佛之所幸，不仅在它的各种盛名，也在于它拥有像刘易斯教授这样的传统守望者！

从某种程度上说，《失去灵魂的卓越》可以看作是刘易斯教授对劳伦斯·萨默斯校长领导风格的一份批判书。作者通篇没有为这位从美国联邦政府"空降"到哈佛的经济学家说一句好话。作者的愤慨之情在本书的"结语"部分尤其明显。有人认为，刘易斯教授从哈佛学院院长位置上提前两年下台，是和他与萨默斯校长的全面和正面的冲突有关。比如，刘易斯教授希望哈佛保持更多的美国特色和传统，而萨默斯校长则强调国际化之类"时髦"的目标（关于哈瑞·刘易斯和萨默斯校长冲突的详细背景，读者可以参阅《哈佛规则——捍卫大学之魂》一书）。刘易斯教授的经历折射出政治、学术、教育使命之间永恒的矛盾和斗争。

尽管如此，作为依然在哈佛工作的教师，刘易斯教授还可以用著述的方式，充分表达自己的观点，包含大量批判哈佛校长言论的《失去灵魂的卓越》依然可以摆放哈佛的书店里。诚如作者在书中所说，在哈佛，不能容忍不同意见的人很少。只有人们自由地交流思想，并彼此怀有敬意地开展辩论，大学才能强大。在民主社会，就大学的目标和工作进行辩论不是病变的征兆，而是生命力的表现。

对大学使命及其实现方式的不同意见，可以看成是高等教育履行其使命的证据，这个使命就是追问什么是真、什么是善、什么是美；是赋予学生思考这些深刻问题的灵感和技巧；是挑战传统的思想和习俗；是让学生追问自己什么给他们的生活带来意义，什么使他们能更加热爱生活。从这个意义上说，我们需要引入更多"哈瑞·刘易斯式"的观点，来激活我们基于全球化和民族传统、利益背景的大学教育宗旨的持续辩论和正名！

最后值得一提的是，刘易斯教授并不认为"卓越"与"灵魂"天然对应。在论及体育竞争给学生带来的价值时,作者评论道"在任何领域,追求卓越可以超越娱乐;追求卓越可以是一种美,它能给人类的心灵带来深深的满足感。"如何实现有灵魂的卓越成为本书提出的又一个重要命题。

侯定凯

2012 年 6 月

中文版序言

现在中国的学生拥有了前所未有的高等教育机会。今天,中国的大学是培养专门人才的"工厂"。中国优秀的科学家、工程师和思想家遍及世界各地,他们用自己杰出的智慧和发现建设着现代世界。但是他们中的很多人是在海外接受教育的,这些人最富创造力的职业生涯也是在国外度过的。随着中国不断走向开放和现代化,中国的大学面临重大的变革机遇。

只要改革道路正确,中国的大学就能够像美国的大学一样,成为社会繁荣的"发动机"。中国的大学可以通过自身创新,推动经济的发展。通过向所有富有才能和抱负的人们创造就业前景,中国的大学能够不断促进社会流动。

本书分析了哈佛及美国其他著名大学的教育问题,也回顾了这些大学几个世纪来在美国社会中发挥的作用。因为我熟悉哈佛,还因为哈佛一直是世界上最杰出的大学,书中绝大部分笔墨集中在对哈佛大学的分析上(虽然其中也不乏批评)。但自从本书英文版面世后,通过和其他大学许多教授和院长的交谈,我发现他们也正面临和哈佛同样的问题。

本书的宗旨是回顾大学通识教育的发展历史,并展望其未来前景。大学通识教育的目标超越了学科的专业技能。通识教育旨在利用大学生的可塑性,鼓励年轻人认识自我,并发现自己的生活道路。通识教育的任务还在于提醒学生:自己应对社会知恩图报,应该利用自己掌握的知识为人类谋福利,而不仅仅追求自身的经济富足。

在美国,很多大学丧失了这些远大的教育目标。我们在本科生身上寄托的期望太少了。有时,我们认为只要学生高兴,我们的教育就成功了,仿佛我们是在饭店里向学生提供餐饮服务。我希望通过这本书提醒美国人民:我们在教育中放弃了自己的根本任务——大学原本应该为社会培养原则性强、受人敬重的领导人;应该培养学生重要的价值观、性格、道德,让他们愿意为全世界人民的福祉而学习。

本书出版后,哈佛又提出了新的本科教育课程改革计划。新的课程计划重新强调了哈佛曾经非常缺乏的教育理想。这一计划的起草者提到,新课程制定过程中得到我这本书的启发。如今,我很高兴地看到,我们有望重新点燃几乎要放弃的理想了。

2007年1月,我有幸访问了上海的一些大学,并有机会和那里的官员、大学教授、学者和学生进行了交流。我非常感谢他们对我发表的演讲感兴趣,他们对大学未来发展的洞见给我留下了深刻印象。

在此,我可以简单地概括本书对于中国大学可能带来的启示:中国大学应该培养学生的人文精神、人格和对自己的社会责任的理解力吗?中国大学应该解放学生的心灵以便让他们决定如何更好地服务社会吗?如果中国大学课程强调了通识教育,大学生将变得更有创造性、更富想象力吗?西方大学的经验告诉我,所有这些问题的回答都是肯定的。

哈瑞·刘易斯
2007年3月4日

致谢*

本书是我三年写作的成果。在此，我要感谢波士顿大学和麻省理工学院为我提供写作场所，特别要感谢这两所大学的阿泽尔·贝斯塔夫罗斯（Azer Bestavros）和哈尔·阿贝尔森（Hal Abelson）两位教授对我的款待。我写作最集中的一段时间，是在麻省理工学院"计算机和人工智能实验室（CSAIL）"里度过的，我与那里的同事相处得很愉快，他们给了我写作的动力。

正如本书结尾处的注释所示，在研究过程中我参考了大量资料。哈佛大学档案馆让我便捷地获得许多原始文件。档案馆在其网站上刊载的"哈佛校长报告"是一个丰富的信息库。特别是塞缪尔·莫里森（Samuel Eliot Morison）和弗雷德里克·兰多夫（Frederick Rudolph）所著的《课程》（Curriculum）为我提供了关于哈佛历史的第一手资料。在大学体育问题方面，罗纳德·史密斯（Ronald A. Smith）的《体育与自由》（Sports and Freedom）、大卫·扬（David C. Young）的《希腊业余体育的奥林匹克之谜》（The Olympic Myth of Greek Amateur Athletics）、保罗·韦斯（Paul Weiss）的《运动的哲学分析》（Sport: A Philosophic Inquiry）都给了我很大启示。本书大量的引文来自《哈佛深红报》（The Harvard Crimson）、《波士顿环球报》（The Boston Globe）、《纽约时报》（The New York Times）、《哈佛大学公报》（The Harvard University Gazette）以及其他一些报刊的在线档案。我尤其要感谢《哈佛深红报》提供的开放式档案材料和几十年来关于学生新闻的纪录。在哈佛学生生活报道方面，《哈佛深红报》是最忠实的记录者。随着哈佛校长报告发布制度的终结，《哈佛深红报》承担起了大量学校事件的报道任务。

本书的开篇和各章开头的引文，都出自与哈佛有渊源关系的人的言论。其中一些在哈佛的身份不广为人知的作者，我作了特别说明。

我的院长道路离不开众人的指引。在此，我要感谢所有多年来与我同事的副院

---

* 本书中，英文版原著的页码标注在页边空处。——编辑注

长、院长助理、资深辅导员、学监和辅导员们教给我的一切。他们是最理解哈佛这所学校和哈佛学生的人。我要向他们中的杰出代表、已故的约翰·马奎恩德（John Marquand）先生致以深深的敬意。

出版前，许多人都曾经审阅了我的书稿，并提出了修改建议。我要特别感谢下列人员：弗雷德·阿伯纳斯（Fred Abernathy）、卡伦·埃弗里（Karen Avery）、查尔斯·杜西（Charles Ducey）、詹姆斯·恩格尔（James Engell）、瓦苏吉·盖恩斯汉纳森（Vasugi Ganeshananthan）、安妮·格林（Anne Greene）、F·贾维斯（F. Washington Jarvis）、卡兰·罗达（Karan Lodha）、詹姆斯·麦卡锡（James McCarthy）、约翰·麦格雷斯（John McGrath）、迈克·米泽马赫尔（Michael Mitzenmacher）、伊丽莎白·内森斯（Elizabeth Studley Nathans）、杰夫·奥林斯（Jeff Orleans）、乔治·彼德（George Peter）、里奥·瑞辛（Leo Reyzin）、彼德·罗比（Peter Roby）、哈尔·斯各特（Hal Scott）、哈维·席尔瓦格雷特（Harvey Silverglate）约翰·斯托弗（John Stauffer）、苏姗娜·托宾（Susannah Tobin）、迪恩·惠特拉（Dean K. Whitla）。一些审阅人不希望在这里透露自己的姓名，但我还是要对他们的帮助表示感谢。我特别感谢我最喜爱的两位哈佛学生——她们是我的女儿——安妮·刘易斯（Anne Lewis）和伊丽莎白·刘易斯（Elizabeth Lewis）。因为她们深知本书的作者和哈佛学院，她们提出的意见对我的帮助颇大。我的弟弟理查德·刘易斯（Richard Lewis）对学生分数和衣服尺寸作了类比，而帕默拉·刘易斯（Pamela Alan Lewis）为我指点了衣服尺寸方面的知识。我对他们一并表示感谢。我的妻子玛琳·刘易斯（Marlyn McGrath Lewis）为我指明了哈佛学院的培养目标。在我任哈佛学院院长及本书写作过程中，她给了我无尽的爱和支持。千言万语都难以表达我对她的感激之情。

不知是出于信念，还是因为一时糊涂，约翰·泰勒（John Taylor）同意做我的出版经纪人。我对他表示感谢。感谢公共事务出版社（PublicAffairs）的彼德·奥斯诺斯（Peter Osnos）对于本书出版寄予的信任。感谢本书的编辑克莱夫·普里德尔（Clive Priddle）和林德塞·琼斯（Lindsay Jones）。没有他们的工作，本书不可能问世。林德塞凭借其编辑专业能力，润色了我的书稿，并保证我的写作顺利杀青。

我愿意为书中所有的错误之处承担责任。读者不能认为凡是出版前审阅了本书的人，都同意我那些糟糕的论点和失态的言辞。

在任院长期间，我与许多出色的同事建立了良好的友谊，有时我们的看法不尽相同——其中包括杰里米·诺里斯（Jeremy Knowles）和尼尔·陆登庭（Neil Rudenstine）——但他们深知，只有人们自由地交流思想，并彼此怀有敬意地展开辩论，大学才能强大。在哈佛，不能容忍不同意见的人很少，对此我深感欣慰。

英文版序言　大学忘却了什么？

美国一些知名的研究型大学已经成为世界各国仰慕的对象。几十年来，在服务社会的过程中，大学一直是发明和创造的源泉。因此，人们把有抱负的年轻人送到这些知名研究型大学的本科学院读书，并将这视为无上荣幸的受教育机会。大学里研究与教学的结合，让那些最杰出的专家与最有前途的学生面对面接触。在那些顶尖大学里，教师与学生所取得的成就一年比一年突出。无数个家庭都梦想自己的孩子能考入哈佛、普林斯顿、耶鲁或斯坦福大学。这些家长认为，被这些学校录取，就是对孩子成就的认可；进入这样的学府，未来美好的前程就有了保证。

那些校友经常感叹如今大学所发生的沧桑巨变——与当年他们就读大学时相比，有更多的女学生和少数民族学生进入了大学课堂；大学生的社交和性生活变得如此的随意了；又有多少新的实验室和研究中心拔地而起；大学的学术水平又下降了多少。而事实上，本科教育的基本架构依旧如故。

我们当中的一些人，把自己生命的相当一部分奉献给了这些知名大学。当想到如今这些大学的中心地位依旧如往昔，甚至比过去更出色了（因为学校拥有了更出色的学生和教师），他们内心充满自豪。我们更愿意保持稳定，即使我们鼓足勇气展望未来时，我们也不情愿做出重大变革。远程教育或许是一个不错的创意，但是那些挂满常春藤的宿舍和教室，依旧是作为常春藤大学的一个标志。在一些地方，大学体育或许已经失去了控制，但如果一所大学没有一支橄榄球队，就如同早餐只吃羊角面包一样，被人看作与时代格格不入。在古老的知名大学里设立学院是美国模式，即使再怎么进步，这些"美国模式"总是希望保持其在美国公众心目中的突出形象。

然而，老校友们的观察没有错。这些古老的学院确实发生了深刻的变化——这些变化比校友们在重新聚首时看到的学校新色彩和建筑要深刻得多。旧的学校机构保留下来了，但其内涵已经发生了变化；课程内容比以前更加丰富了，但课程已不再围绕那些普遍认同的理念来设计；教授们依旧在给学生们打分，但这些分数已经演变成为学生进入研究生院学习的资格,而不是教师向学生提供的教学反馈;纪律制度已经演变成为可以辩论的"小小法庭",而不再是进行道德教育、帮助年轻人成长、培养具有责任感公民的途径。因为需要大运动量的训练和漫长的赛季,校际体育比赛似乎也违背了原先锻炼学生心智的初衷——相反,这些比赛都是由专业运动员参加,没有趣味可言。他们从事这一行,是因为只有加入运动队,他们才有机会进大学。

简言之,大学已经忘记了更重要的教育学生的任务。作为知识的创造者和存贮地,这些大学是成功的,但它们忘记了本科教育的基本任务是帮助十几岁的人成长为二十几岁的人,让他们了解自我、探索自己生活的远大目标,毕业时成为一个更加成熟的人。现在学术追求替代了大学的教育任务,殊不知这两者不应该厚此薄彼。形式上教育还在延续,比如学校设立了教学奖励制度和各种学生服务项目;一些教授还是希望成为师德高尚的名师。审视一下任何大学领导的演讲稿,你会发现其中不乏关于"世界问题"、"知识探索"、"勤勉工作"与"成功"之类的词句。我们却鲜有看到个人力量、完善的人格、善良、合作、同情、如何把眼前的世界建设得更美好等方面的言辞。学校越出名,就越强调在教师、学生和经费市场上的竞争力。在这些学校,人们很少严肃地讨论如何培养学生良好的人格,让他们明白:如今受到的良好教育,部分应归功于这个社会。

在我担任哈佛学院院长时,上述这些问题已经出现在哈佛。我试图解决这些问题。但在这个过程中,或许我自己也成为"问题"的一部分了——或者制造了新的问题。2003年我卸去了学院的行政职务,潜心于我的教学和研究。本书就是根据我担任院长期间的所见所闻写下的心得。时过境迁,希望当我们回首这些问题的时候能获得一些新知——这些问题是怎么产生的?为什么这些问题成了顽症?应该如何解决这些问题?

从1974年算起,我在哈佛做教授已经30年了。几十年来,我听到了很多关于教学、课程、评分、体育、学生行为不端对策方面的言论,但我几乎没有听到教授在讨论如何把学生培养成材的言论。总是有人在提醒教师注意有情绪低落倾向的学生,并把他们移交到学校精神卫生中心接受帮助。而大多数学生最需要的不是心理咨询,而是需要有人给他们指明自己未来的生活方向。校长、院长和教授们很少告诉学生一些最简单的道理,比如,若不进行深思熟虑,以往那些将学生带进大学的策略和勤勉的精神,现在可能将无法带领学生走进更有意义的成人世界。

以我供职的哈佛大学为背景,我把对高等教育的探析建立在哈佛环境下的事件和数据基础之上。然而,在哈佛发生的一切同样可能发生在其他地方。我们可以就任何一所其他知名大学的情形撰写一本类似的专著。从某些方面来说,哈佛有其独特的一面:它是美国最古老的大学;或好或坏地,在许多方面它为其他大学树立了典范;它的形象在公众的心目中具有某种象征意义。我在这里呈现的哈佛的面貌,或许具有典型性,或许只是一种极端情况。但其中的内容都是真实和有目共睹的。从中我们可以窥见学校发展的大势。

本书中,我分析了哈佛以及其他名牌大学是如何忽视本科教育最基本目标的。教育不仅仅是数据、公式、法则、名字和地点的传授。事实上,教育不仅仅是课堂教学。研究型大学的教学质量通常是相当不错的,但并非所有的大学都如此。不管学生接受的教育质量如何,当他们在25周年聚会,再次拿起当年的笔记本时,他们发现那些记录的内容都已经忘记了。学生们更容易记住的是某一名优秀的教师,而不是他当时课堂上讲授的内容。不管如何,校友们还是说他们在学校读书期间得益匪浅。用多明哥斯(Jorge Dominguez)的话来说,通识教育就是:当你接受了教育,又把当初学到的内容忘记后,最后还剩下的东西。如果以此为标准,我们应该如何评价如今大学生所接受的教育呢?

18到22岁是年轻人在人生发展道路上的特殊阶段。这些年轻人离开家庭,可以开始独立思考问题了。他们已经能够成熟地从独立的生活、新的知识和富有挑战性的观念中获取力量和灵感。理论上讲,大学就是学生开始认识自我、发现生活意义和目标的场所。他们所处的年龄正好是培养责任感的阶段——学生从父母亲的依赖那里独立出来,开始为自我和社会承担责任,年龄在17岁以下的学生,尚不能适应大学提供的独立的生活,而年龄在二十好几的学生又不能充分利用学校环境,实现自我的重大转变。虽然现在大学生的年龄在有意无意间发生了变化——已经超越了个体发展的最佳时机,但大学似乎对影响学生生活的机会还是视而不见。

大学已经具备了帮助学生发展的条件。它们为教授们创造了舒适的日常生活条件。在顶尖大学,财政支持非常充裕、慷慨,学生无须支付大笔学费。进行真正教育的硬件都齐全了,但为何知名研究型大学里的学院会迷失教育的大目标呢?

本书就是专门讨论这一问题的产生过程、原因及结果的。进入大学之前,学生的人生已经过家庭和学校的塑造,大学忘记了自己的使命在于继续塑造这些学生,使其成为富有学识、智慧、能为自己的生活和社会承担责任的成年人。这样的局面不可能永久存在,但如果这些知名大学要实现自己的使命,就必须在本科教育中重新注入理想主义的观念。

导言
不实的卓越

有形而无式,有影而无色,有臂而无力,有势而无为。①

——托马斯·埃略奥特(Thomas. S. Eliot),《空心人》(*The Hollow Men*)(1925)

---

① 托马斯·埃略奥特1909年获得哈佛文学学士学位(A.B.)。此处四句原文为:"*Shape without form, shade without colour; paralysed force, gesture without motion.*"本书此处借用了名为Jason Yu的网友的译文(参见:http://blog.sina.com.cn/s/blog_6d4783510100py25.html)。——译者注

大学是复杂之地,它发挥着各种相互矛盾的职能。在社会大众眼里,大学是一片净土。毫无疑问,大学面临的种种复杂问题很难有准确而规范的答案。但是如果能观察大学是如何为解决这些问题而斗争的,在很大程度上我们可以发现哪些是问题的根源,哪些不是。

大学面临的难题难究其根源。虽然大学的衰落可以归咎于机构丧失了意志,或归咎于教师的懒散。金钱在某种情况下可以解决这些问题。但是,许多问题有其历史根源。它们之所以悬而未决,是因为它们涉及价值冲突,且矛盾各方找不到均衡点。大学对自己所做之事缺乏信心,它们不知道如何在大学教育使命的大背景下思考这些问题。

本书主要回顾我在担任院长期间,哈佛学院所面临的种种矛盾。这些问题主要包括:我们怎样教育学生?教给了学生什么?如何给学生打分?打分的依据是什么?在培养学生责任心方面的成败得失是什么?金钱对学生有什么一般性的影响?金钱对大学发展体育运动有何特别的影响?等等。这些问题很有意思,因为它们历久弥新,仅这一点就可以说明大学时刻都处于各种价值观的冲突之中。面对这些问题,大学有时认识清醒,有时则不然。如今,我们痛心地看到自己正在失去主张。

无论著名大学还是不起眼的大学,都存在这些问题。但是,今天没有几所大学能自诩自己办学理念明确。其实,目前这些大学表现出的种种不实之举,暴露出大学缺乏办学的智慧。这种情况并非不可避免。解决这些问题有赖于有原则性的大学领导。

教学:从广泛意义上来说,教学涵盖了大学在本科教育阶段向学生传授的所有课程。课堂是教学的一个方面,但还包括课程目标、课程结构、学生咨询活动以及师生互动。大约每隔25年,大学就会对所有课程进行重新设计,以适应社会和文化发展的需要。于是课程改革成为大学教育体现学术发展和社会需要的良机。自然科学、工程科学、人文科学领域课程改革的方向,可以反映大学在培养学生世界观过程中的基本理念。

哈佛最近的一次课程改革始于2002年,此时正值经济学家、前美国财政部长萨默斯(Lawrence H. Summers)就任大学校长一年之后。自1862年费尔顿校长(Cornelius Conway Felton)以来①，萨默斯校长波折不断的任期是最短的了。2006年1月一个周五的晚上，据说是在萨默斯的一再坚持下，哈佛文理学院院长被迫辞职。几周后，萨默斯自己也在文理学院对他的决断、管理以及其人格的怨声载道中辞职了。与此同时，几个课程评估委会对有可能在春季实施的文理学院新课程计划提出了建议。一些教授们抱怨课程改革缺乏新意，他们在《纽约时报》上撰文提出了尖锐的批判；另一些教授们赞成课程改革，认为新课程对教授或学生都没有提出太高要求；也有一些教授认为在学院一片抱怨和管理混乱的环境下进行课程变革的做法不明智。

从一开始，科学的发展和全球化推动了哈佛的课程改革。在未来的几十年中，科学和全球化将继续成为人类进步的动力。哈佛将这些社会发展的主题置于本科教育的核心，但课程改革忽略了人文知识的重要性。同时，分门别类的学科成为本科教育课程的基本构成要素，似乎学生读大学就是为了将来进入商业、法律、医学等领域就业，而在哈佛学院接受的教育与这些目标关系不大。经济动机成为"象牙塔"教育的主题，这导致大学的指导思想失去了根本的教育宗旨及其与社会的联系。我们已经忘记了教给学生人文知识，是为了教育学生怎样为人；我们忘记了家庭经济困难的学生与家庭富裕的学生接受教育的目的是不一样的；我们忘记了这样的道理：如果没有美国社会中公民的自由理念，大学就无法教会学生认识自身与全球社会的关系。

2006年初哈佛课程的自我评估前途未卜。发布的研究报告承袭了美国政府官样文章中最糟糕的措辞方式，鼓吹哈佛的教育目标是"促进知识拓展和跨学科学习的机遇"。归根结底的意思就是：哈佛学生随便学点别的什么，都要比学习哈佛课程本身强。哈佛就像是处于一帮争吵中的孩子的母亲，看着32个系及其下属的无数专业，却说要平等对待，没有偏颇。因为不能在教师们中推行自己的计划，校长只能全然放弃。实施课程评估的教授们只提出了没有多少实际意义的课程方案，他们只希望通过改革取悦学生，又可以避免教授之间学术派系争斗。文理学院是否接纳这份无关痛痒的课程改革方案，将是对哈佛在美国高等教育界领导地位的考验。各大学的领导者一直把哈佛的课程改革当成效仿的典范，新闻媒体也把哈佛课程改革作为预测学术发展趋势的"风向标"。初步迹象表明：哈佛即将实施的那些毫无活力的新课程将在2006年初

---

① 费尔顿为哈佛大学希腊文学教授，1860年开始担任哈佛大学第20任校长，直到1862年去世。——译者注

被抛弃。

私立大学在美国社会占据了得天独厚的地位,他们成为社会契约的受益者。作为私立大学对社会所做贡献的回报,私立大学享受了免税待遇和学术追求的自由。因此,这些大学在享受特权的同时,公众有理由对其是否能坚持自己的使命提出质疑;人们怀疑这些大学是否能为美国最聪明、最有抱负的公民提供优质的教育环境。

相对课程改革的争论而言,围绕大学与学生关系的争辩要低调一些。但是对受教育者而言,这两个问题同等重要。既然学生来到了收费昂贵的大学,为什么满足这些学生及其家庭合理的期望、通过协商方式使其获得学位并顺利进入成人世界那么困难?师生沟通、教学、咨询方面的问题由来已久,从19世纪哈佛及其他一些无所作为的殖民地学院开始,这些问题就已经存在了。历史上那些受到盛赞的教授们,既是杰出的教师,也是伟大的学者,而有些盛传确有其事。但是,研究型大学并没有规定教师与本科生之间应该建立何种关系。当学院发展成为大学时,我们依然能感受到一百多年前大学里所发生动荡的后遗症。

的确,这种后遗症正在滋长,而不是在弱化。教授受聘成为学者和教师,却不能引导学生培养良好的价值观,他们不是传道解惑者。大学没有指望教授来帮助学生,却聘请咨询师和辅导员来完成教育任务。学校甚至以学生互助的方式,让学生来完成原本属于教授的教育工作,学校居然以这种释放教授责任的做法而自豪。同时,政府官员却不停夸耀教授们是学生真正的导师。对于那些以讲真话为荣的学校来说,如此的伪善实在让人难堪。

评分:评论界对知名大学里学生评分制度的批评"情有独钟"。人们一般总认为高分导致了现代高等教育的腐败,他们甚至认为高分是伴随越南战争出现的大学动乱的一个因素。但是评分制度与教育活动一样历史久远,对评分制度的批评也源远流长。对评分问题的批评和应对措施周而复始地出现,这说明"分数贬值"现象有着深刻的根源。实际上,教师们不能在打分问题上做出什么决定,因为他们根本无法就评分目的形成一致看法——分数是一种客观衡量标准吗?分数是学生就读研究生院及进入未来职业岗位的资质证明吗?争取好分数是学习的动机吗?既然教授们无法就评分目标达成一致看法,他们对于评分的标准自然也各执一词。如果大学不明确评分是一种教育手段,教师们就会对学校迫于舆论压力而采取的各种政策批评有加。

个人责任：学生与大学的关系，正逐渐演变为消费者与出售昂贵商品和服务的卖主之间的关系。因为存在对未来高回报的预期，消费者理所当然地认为大学教育应该是一种高消费。然而在大学究竟应该为学生承担什么责任的问题上，依然存在分歧——是帮助他们自主确立个人行为准则，还是帮助他们实现高尚的人格理想？大学道德教育的功能逐渐削弱；学校的道德教育与满足学生及家庭从教育投资中获得回报的希望之间存在矛盾。为了取悦学生，以便在所有重要的大学排名中名列前茅，大学在用"糖果"哄骗学生，而不是采取严格的措施锻炼学生的品行。大学把学生当成雏鸟加以呵护，而不是鼓励其挣脱巢穴的羁绊。简单地说，大学没有负责任地帮助学生茁壮成长。

在特定领域中，大学不能取悦所有的学生，因为大学与学生之间存在冲突。纪律制度原本是一种教育工具，现在因公开曝光的大学生约会性侵犯事件而备受压力。过去大学是社会进步力量的代表，如今它们是否应该努力在约会性侵犯的预防和判决上独树一帜、另立标准呢？这不是一项轻松的抉择，因为社会上一些相关问题还悬而未决——比如，对案件被告清白的假设与对女性原告信任的假设之间就存在矛盾。

旧的纪律制度主要用来处理一般的学生行为不当问题，但在处理严重的学生犯罪方面，就显得捉襟见肘了。哈佛采取了安抚性的措施——重新界定了性侵犯的概念，重新确立了处理性侵犯案件的司法程序。但此举在很大程度上暴露了我们这所著名学府已经忘却自己根本的职责所在——把学生培养成人。哈佛为学生创立的两性环境是一厢情愿且不利于学生成长的。哈佛向学生传达的关于个人行为和个人责任的信息，与学生未来需要面对的世界格格不入。在学生的性问题上，哈佛认为，要把学生培养成有责任感的成人，就需要把学生当作孩子来看待。

金钱与学生：金钱从来与大学紧密相连，但目前筹钱、收费以及花钱等问题对高等教育造成的影响却是空前的。在多数大学，严重的财政压力已迫使学校缩减课程设置。而在常春藤联盟大学以及其他竞争性高的大学里，学生都能享受到精良的教育设施和服务，并拥有广泛的课程选择机会。在争夺生源的竞争中，大学不得不建立更好的宿舍和更好的体育场馆，并向学生提供更慷慨的资助项目。同时，大学也向有支付能力的富裕家庭收取越来越高的学费。为了让学生和家长高兴，大学根据学生的需要和愿望调整课程设置。不难看出，高等教育市场正朝着有利于这些幸运学生的方向发展，而对于那些二流学院和州立大学来说，日子就不那么好过了。

事实上，自由市场不能真正服务于学生的利益，因为学生的需求各不相同。大学不是在满足学生的真正需要，而是在满足学生一时的兴致。这些著名大学把自己的财政资源提供给那些学业优秀却经济拮据的学生，但很少考虑这些学生如何才能融入学生与大学之间形成的消费文化之中。生活拮据的学生尤其关注未来职业的前景，而哈佛却把培养就业能力与通识教育的真正目标对立起来。同时，内容空泛的课程把学生与现实世界隔离开来，许多学生只是从那些迫不及待想录用他们的公司那里，了解关于资本主义经济如何创造就业机会的知识。如果哈佛毕业生把咨询服务业和金融业作为通向美满生活的首选，那么就说明我们的教育制度存在问题了。

关于围绕学生和金钱展开斗争的问题，校际体育运动可以为我们提供重要而独特的观察视角。大学体育是美国社会重要的文化现象，它影响到几乎所有大学里学生的受教育经验。在很多美国人的眼里，体育技能是可观察和公认的大学教育成就的象征。但近年来，有大量文章批评大学体育过分强调竞技，偏离了大学教育的宗旨。大学，特别是那些顶尖的州立大学，斥巨资发展那些只有少数学生参加的体育项目。几乎每一所大学在体育投资上都入不敷出，常春藤盟校也不例外。

然而，对大学体育的批评并没有在根本上改变现状。美国人的观念根深蒂固，他们希望大学认真对待竞技体育，但是现在金钱因素于大学体育无孔不入，迫使人们重新严肃地思考那些有关大学体育的古老话题：大学体育运动还具有业余精神吗？全美大学体育协会（NCAA）对业余体育一词的理解是否有悖业余体育远离金钱和竞技的崇高理想？为什么金钱只会让学生变坏，而不会让学校堕落呢？这些问题尤其值得常春藤盟校的关注，因为这些学校并不提供体育奖学金，而学生运动员绝大多数来自低收入的社会阶层。

校际体育运动的整个哲学基础值得怀疑。学校政策和实践没有跟上学生群体社会经济背景多样性变化的步伐。在维多利亚时代的英格兰，业余体育是区分不同社会阶层的工具。业余体育的观念传入美国后，人们不再强调体育作为阶级划分的标准，但同时通过体育无偿化的规定，业余体育的精神得以延续。今天，随着大学招收更多低收入家庭的学生，同时那些高收入家庭花巨资为孩子聘请体育教练、提供训练机会，职业体育和业余体育之间不再泾渭分明。从这一变化中得益最多的是学校，而非学生。在卓越的标准一目了然的领域里，学生对追求卓越反而兴味索然了。另一方面，为了发扬业余体育精神中尊严和相互尊重的思想，如何谨慎和有选择地缓解学生的经济压力，也是需要思考的问题。

大学对本科教育使命的理解肤浅，行动优柔寡断。它们经常不明确究竟要教给学生什么。在处理一些教育问题时态度暧昧，缺乏原则性。有两股力量导致了目前的教育困境——竞争和消费主义。

❖ 竞争 ❖

高等教育领域的竞争日趋激烈。无论是学生之间、教师之间还是大学之间都存在激烈的竞争。竞争本身无所谓好坏，但其结果却有好坏之别。毫无疑问，成为顶尖大学的一员可以带来丰厚的回报，因此从很多重要的方面看，针对学生和教师的竞争能改善这两类人群的处境。竞争将更好的学生和教师吸引到顶尖大学，却也在学生和教师之间筑起了屏障。

在著名研究型大学里，为了获得职称升迁，教授们在自己领域接受的培训日益狭隘、专门化和高深化。终身教授的资格在多数情况下授予研究成果突出的教师，很少授予教学贡献突出者。在这一过程中，教师是否有兴趣或有能力帮助学生成长，则根本不予考虑。今天，没有几个教授把学术工作看成是神圣的使命。而那些真正有使命感的教师很难在顶尖大学获得终身教席。因为教师迫于压力，需要在短期内发表大量学术成果，学术论文正变得呆板和缺乏锐气，只强调写作的技巧。青年教师们往往是根据学术期刊和出版社的喜好而写作。在自然科学和一些社会科学领域，由于研究依靠政府的资助，追求真理的学术方向会被扭曲。因为专利发明可以为大学带来利益，教授与学生的关系和教授与企业的关系被等量齐观。

任何分析了研究型大学的聘用和升迁标准的人都会产生疑惑，他们的疑惑不在于"教授们为何如此不关心学生"，而是在于"在如此缺乏激励和奖赏的情况下，为何还有教师在关心学生"。在自然和人文科学领域，那些成就卓著的学者通常掌握博大精深的知识。他们能在学习过程中把那些貌似不相干的事物饶有趣味地结合起来。正是这种知识的广度，让教授们富有启发和智慧地指导学生。遗憾的是，这样的素质对于年轻教师的聘用和晋升帮助不大。

终身教授的任职要求使教师选拔标准更加狭隘，并导致教师专注于各自的研究领域，却很少关心学生的整体利益。当然这里也有很多值得关注的例外情况。在哈佛，学生宿舍的主管们把自己大量的时间和精力投入到宿舍管理中。① 一些知名教授从本科生、研究生助教和学生宿舍管理教师一路走来,他们牺牲了作为学者、家庭成员和个人的时间,而与几百名学生同居一处。如果没有强烈的帮助学生成长的愿望,他们是不可能选择这样的生活方式的。但是选拔教授的制度必然导致教师视野狭窄,他们只能成为专家而不是博学之士,他们只能心无旁骛地专注于本专业,却无暇关心学生的身心发展。

大学希望促进教师队伍中种族和性别的多样性,当然这一目标很难实现。大学并不鼓励教授从健全人的角度,在学生关键的成长期里承担对他们发展的责任。大学在选拔、培训和评价教授时也没有考虑这一点。有诸多因素影响到哈佛提拔教师的过程:哈佛需要那些能做出新科学发现的教师;哈佛需要那些能拯救濒临灭绝的学问的教师(而这样的工作非哈佛莫属);哈佛需要那些能影响文学和艺术界的教师;哈佛需要那些能适应学生群体变化的教师;哈佛需要上课受欢迎的教师。教师提拔的过程日趋激烈——因为所有的研究型大学都对教师提出了同样的要求。只有在培养学生成材方面,教师没有面临压力。

教授们越来越专注于自己感兴趣的知识领域,而这些领域也越来越远离普通民众理解和关心的范围。学术出版机构甚至出版销量不到300册的著作。一位人文学科的出版社编辑如是说:"对研究成果的要求,最终制造了一大堆文字垃圾。"同时,接受高等教育的学生更多来自美国各社会阶层和世界各国。仅仅在上一辈人中,一些学生或许因为种族、性别、社会阶层、经济条件或地理环境而无缘哈佛、普林斯顿或耶鲁,如今来自这些背景的学生却成为了这些名校的主角。

教师和学生在学术竞争中共同得益,但他们追求的生活目标各异。很少有学生希望将来成为专家学者;而大多数教授肯定不希望再"另谋高就"。许多家庭把上一流大学看成是孩子美好前程的"敲门砖";许多教授却远离、甚至鄙视没有学术氛围的外面世界。教授们把通识教育看作是给自己和其他教授的学术生涯"贴金"的手段;而许多孩子的父母把通识教育当作孩子进入未来金融界、医学界或者法律界的钥匙。很少有

---

① 哈佛的本科学生,第一年集中住宿在哈佛园附近,从第二年起则必须选择十三个"学生宿舍"(House)中的一个,一直住到本科毕业。每幢学生宿舍各自有一套组织班子,其最高的领导是"宿舍主管"(Master of House),同时配有一批辅导教师。学生宿舍里有自己的餐厅、图书馆、健身场所和学生活动室。宿舍主管一般都是德高望重的哈佛教授。主管教授住宿在此,和学生打成一片,把学生的生活照顾得无微不至,也达到了相濡以沫的人文教育效果。——译者注

学生、家长或教授在继承通识教育的优良传统——曾几何时,年轻人可以暂时抛开生活环境造成的成见和偏见,自由地运用思想的力量追求自己的生活道路。

在过去半个世纪里,大学生数量不断增加,而一流大学招生规模却不见增长。美国有许多优秀的大学,但公众心目中只有顶尖大学的光环。这或许可以理解,却是非理性的。能进少数名校被看作是无上荣光,这些学校也是家喻户晓。那些志存高远的家庭密切关注每年8月出版的《美国新闻与世界报道》(*U. S. News and World Report*),他们迫切希望自己的孩子能进入排名靠前的大学。

每年报考哈佛的学生人数在不断增加,但哈佛的在校学生规模基本稳定。众所周知,能被哈佛录取的实属凤毛麟角。一名高中学生拥有无可挑剔的绝对资格,高中几年里一直表现出色,却没有被哈佛录取,家长、教师以及校友都深感困惑和愤愤不平。即使从学术成就这一项录取标准看,客观性考试也无法区分哈佛报考者的良莠。哈佛班级排名前25%的学生,他们在SAT I中的考试成绩都在1 580分以上(语言和数学考试之和),即使班上最差的10%,其成绩也达到1 320分。高中最顶尖的学生在哈佛俯拾即是。只要愿意,哈佛的招生办公室完全可以让这样的学生挤满班级。90%的哈佛学生来自高中毕业班前5%的学生。

因为有大批入学申请者拥有出色的中学成绩和大学入学考试成绩,所以哈佛需要借助非量化的信息作出招生的决策。我们很难准确地说出招生委员会选择或淘汰学生的标准究竟是什么。通常情况是:招生官员看重学生充分利用已有机遇的能力。一个能充分利用有限条件、取得最佳成绩的学生,比那些成绩虽然不错但未充分利用条件的学生,更有被录取的可能。有人认为,这一招生思想体现了一种被误用的"可比价值"(Comparable Worth)理论①。目不识丁父母的孩子所创作的诗歌,是否就比父母是生物学教授的孩子所完成的高质量科研项目更有价值?

我们可以理解,父母及大学申请者会产生这样的想法:在招生这场游戏中,拥有最丰富个人简历的学生将最终胜出。过去的成绩或许预示着学生未来发展的潜力。但招生政策的目标是未来投资,而非奖励过去的成绩。我们费尽心机招收、选拔学生,其间夹杂了多少人的反对、多少人的失落,同时还要考虑那些不可测量的因素。这一切都是为了给学生创造一个良好的环境,让他们在共同生活和学习四年后,继续以各自的方式去创造更加美好的世界。从大的目标看,我们招收学生是为了让他们改善包括

---

① 此理论认为,工人的报酬应该根据实际创造的价值,而非性别等因素决定。——译者注

学术界在内的整个社会——虽然培养未来的学术之星并非哈佛学院的办学宗旨。

哈佛的招生目标很难被落榜生及其家长所理解,也让哈佛的教授们感到困惑。一个在自然或人文领域里显示读研究生潜力的学生,怎么会在上大学时输给一个仅仅在非学术领域有一技之长的学生呢?这怎么可能呢?哈佛毕竟是一家学术机构啊!哈佛不只在收罗学术之星,被哈佛录取的学生中,只有很小比例学生是仅仅靠学习成绩的。招生的最终目标不是挑选高中成绩的拔尖者,而是挑选那些能改变世界的人才。那些所谓的"好学生"在随后的学术竞争中,只能远远落后于哈佛的尖子生们。当"好学生"原先赖以出类拔萃的资本被剥离后,他们在哈佛的日子就不好过了。学生需要确立追求卓越并引以自豪的目标。一所健康的大学不只为了接纳高中的尖子生,因为他们中有很多只能成为大学班级里排名靠后的学生。如果一味提高招生中的学术标准,招收更多的高中尖子生,让他们为学术荣誉而相互拼杀,那么最终我们可能培养出更多的教授,却不能培养更多的医生、工程师、实业家、律师,同时我们也肯定将制造更多的自杀者。

大学生群体的构成在近40年里发生了根本变化,1968年和我一起毕业的学生中,不到40%的学生能享受到哈佛的经济资助,如今70%多的学生都能得到这一待遇。当时我们班级里多数是白人,而且男生居多。如今,你已经很难用简单的语言来概括大学生群体的特征了。抽取任何类别的学生,其获得入学的机会都不超过总数的50%。然而,大学还在拼命地从报名者中竞争最顶尖的学生。在高中,获奖的数学天才、超级的橄榄球队四分卫、发表过作品的诗歌天才只有这么多,但每所大学还想优中选优。

一个基本的事实是:哈佛学生都富有才智。但教授们并不清楚学生上哈佛的真正心理。有哈佛学生告诉我,他们曾不想读哈佛,因为在他们心目中,哈佛学生都是一付趾高气扬、才华横溢的样子。直到报考哈佛的其他同学被录取后,他们才决定上哈佛。而当他们在哈佛看到其他同学"看起来平常"时,心理才稍感安慰。当然,所有的哈佛学生都是非凡之辈。要做到如哈佛学生那般聪敏,决非轻而易举。在哈佛,你很难发现有种族和宗教信仰完全相同的两名学生同住一室。但所有的哈佛学生具有共同的特点:他们都聪敏,他们都曾经踌躇满志,他们对未来一样雄心勃勃。通常一届哈佛学生囊括了《今日美国》(USA Today)组织的"全美高中生学术奖"(All-USA High School Academic First Team)一半的成员;而"全国优秀学生奖学金获得者"(National Merit Scholars),有超过三分之一来到了哈佛。哈佛每个学生身上有与众不同之处实属正常。这或许可以让人高兴,但很快就被遗忘了。

哈佛通过设立各种标准招徕学生,最终加剧了招生过程中学生的压力。哈佛及其他大学因此而备受指责。但现实是:报考的学生越来越多,而供大学支配的资源又那么有限。家长总是错误地认为大学录取有什么秘籍。于是他们有计划地让孩子积累各种资历和证书,设法让孩子的生活各方面都完美无缺。

如同其他竞争一样,大学入学竞争有其可取之处——竞争可以保证入学者都能力非凡、成绩优异。但因为他们读高中的目的就是为了获取大学录取书,而不是为以后的人生之路奠定基础,因此他们上大学后就不能充分利用学校提供的自由环境。有些学生认为能在大学录取中获胜,就意味着自己一只脚已经踏进了顶尖的研究生院,或者已经获得了大公司的职位。也有学生铁定了心,准备在大学好好地享受一番。还有很多学生在经过了一两年埋头苦读后,突然发现危机四伏——他们不知道这样拼命读书究竟为了什么?或者他们意识到当初家长竭力鼓励、牺牲良多追求的未来,其实不是自己想要的。

在这场大学生存危机中,幸运的学生能从教授那里获得指点。如果学生能获得什么帮助的话,那么很可能就是大学老师将心比心地倾听学生的问题。这样的帮助可能来自辅导员、心理咨询师、体育教练、经济资助的顾问、研究生助教,甚至是从本科生中指派的辅导员。教师们可能认为既然被知名大学录取了,就应该满怀感激地按教授的指导认真学习。教师们不明白为什么要将招生名额浪费在那些缺乏学习动机的学生身上。而最后导致了这样的恶性循环:为了应对学生对教师的不满,大学管理者聘请更多的学生工作人员,而不是通过提高教授的聘任标准,增加大学教授岗位竞争的危机感。

大学竞争本身既不好也不坏,只是比其他经济实体的竞争有更多的内在道德要求。但从竞争方式和学生对竞争的期待看,著名研究型大学危机重重。

◆ 消费主义与美国梦 ◆

在大学争夺优秀生源的同时,学校向学生收取的费用也在剧增。现在一般的私立大学(更不要说一流私立大学了),一年的学费相当于美国中等家庭一年的收入。一流大学可以根据家庭的经济状况,向学生提供大笔资助;这样那些贫困大学生可以不用担负沉重的经济负担了。但是低收入的家长们仍为孩子上大学做出了牺牲。由于自己没有经济上的保障,他们很自然地认为,上大学是保证孩子将来衣食无虑的一条途径。

高收入家庭为孩子上大学支付了高额学费,低收入家庭则将大学作为改善社会和经济地位的"跳板"。但当他们来到大学,却发现这里没有明确的教育目标。学生和家长兴致勃勃,而学校敷衍塞责。一些家庭付出学费后希望有等值的回报;有的对未来有明确的目标;一些人对学校提供的服务设施抱怨不已:宿舍的双层床有问题、餐饮质量差、课余生活缺乏组织等;也有人攻击教师提供的课程要求没有道理——这些课程制订都已经有年头了,院长和教授们都记不清当初各系之间是如何就这些课程做出妥协。至少在哈佛学院,学生不理解大学为何要理直气壮地放弃那些具有职业导向的课程——大批学生毕业后都将走上工作岗位。为了维护自己的市场吸引力,大学对这些抱怨尽量有求必应,却没有设法拓展学校的教育视野。大学改善了学校的体育设施,建立了校园酒吧等。只要人们对课程有任何异议,大学就放松课程要求,于是学生就可为所欲为了。但是大学不会时常给教授们施加压力——他们在市场竞争中是自由的。大学不理解的是:对于它们的努力,为什么学生仍不满意?

学生的不满意,源自许多教师对学生的漠不关心——他们充其量是把学生作为未来的学者来培养。大学课程设计主要是为了满足教师的学术兴趣,而不是为了满足学生或家庭的愿望。大学及其学生忽略了重要的一点:要使大学生活更加令人满意,就必须认同并支持更长远的大学教育目标。

在竞争的环境中,大学希望招收全世界最好的学生,并从全球最好的博士中聘用教师,因此大学的公众形象越来越重要,而在过去,学生和教授都靠"近亲繁殖"。在如今的大学里,沟通与公关部门(offices of communication and public relations)扮演着举足轻重的角色。大学不希望院长和教授们直接与媒体接触,生怕他们说一些与学校官方立场相左的话,不幸的是,对宣传的监督掩盖了真正的问题,公众的疑惑成为了大学决策的推动力,而大学原本应该按照自己的原则审慎地做出决定。

当负面的新闻报道推动学校政策时,大学总是文过饰非,而不是试图去理解并解决那些实质性的问题。近些年所有的常青藤盟校都在花大力气改革学生评分制度,增加新生橄榄球队伍的数量。学校关注这些问题只是为了迎合媒体及其他有关社会团体的兴趣。大学没有采取长远措施,切实提高本科教育质量。学校只是泛泛地做出理想化的承诺:密切师生关系、强化评分标准等。这些听起来义正词严、朗朗上口。大学领导人喜欢做"表面文章",因为他们不想被指责为与那些失职的教授或学系沆瀣一气——当然,他们也没有对那些兢兢业业的人们提供任何褒奖。

这是一种非常可怕的状况——甚至连大学最高管理部门都不知道学校里究竟在发生什么事情。大学从来没有成为真正的象牙塔,而且也不应该是象牙塔。大学因服务于社会而享有独立并得到公众的支持,因此公众监督大学是正当和必要的。但具有讽刺意味的是,在学校一味依赖外界媒体监督的同时,作为大学传统的公共监督机制、由校友组成的"大学监督委员会"(Board of Overseers)却变得谨小慎微、唯唯诺诺。该委员会只是通过报章才了解学校里发生的变化。更值得注意的是:就在其他行业对高层管理人员失职行为不断加大监管力度的背景下,哈佛的管理层却在我行我素。

大学正越来越多地通过新闻稿,而不是深思熟虑的信件或报告的形式保持与外界(包括学生家长)的联系。学校尽量减少对事件的解释,而新闻公报可以避免许多复杂的主观因素。以总结和音频的方式传达信息,给媒体这样一种不真实的印象:学校的声明是郑重其事的。但这样做掩盖了事件背后存在的问题。学校通常对隐藏的矛盾未予解释:诸如学校对某项改革付出的代价;公开宣称的目标与反对力量的较量;不同工作之间是如何相互"让路"的。

学校管理和沟通方式的变化,不仅发生在哈佛大学,其他大学也是如此。只是哈佛大学发生的变化更快、更明显而已。校长年度报告就是其中一例。第一份校长年度报告是在学校监督委员会一再坚持下,于1825年出版的。大学监督委员会成员借助校长年度报告,可以了解校长对学校事务的看法。虽然这些报告在不同历史时期的写作风格有所差异,但是近两百年来,校长年度报告还是记录了学校的事件、发展历程以及教师、校友就特定事件进行讨论和争辩的前因后果。这些素材为后人的研究分析提供了便利。但就在10年前,校长年度报告不再出版了。如今哈佛每年只有学校新闻办公室提供给媒体的一份学校工作总结。

当表面问题和肤浅的"讨好"思想左右学校决策时,人们就没有耐心盯着同一份文稿阅读了。大学里有的是具有独立思想的学生、教师和善良的行政人员。由于缺乏宏观的指导思想,又迫于应急的需要,学校各部门便自行其是。那些不怀敬意的学生乘机拿这些自相矛盾的信息大做文章,并对学校缺乏使命感的行为冷嘲热讽。

2001至2002年间,在哈佛发生的关于分数贬值的大讨论便是一个很好的例证。当时公众讨论分数问题正酣,一位院长向教师们发出警告说,评分尺度过于宽松,学生因此丧失了努力学习的动机。两年后,在一次征询学生意见的课程评估中,尽管当时学生分数还在上涨,但除了"分数成了学生的负担"外,其他关于分数问题的讨论已销声匿迹。大学里居然没有人再认真讨论评分问题了,这不奇怪吗?

我们还可以从2004—2005年度发生的一件事情中看出学校是如何缺乏明确的办学指导思想的。2004年秋季，一个学生酗酒管理委员会提出要对新生进行专门教育，并指出，只有将学生校园酗酒问题与学生课余生活以及更大的社会和文化问题通盘考虑，问题才有望解决。但是到了2005年春季，迫于改善校园生活的压力，尽管附近居住的只有新生，哈佛大学还是决定将一个学校食堂改建成酒吧。

既要把事情办得漂亮，又要让大家满意。但通常这两者不能兼得。

大学喜欢把"本科生是大学的核心和主要服务对象"挂在嘴边。在哈佛大学，我们常常听到这样的话：即便本科生不再交纳大笔学费，哈佛学院仍是哈佛大学的中心。然而，当大学办学不成功时，第一个被指责的对象常常是本科生。咨询工作做得不到位吗？那是大学生自己不想去咨询，报名学习冷僻的语言的学生不多吗？那是因为今天的学生只为未来的职业着想，无暇欣赏这些冷僻语言和文学；如果学生旷课了，那肯定是他们对学习缺乏兴趣或太热衷于体育了，而不是因为教授没有向他们解释上课的重要性；如果学生为了完成学分而选修那些最容易的课程，那是因为他们自己偷懒和不开化（尽管辅导员并不能确切知道个中原由）。

大学领导人及教师以不同方式把办学失败的责任转嫁到受害人身上。倘若不责怪本科生，那就怪罪于研究生；这样，研究生就成为了大学新生咨询工作不得法的替罪羊。大学领导人把荣誉学位授予成绩较好的那一半学生，但不告知学生在班级的具体排名；同时责备那些成绩位于前80%的学生为什么不再努力一把，把成绩提高到班级前70%。学校对学生把大学作为取得经济成功跳板的想法诚惶诚恐，却没有向学生传达关于大学教育重要性的完整信息，也不引导学生自主寻求远大的人生目标。

在那些淘汰率特别高的大学里，教师和领导人责怪学生，他们对美国基础教育所提供的生源感到失望。只要大学还坚持从全国、乃至全世界范围内选拔学生，只要教师的晋升还以狭隘的学科划分为基础，那么，那些聪敏而雄心勃勃的学生所希望的，与教师对学生的期望之间必然会出现矛盾。虽然美国的社会经济差距在拉大，但随着通向高等教育的社会经济和地域障碍的瓦解，教师和学生的矛盾也将加剧。我们需要有胆量面对这一矛盾。如果我们不首先坦诚地协商缓解这一矛盾，那么双方的关系迟早将崩溃。

本科教育的空洞化源于大学取得的巨大成功。大学已发展成为研究的"重镇"，也显示出十足的精英主义——招收学生更多依据智力、抱负以及潜力,而不是看学生的家庭背景或经济支付能力。我们说失去灵魂,指的不是学生,而是他们就读的大学。本科教育面临的问题并非不可避免。高等教育的利益相关者可以敦促大学改革。公众是高等教育的利益相关者,因为大学在为社会各重要的行业培养高级人才。凡是意识到问题所在的校友、董事会和教授们也可以施加足够的压力,推动大学朝正确的方向发展。改变方向需要正本清源,同时还需要大学领导人高瞻远瞩,不能将大学视为一项产业或者仅仅做屈从于经济竞争逻辑的奴仆。

完善大学办学不需要全新的思维。今天大学教育中的问题由来已久。对学术竞争、评分制度、学生"四肢发达、头脑简单"等问题的关注方兴未艾,但这些现象并非20世纪末才显山露水的。历史上已经有校长、教授、院长以及学生思考过这些问题,他们提出的一些观点让今天的人们听起来依然觉得充满睿智,当然有些观点也很荒谬。我们从历史角度审视这些问题,是为了避免盲目的"例外主义"(exceptionalism)——21世纪的著名大学已经发展到了很高的阶段,特别容易受到这些问题的困扰。我们回首过去,因为只有追根溯源,才能谋求长远之计。

有一点我们应该明确:美国著名大学教育迷失方向并非无缘无故。我们讨论哈佛、耶鲁、普林斯顿的问题,并不纯粹出于好奇。这些大学是其他大学仿效的对象,因此它们也是推动整个美国高等教育发展的动力。它们身上寄托了我们的未来。

历史上的情况并非如此。19世纪中叶,作为最古老的大学,哈佛认为自己对美国的价值比以往任何时候都大。哈佛诞生于一个民粹主义(populism)①盛行的美国,当时它还是一所保守的学校。那时的哈佛课程陈旧,教学散漫,学生也不是经过选拔的。同时,西部扩张、工业革命以及移民浪潮给美国增添了活力。那些有远见卓识的校长们把哈佛大学从平庸中拯救出来,并推动哈佛成为对高等教育界和美国社会具有重要影响的学府。而与其他大学的竞争不但促进了各大学的发展,也推动了整个高等教育事业的进步。这些著名大学因此成为诺贝尔奖获得者的摇篮,也成为商界、企业界以及政府部门领导者的发源地。这些贡献成就了这些大学如今显赫的名声。

一个半世纪以来,大学的理念已经发生了彻底变化。美国拥有世界上最优秀的大学,各种有利于美国社会发展的设想、发明及创新都诞生于这些大学。国家未来的领

---

① 一般认为,民粹主义是相对于精英主义的一个政治术语,指那些提倡让普通民众控制国家政权的思想。19世纪末,美国西南部曾爆发农民试图控制当地政府的激进主义行为。——译者注

导人都或好或坏地在大学里获取知识。学生的发现和发明是国家未来繁荣昌盛的源泉。学生的个人品德将成为美国政府和企业的行为典范。然而,大学很少向美国未来的领导者们正面传达崇高的理想。美国大学的重点正偏离国家的利益,它们不再那么关心美国的未来。大学不想卷入政治和道德争论中,也不鼓励学生追求学习目的和生活意义。但美国的将来还是要依靠重点大学高质量的教育,学生们不仅要学习课程内容,而且要学会承担个人和社会责任。现在该问一下:这些重点大学是否在忠实地履行国家赋予它们的职责?

第一章
选择与方向
——课程改革是如何失去目标的

我们应该对本科教育倾注时间、师资和管理,但我们的工作必须由真正的大学精神来指引;也就是说,我们必须记住:这些学生是正准备步入知识殿堂,在不同系科接受现代研究熏陶的新生力量。

——乔西亚·罗伊斯(Josiah Royce)(1891年)

在我看来,提高教学质量的唯一途径是向学生传授他们应该掌握的知识,而不是由着教授的兴趣进行教学。

——李巴伦·布里格斯(LeBaron Russell Briggs)(1909年)

在大学教书的第二年，当一名叫比尔·盖茨的年轻小伙子出现在我的应用数学课上时，我一眼就看出这名学生天资聪颖。那个学期的第一堂课上，我提了一个"简单"的问题，其实我和其他人都不知道如何解答这道题目。我只是想告诉学生：一些貌似容易的问题，其实可能是非常棘手的。几天之后，盖茨带着那个问题的答案来到了我的办公室。后来，他和另一名教这门课的教授联名将这一答案发表在一本数学杂志上。

我知道盖茨聪明过人，但他不是第一个我遇到的聪明的学生。从 1964 至 1968 年，当我还是在哈佛大学读本科的时候，与我同班的很多学生都非常机灵。后来我选择在哈佛教书，也是因为在这里我可以给这些聪明的学生上课。

大学毕业时正值越南战争。我服了两年兵役，因此没能目睹 1969 年春，哈佛大学行政主楼被占领、防暴警察发射催泪弹、学生与教授激烈对峙的那一幕。到 1974 年我博士毕业那一年，哈佛校园比六年前我离开学校的时候安静多了。征兵活动、马丁·路德·金和罗伯特·F·肯尼迪遇刺的阴影，一直笼罩着我毕业前的那个春天。但阳光也开始照耀那个年代。1974 届的学生不再与学校为敌。教学对我来说是一份让人兴奋的工作。但是如果当时我没有获得像在哈佛这样的教职，说不定我就去电脑业界工作了。

从盖茨那里我获得了很多关于智慧、教育和学术卓越方面的认识，当然我也学会了谦卑。盖茨这样的学生不可能出现在哈佛的每一个班级里，但是每个哈佛班级里都有一些比他们的教授更具聪慧和灵性的学生。我开始怀疑大学究竟如何才能给学生带来所谓的"附加值"（added value）。我在普林斯顿大学的一位教授朋友打趣地说，你班上最成功的学生是一名辍学者，这就可以证明哈佛并没有给学生带来积极的附加值——在哈佛接受教育越多，日后的发展空间就越小。我知道哈佛学生的才智和冲劲将是他们一生的财富，而对于坐在我班上的学生来说，改变这个世界并非他们在痴人说梦。我知道能成为哈佛教授是一种荣耀，这种荣耀伴随我教学工作的每一天。所以，当年轻的比尔·盖茨在上课打瞌睡时，我并没有太大声地呵斥他。我应该意识到头天晚上他也许正做一些比我布置的作业更重要的事情。当然，我是到后来才知道，他那时候正在编写后来成为微软第一批产品的电脑程序。无论如何，我不能责备他在课堂上昏昏沉沉的样子,当时我自己也是一个没有经验、乏善可陈的教师。最起码,哈佛教授有责任提供匹配哈佛学生的教育。

大学课程是学生获得学位而必须参加的一系列学术计划。但它的真正内涵远非一本学生手册里的学分规定那样简单。课程传达的是一所大学对教育本质的诠释,所以,课程改革的决策会引发关于大学教育目标的"战争"。

从2002年10月初开始,哈佛开始了被校长劳伦斯·萨默斯称为"一个世纪以来哈佛课程史上最综合性的改革"。文理学院院长威廉·C·科比(William C. Kirby)从一开始就提出了这样的问题:"21世纪受过教育的人应该具备怎样的素质?"

随后的三年中,课程改革时断时续,有时改革是为了匆匆忙忙地赶上级已定下的截止日期,有时是推翻一切从头开始。这次课程改革结果的摇摆不定,从科比院长一开始的讲话中就可以找到些许根源。根据科比的意思,不管哈佛如何理解受教育者素质的问题,新课程改革注定不是一场革命。专业这类教学组织形式还将继续存在。一系列自问自答的问题构成了标准化的学术游戏程式,当权者利用这样的程式,装模作样地咨询周围的人以博取教授的支持。科比问:"本科教育是否应该有共同的基础?"然后他马上自己回答:"应该有这样的基础。"另外,面对学生可以自主选择选修课而不受任何制约的现实,院长反而问:"我们应该如何通过选修课程,保证学生能自主确立受教育的方式呢?"21世纪哈佛课程改革的起步就充满了虚情假意!

从20世纪40年代开始,哈佛就把毕业前学生必须学习的内容分成核心课程、专业课程和选修课程三大块。现在推出的课程改革措施没有方向感,人们甚至不知道为何要发动这场改革。科比从来不说他心中到底是如何理解"共同基础"的。他只是强调,学生自主选择学习内容是教育的价值所在。

七个月后,一个教授委员会匆匆草拟了一份报告,而对那些根本性问题依然避而不谈。该报告承诺降低对学生必修课的要求,增加学生选择的机会,最大限度地发挥学生选课的灵活性。报告特别强调国际化和科学革命是学校关注的重点,这完全是2001年秋萨默斯校长就职演说的翻版。① 其他的课程改革集中在对课程时间和科目

---

① 强调科学和国际化的原则不经意间被付诸了实践。由院长任命的教授委员会修改了课程内容。规定:如果有留学的经历,允许学生减少核心课程的数量;如果他们一直呆在哈佛,情况就不同了。而那些作为必修的科学课程,通常是学生竭力回避的。——作者注

数量的安排上。对那些他们认为不重要的事项,委员会则采用惯常的掩耳盗铃手法,而在正式报告中,则说这些问题有待以后进一步研究。报告一经出台,人们纷纷批评其缺乏系统性。报告的主笔甚至承认,新课程并没有明确的方向,但保证说,在接下来的一年里,"指导思想会慢慢清晰起来的"。一位学生更是表达了对新课程的失望之情:"60页的报告索然无味,不疼不痒的建议,有的太笼统,有的不切实际。"

一年后,新的通识课程大纲发布。课程委员会的一名成员如此描述报告的内容:"最后,委员会认为最好的办法是把一排空瓶子放在那里,然后看看教师们可以在里面放一些什么材料。"而学生记者则评论文理学院此举为"迫于时间压力,又缺乏指导和统一的准则,因此行动蹒跚,充满了挫败感"。

一所知名大学的文理学院,历时两年讨论本科教育最基本的问题,而最终出台的课程计划竟是一些"空瓶子"。这究竟是怎么一回事?

当然,这其中有一些实际的问题。我们的校长缺乏经验,好高骛远,没有耐心。虽然很多教授都参与了课程改革委员会,但他们发现还没有等到投票表决,甚至连报告都没有过目,他们的名字就赫然出现在咨询报告中了。改革强调"统揽全局",从整体上把握课程计划,而不是修修补补。但实际上,新课程支离破碎、缺乏系统性。我所在系的一名同事私下里说,这次改革违反了工程学的两项基本原理:第一,设计解决方案前务必要理解要解决的问题所在;第二,在不能预知什么行动将导致怎样的结果时,就不要试图一次性改变太多。

看一看其他知名大学的课程,我们可以发现一些深层次的问题。许多大学并不能很好地说明自己的课程设置究竟要达到什么具体目标。"广泛性"和"选择性"通常是课程本身标榜的目的。但这样的目标并不能一以贯之,因为通常学生被迫修习内容庞杂的课程。当大学声称学生将接受如何广泛的教育,或者他们将在其中享受怎样充分的选择自由,它们也很容易忽略这样的问题:学生究竟能从课程中学到什么?"广泛性"和"选择性"对于学术课程的意义,就像减税对于政治的意义:即使需要付出很多重要的代价,你也很难反驳它。

每次课程改革时,一个更大的困难是如何确定不同知识领域之间的轻重缓急。通常学生需要在跨度很大的领域之间(如从"定量推理"到"社会分析")进行选择。课程目录跨度大,知识体系缺乏内在统一性,不同学科之间就只能进行勉强的协调,最后课程演变成哈佛学生所谓的"煞有介事的各种学术动机盘根错节的网络"。参与课程设计的教授们自然心满意足,因为他们自己的学术利益得到了维护。苦的是修习这些课程的学生们，他们要在四年的大学课程中，周旋于不同教授的学术领域之间，到头来却学无所成。

这一切是怎么发生的？要理解这张"盘根错节的网络"，我们应该回顾一下哈佛的教育历史。历史上，哈佛开设了全美国的第一门课程。长期以来，哈佛的课程目标明确，少有选择性。

从一开始，哈佛的教育目标就制定得非常远大。1650年的大学特许状中就说，大学的第一笔捐赠将用于"发展优秀的文学、艺术和科学成果……增进来自英国和本地（印第安）年轻人的知识，并为他们提供住所和其他必需的设施"。所以从办学伊始，学校的目标就是：创造知识，教育年轻人，让他们掌握必须掌握的知识，为他们指明正确的生活道路。那时候的学校甚至致力于建立一个多元化的教育环境。

站在21世纪的角度，再来看这份特许状，任何人都会为哈佛历经风雨而执着于办学宗旨而发思古之幽情。正如我们在歌里唱的，这是一个"圣洁的哈佛"（*Fair Harvard*）①。就像哈佛建校一个半世纪后在费城签署的建国文件一样，哈佛特许状中的那些词句的意义，随社会的日益开明而发生着变化。当初的"虔诚"（godliness）变成了如今的"道德"（morality）甚至"人文"（humanity），这就如同美国宪法中的"（白种）男人"（men），被现代人解读为包括"黑人"和"妇女"的所有种族和性别的人。随着这些措辞内涵的不断扩大，我们愿意相信，哈佛依然在努力发展艺术和科学事业，并向年轻人一代传授知识和价值观。

遗憾的是，在哈佛历史上的大部分时间里，这一自由的思想并没有在实践中得到体现。建校后的头200年里，哈佛并没有创造多少知识。显然，那时的教育目标其实并不是为了创造知识，甚至并没有现代意义上的"文学、艺术和科学"。建校四年后才记载有明确的办学宗旨，并在1890年将其镌刻在哈佛校园正门之上保留至今。一旦基本的生活条件有了保证，一位清教徒写道："我们下一步渴望和操心的事情，就是发展学问，将其传授给一代又一代的人们。当老一辈的神父过世后，我们绝不能让目不识丁的新神父为教会服务。"

---

① 此为哈佛大学毕业典礼上唱的歌曲，由1811届校友吉尔曼（Reverend Samuel Gilman）在1836年为庆祝哈佛建校200周年填词。——译者注

当时哈佛的重要任务就是培养有知识的神职人员,并帮助清教徒移民把从英格兰带来的知识在美国发扬光大——这些清教徒中大约有 100 多人毕业自牛津大学或剑桥大学。这两方面的教育目标相互交织在一起,因为即使有年轻人想投身学术,除了教会,他们也很少有别的工作可以选择。如果学生不准备从事神职工作——这样的学生大约占全班学生的一半——他们接受的教育和那些准备做神父的学生完全一样:逻辑学、修辞学、希腊语、希伯来语、伦理学、形而上学,外加一点数学和自然科学知识(拉丁语当仁不让是课程之一)。这就构成了当时哈佛的课程。在拉丁语中,"课程"(curriculum)一词意为"跑道"(racecourse)。如果你不想在毕业后做神父,那么学完课程就算"跑到终点"了。有些哈佛毕业生会去做教师,但对于其他不做教师的学生来说,学习希腊语、希伯来语和形而上学,对他们日后的生活意义不大。

在 17 世纪,哈佛的教师队伍由一名校长和两三名教员(tutors)组成。这几名教员都是即将踏上教会工作岗位的哈佛毕业生。校长或许上一些课,但也是"照本宣科"而已——当然不可能做到学生人手一本教材。这就是讲座(lecture)的起源。在拉丁语中,*lectus* 就是"用来阅读的材料"的意思。当然,大部分教学任务都是由教员完成。只要学生还没有毕业,只要教员还在哈佛,他就一直跟着这个班级。

当时师生接触非常频繁,教员需要整天和学生在一起,共同参加早晚的祷告仪式,甚至与学生同居一室。一方面教员需要上课,另一方面还需要维持纪律和秩序。教员之间没有职务高低之分。当时哈佛规模不大,这套制度还行得通。1721 年前,每一届学生不超过 25 人,直到 1860 年,每届学生才达到 100 人。

除了听课,学生的学习方法还有自学、背诵课堂上的内容或者辩论(拉丁语课程中有修辞方面的辩论,哈佛恪守从中世纪流传下来的强调严密逻辑的传统)。教员的工作只是传承知识,无所谓高级或专业学习。同一位教师负责教授所有的科目。当时学生的年龄比现在的大学生要小——他们大约 15 岁进大学,经三四年学习后毕业。当时的哈佛更像一所普通学校,而不是高等学府;它更像一所工读学校(reform school),甚至连如今有活力的中学都比不上。学校教学质量低下,几十年后,当原先在英国接受过教育的教师去世后,哈佛只能启用自己培养的毕业生。他们通常只会把从先辈那里学来的知识传给下一代。但课程内容也在不断重复中被扭曲了。

18 世纪 20 年代,托马斯·霍利斯(Thomas Hollis)捐款在哈佛设立神学和数学教授职位。学科专业化从此开始。艾萨克·格林伍德(Isaac Greenwood)是哈佛 1721 届 25 名哈佛毕业生之一。之后他赴伦敦进修自然科学。回到哈佛后,于 1728 年成为首位霍利斯数学和自然哲学教授。随着格林伍德成为教授,传统哈佛教育从形式到内容都开始发生了变化。格林伍德面向全校开设课程,介绍天文和其他自然科学的最新成就。在课堂上,格林伍德不再"照本宣科",因为他的课程没有现成教材。格林伍德给大家讲述自然科学领域的最新发现,学生则在下面做笔记。

但格林伍德在哈佛的结局却不太妙。他是哈佛第一位被任命为文理学领域的教授,也是第一位被解职的教授。哈佛最高管理机构"哈佛董事会"①发现,格林伍德因"举止放纵、酗酒过度"而犯有过失,于是哈佛在 1737 年将其解雇。格林伍德只是大学里众多放荡不羁学者形象的一个开端——他们的行为放浪形骸,他们的思想自由不羁。

约翰·温斯罗普(John Winthrop)继承了格林伍德的霍利斯教授职位。他也是哈佛实践学术自由的第一人,这一思想与宗教的传统相冲突。他向人们表明,地震是由自然原因引起的。正是因为约翰·温斯罗普在 1738 至 1779 年这一漫长教授任期内,从科学角度对一系列问题的解释,他成为了教会嘲讽的对象,同时也成为学生崇拜的对象,公众则对其充满了好奇。

整个 18 世纪,哈佛课程日益走向专业化,也更加贴近现实。1769 年,哈佛采取了新的教学组织形式。同一位教授给历届学生上同一门课程,而不是像过去那样,由一位教师给同一班级上所有的课程。于是亚里士多德的理论从逻辑学中分离出来。正式辩论课上那些古老而抽象的理论被更加具有现实意义的讨论所替代——1758 年,一名学生参加了"公民政府(civil government)对人类社会是完全必要的吗?"的辩论。这名学生叫约翰·亚当斯(John Adams),后来他成为了美国第二任总统。另一方面,哈佛建校以后,在新英格兰地区,哈佛及其他大学的重要性在逐步降低,美国上大学的人口比例在减少。那些最具学识和影响力的人物(如本杰明·富兰克林),根本就没有上过大学。

与此同时,新英格兰的宗教也在发生演变。19 世纪初,专制的卡尔文教失去了对哈佛的控制权。"一位论教派"(Unitarian)②开始掌控哈佛事务。哈佛依然是一所对

---

① 哈佛大学有两大管理机构,最高权力机构是哈佛董事会(Harvard Corporation),另一个是大学监督委员会,是由校友选举产生的咨询性机构。——译者注
② 相信上帝是一个人,而非三位一体的存在。——译者注

宗教怀有虔诚之心的学校，但其教育更倾向于人性化。大学里，人们已经可以讨论启蒙思想和科学理性方面的问题。但当时哈佛还没有形成具有美国特色的人文与科学相结合的教育模式。大学基本上还是一个通过不断重复先辈曾经聆听过的课程来培养绅士的地方。就更大的改革而言，美国大学无法与欧洲大学相比。

19世纪初，哈佛的发展还落后于时代。它依然是一所地方性学校。教学方法和科目基本上还是为新英格兰的清教徒服务。而此时美国社会已经日益开放。美国人已经开始把孩子送到欧洲见世面。1778年，约翰·亚当斯把约翰·昆西·亚当斯送到法国；1784年，托马斯·杰斐逊的女儿派希（Patsy）随父亲来到了英格兰。而哈佛的教师在随后的几十年里还在"近亲繁殖"。1812年，哈佛教师名单上，有13名教授、3名教员、1名校长、4名"哈佛董事会"成员——这21人全部是从哈佛毕业的。1815年，也就是哈佛建校179年后，哈佛才有6名曾留学欧洲的教师。而哈佛令人厌倦地操练陈旧课程的传统还在延续。伟大的马萨诸塞州参议员查尔斯·萨姆纳（Charles Sumner）在回顾其哈佛就学经历（1826—1830）时说："我觉得在哈佛学院的本科教育中，没有一门课程具有教育意义。"当时的课程难度也不大。一名卸任的哈佛校长在回忆19世纪20年代的哈佛时说："只要学生行为习惯正常，好歹能回答大半问题，不管答案如何不着边际，一般总能获得学位。"

然而到了萨姆纳那个年代，哈佛已经呈现出一些变化。已经有四个年轻人从德国学成回到哈佛。19世纪的德国大学是世界一流的。他们没有受到哈佛刻板必修课程的影响。其中一位叫乔治·蒂克纳（George Ticknor）的留德青年给托马斯·杰斐逊写信说："如果研究自由是通向真理的必由之路，那么德国的教授和学生无疑站在了这条道路的制高点上了。"德国大学自由开放的学习方式，正好与当时哈佛盛行的死记硬背教学形成鲜明对照。

伟大作家、哲学家爱默生（Ralph Waldo Emerson）是1821届的哈佛学生。爱默生深得留德学者埃弗里特（Edward Everett）的启发，后者到哈佛后成为希腊文的埃里奥特教授。后来埃弗里特先后当上了哈佛校长和马萨诸塞州的州长。爱默生这样回忆道：

> 天才的埃弗里特对年轻人的影响可以与雅典的伯里克利[①]媲美……他在收集

[①] 伯里克利（Pericles）（约公元前495—前429），古希腊著名的政治家。——译者注

教学素材方面具有杰出的天赋。在当时有针对性地收集得体的素材着实不易……他能提供大量别具匠心的学习经验,这些学习经验完全是根据当时的教学情景确定的……坐在下面的听众能享受到美感和尊严。即使再粗鲁的学生,即使发现教学内容不合兴趣,他们也愿意准时到场。

埃弗里特终于建立了这样杰出的课程:修辞精到,能提供不可思议的"别具匠心的学习经验",甚至能把那些并不能完全听懂的学生吸引过来。哈佛学院的舞台对埃弗里特来说太小了。于是他开始给波士顿、甚至更远地方的人们授课。如今,能说会道的大学教授依然在扮演"公共知识分子"(public intellectuals)的角色。

当时哈佛的制度还不能接纳这样的教学方式。围绕"西班牙文学"课程,蒂克纳设计了独具匠心的讲座。在新英格兰,这是破天荒的学术进步。其教学方式甚至比欧洲大学还要先进。但是蒂克纳及其同事的工作环境却是僵化、陈旧的课程体系,教学上强调指令性的死记硬背。学生在学习上没有太多选择权。教授的教学工作也没有太多想象的空间。因此,与德国大学不同,学术研究无法在哈佛站稳脚跟。蒂克纳曾向哈佛大学监督委员会抱怨说:"虽然我们自诩为大学,但我们不是。我们甚至不如一所像样的中学。而我们原本应该是一所真正的大学。"即使哈佛最优秀的教师,都不知道自己工作的意义所在。这是一个青黄不接的时代;旧的埋头重复的教学让人无法容忍,而与新学习方式相适应的教育制度还没有建立起来。

◈ 选修课制与学系制 ◈

虽然蒂克纳的抱怨只是说说而已,而学生对沉闷课堂却已怨声载道。1807 和 1819 年分别出现了学生骚乱。最严重的一次是 1823 年的学生动乱,结果导致毕业前不久近一半的毕业生被开除。事后,哈佛董事会和哈佛监督委员会意识到,对学生学习和生活压迫式的控制应该有所松动。1825 年,学校允许学生有一定程度的课程选择权,学生可以选修法语、意大利语或西班牙语,以部分替代原先必修的拉丁文和希腊文。此举不仅标志着选修学习制度的开端,而且也是为学生开设他们认为有用的基础性课程的开端。

在这场改革中,哈佛监督委员会将教师"分成独立的学系……这样的安排可以将那些性质相同或相似的学科集合到一起"。各专业领域的教师们则被赋予各自领域的控制权。这一重大变革为教育创新提供了机遇。而在原先行政机构统一管制的课程制度下,创新是不可能的。学术权力下放对教育管理也具有深远的意义——自然科学学者,而非古典学科学者,有权决定科学教学的内容和教师的人选。

学系建立后,大学需要重新审视学术研究的性质。1825年,哈佛监督委员会的投票表决标志着一个开始:从此大学知识的精深和专业性取代了原先知识的广博性和互通性。如今很多学者认为,1825年哈佛划定的知识领域之间的界限后来变得过于等级森严。而现在更加时兴的做法是建立多学科或跨学科的知识体系,如"文化研究"、"心灵、大脑和行为"。现在的哈佛课程报告提出要为本科生开设跨学科课程,但报告并没有就学习内容提出具体建议,只是坚持教学中应该体现跨学科的形式。哈佛的教学方式应该符合当代学术发展的趋势,但没有人说得清楚哈佛毕业生应该掌握哪些基本的知识。

作为对1823年学生骚乱的回应,哈佛对校历进行了修订。安排了一定时间的暑假,其理由是:在大热天,学生情绪不安,容易出现反抗行为。如今,几乎所有的学生动乱都出现在春假和期末考试这段时间,于是在三月份,院长们就开始祈祷即将到来的寒冷而潮湿的四月一切平安。

自1823年最后一名哈佛教授离开哈佛董事会后,在近150年的历史中,哈佛董事会中一直没有引进新的教授。这标志着作为教师争取自治的言论场所,哈佛学院教授会(Fellows of Harvard College)的旧宗旨已经结束(当然,现在哈佛大学董事会还保留"哈佛学院教授会"这一正式名称)。今天,除校长外,哈佛董事会中没有一名成员是住在马萨诸塞州①的。1823年哈佛教授反对哈佛董事会"将他们的职位贬低为'教会办事员'(ministerial officers),他们被置于校长的严密管制之下"。如今教授们则抱怨学校董事会深居简出、脱离大学事务的作风。2005年初,当文理学院破天荒地投票通过对萨默斯校长的不信任案时,董事会一成员表示,他不清楚文理学院原来对校长有不满情绪。因为最高管理层出现同样的错误,导致了1823年的学校骚乱。当时他们不了解学校发生的具体情况,一年后,直到两名董事会成员开始与教授对话,哈佛董事会才开始严肃地处理教授的意见。而此时局面已经变得非常糟糕,只有校长离职才能平息事态。

19世纪30年代,哈佛选修课的范围越来越大,直到后来出现保守的反对力量,选

---

① 哈佛大学位于马萨诸塞州波士顿市。——译者注

修范围才有所收敛。最后的结局是,哈佛对学生不再采取高压政策。但课程也变得不再引人入胜。背诵的制度继续存在,强迫式的问答教学保证了师生之间最基本的互动。一位哈佛校友这样解释道:教师的评语要么是"准备不充分",要么是"准备充分",教师辅之以不同的语调表达,这让学生十分反感。教师和学生的交往过程大致如此。亨利·亚当斯①(Henry Adams)19世纪50年代在哈佛就读。他感觉哈佛只是一个提供住宿、没有压力和漫无目的的地方:

> 没有人太把哈佛当一回事。大家到这里来,是因为他们的朋友也在这里。哈佛学院是大家社交的理想场所。就教育而言,哈佛学院是一所温和、自由的学校。它给从这里毕业的学生留下的财富,可以让他们日后成为受人尊敬和对社会有用的人……事实上,哈佛的教育只是为学生确立了大致的方向,却没有明确的目标。如果四年哈佛教育有什么成功之处的话,那就是:它给学生人生履历留下了一段空白,给学生的心灵留下了一道"水印"……哈佛教给学生的东西并不多(当然也没有教给学生太多坏的东西),它只是打开了学生的胸襟,让他们没有成见。学生没有记住一大堆事实,却又是"孺子可教"。哈佛毕业生没有强烈的偏见。他们知识积累不多,但其心灵是开放的,他们时刻准备吸收新知识。

如今,哈佛在很多方面已经发生了变化,但这段描述体现的哈佛教育的要素却保留至今。哈佛的国际知名度和家长的期望成为学生们选择哈佛时需要考虑的非学术性因素。如果哈佛毕业生具有某种偏见,甚至某种理想,那也不是他们在课堂上学到的。他们可以胜任任何工作,但这并不是因为哈佛课程教会了他们专业知识和技能,主要原因是这些学生天资聪颖、好学上进、自信满满,而哈佛只给他们留下了一道"水印"——就像亚当斯比喻的那样,在一张尚好的白纸上留下一道水痕。

19世纪中叶,自满的哈佛遭受了来自新英格兰地区其他大学的竞争。哈佛的声望在下降。1844年一名大学监督委员会成员对哈佛校友说:"哈佛最近在不断丧失其声望的基础,社会上对哈佛的支持也大不如前。哈佛正沦为一所波士顿及周边地区为

---

① 亨利·亚当斯(1838—1918),美国历史学家、记者和小说家。——译者注

青年人提供教育机会的高中。"大学需要确立新的方向,就必须与过去决裂,必须抛弃过去的教育目标。而此时,埃里奥特校长提出的两大理想——教师的学术卓越和学生的选择自由——至今仍余音绕梁,成为各大学追求的目标。

查尔斯·威廉·埃里奥特于1869年当上哈佛校长。这时无论对哈佛或是美国都是一个重要的历史时刻:当时新英格兰地区每2 000人中才有一人上过大学。上大学人口比例在过去几十年里一直呈下降趋势。与此同时,美国社会正在焕发生机:横贯美洲大陆的铁路在1869年建成,美国工业正以令人炫目的速度发展。然而哈佛这个"社会俱乐部",即使还能苟且偷生,也在冒远离国家发展的危险。

被任命为校长时,埃里奥特是年仅35岁的化学家。埃里奥特任哈佛校长40年,他给哈佛带来了翻天覆地的变革。从上任之初,埃里奥特的工作重点就明确无误。在其就职演说中,他宣布哈佛的教育内容将覆盖全人类的知识:

> 人们在无休止地争论语言、哲学、数学或自然科学是否能很好地训练学生的心智,通识教育应该以文学素养还是科学素养为主。如今这样的争论对我们已经没有现实意义。哈佛认为文学和自然科学之间并没有实质性的冲突。哈佛并不认为一定要在数学和古典文学、自然科学或形而上学之间作出取舍。我们将兼收并蓄,各取所长。

"各取所长",这在21世纪今天的学术界听起来只是陈词滥调。但当时埃里奥特提出大学应该是实现学术卓越,聘请最优秀的教师,给最优秀的学生上课,共同探究高深知识的殿堂,这无疑具有创新精神。在埃里奥特的领导下,哈佛"词典"发生了巨变。从1825到1869年埃里奥特上任前,校长和院长的年度报告中出现"卓越"或"卓越的"的地方只有14次,而在埃里奥特在任的40年里,"卓越"一词在报告中出现了411次!

埃里奥特就职演说在历史上具有里程碑的意义。一个人在台上宣布要改变一切。他言出即行。聆听其报告的人意识到一场革命即将到来。一位校友在听了演说后写道:我们将开创哈佛的新时代,因循守旧的年代一去不复返了。

2001年萨默斯上任之际,有人认为他将给哈佛带来的影响,可与埃里奥特相提并论。但萨默斯最终以失败而被人们记住。埃里奥特倡导改革,说到做到,而萨默斯只会颐指气使,由于没有具体的行动,人们很快将其淡忘——哈佛教育没有在科学化和国际化方面做得更好,事实上,哈佛的教育没有任何起色。萨默斯到处散布自己的观点,但这些思想从来没有上升到正式的学术议程。埃里奥特的改革历经无数轮的思想交流、游说和实施,他把一所地方性的学院发展成为一所知名大学。萨默斯只是批评了哈佛的地方主义,但其批评充满了傲慢且缺乏规划,他挥霍了埃里奥特留下的遗产。

在呼吁学术卓越的同时,埃里奥特还革命性地把所有的课程向所有学生开放。在埃里奥特上任前的这些年里,学生的学习选择权微乎其微,学生选择课程只局限在特定的年级。例如,关于选修拉丁文,不管上大学时学生的拉丁文有多好,他也非得要等到三年级,才能阅读那个年级的拉丁文教材——那只是为三年级学生准备的课程。上任第二年,埃里奥特创造性地提出了"科目"(course)的概念——包括科目名称和编号,以供各年级学生选修。几年后,埃里奥特推出了另一创新举措:学生决定课程时,学校会告知特定课程由哪位教师任教。到1884年,哈佛的必修课程所剩无几。又过了十年,必修课已经消失殆尽。与此同时,学生数量、开设的课程数量和上课教师的数量都在激增。埃里奥特上任的1869年,哈佛有本科生570名,教授45名;而到他卸任的1909年,本科生达到2 277名,教授则达194名。

埃里奥特计划让哈佛向所有的学生、教师和课程开放。但是他知道,计划要成功,必须改革教学环节。于是就像实业家革新运输、沟通和生产环节一样,埃里奥特设想,大规模生产与质量提高可以并行不悖。

> 真正的问题不是教什么,而是怎么教。其他领域中的劳动制度改革,可以为大学教师提供借鉴……过去工人数量只有几十个人,现在同样的工作,工人数量却有成千上万;过去钓鱼只用一根渔线,现在则用围网和拖网;人挑肩扛被蒸汽吊车替代;崎岖不平的道路上颠簸的木轮牛车,被行驶平稳的火车替代……只要方法得当,我们完全有信心给一个有20—25名学生的班级准确地传授人类主要知识领域的基本内容。同时,学生还可以选择某一领域进行细致、完整的学习,以便为将来的职业做准备。

所以我们可以发现,关于"通识教育"和"专业教育"的思想,虽然洛厄尔校长也曾提出让哈佛毕业生"广泛涉猎、学有专攻"(a little of everything, something well),但埃里奥特早在40年前就有此想法了。

但是一切都需要同步发展:需要更多的教授来传授这些新课程、招收更多学生来填充班级。1877年埃里奥特上任第八年,《哈佛讽刺》(*Harvard Lampoon*)杂志刊登了一幅埃里奥特的漫画。画中埃里奥特手持一份宣言书,上写:"更高标准,60%的学生取得学位,更严格的考试,更多的教授,更多的教室,更多的经费。"21世纪的哈佛也正经历新一轮"越大越好"(bigger-is-better)的发展期。哈佛宣布将扩大教师队伍,以提高师生比例;拓展研究领域;兴建8幢学生宿舍以接纳更多的学生。

图1.1 1877年学生眼中的埃里奥特(任哈佛校长八年后)

除了现实的考虑,埃里奥特的发展思想中也包含了新的教育观念。教师规模需要扩大,是因为原有教师的知识结构过于专门化,而大学的教育正力图囊括所有的知识领域。学生数量需要扩充,因为这是民主化文明进程的需要。正如埃里奥特所说:"开启民智,就必须传播各领域的知识,并让最大多数的人们接受这些知识。在当今世界,开启民智是社会进步不可缺少的条件。"

十年后,埃里奥特就宣布:"长期以来,通过背诵并给学生的表现打分的做法,被看作是检验学生学习的手段。现在这种方法几乎从哈佛消失了。"取而代之的是"教师通过提问进行谈话式教学，以纠正学生错误的理解，归纳出课程大意……为学生提供提问的机会，以便让他们听取教师的解释和意见"。本科教育中这种互动式课堂，与研究生教育中日益普遍的讨论课(seminar)很相似。随着哈佛对课堂上学生参与讨论要求的提高，大学入学年龄也需要相应变化。1872年埃里奥特指出，在过去的20年里，哈佛已经摆脱了"学童气质"——过去学生上大学都是15岁。后来入学年龄改为18岁以上，这一做法一直保留至今。

日益随性和充满互动的教学方式，给学生带来了巨大影响。虽然自己学生时代的课堂气氛非常乏味，但亨利·亚当斯发现，在19世纪70年代，在他所教的历史课上，学生的表现与以前有天壤之别。"因为没有现存的教科书，教师所知并不比学生多，学生则可以随性地阅读，然后交流各自的读书心得。没有比这更好的教学活动了。学生们就像一只只兔子，在陈旧社会的土地上挖出一个个洞穴，没有任何困难能阻止他们。"面对此情此景，那些任教有年头的教师简直无法相信他们曾经失去的东西。1886年，一名教授这样说道："过去教师的唯一任务就是听学生背书，然后给他们的表现打分。而现在教师终于有机会教书了。这是当代最了不起的教育发现之一——教师的工作原来是教书育人。"

遗憾的是，个性化教学是昂贵的。正如亚当斯所说："教育的全部问题是费用。"在埃里奥特年代，学生的数量增加了四倍，教授数量增长得更快些，学校里非教授和研究人员的数量，也从15人增加到416人。1895年埃里奥特自豪地宣布：异乎寻常的高师生比(1∶12)，使个别化教学成为了一种惯例，而非奢望。通过选修制和个别化课堂教学，整个学院的教学管理工作都在围绕学生个体发展展开。

埃里奥特上任伊始就指出，讲座制可以产生协同效应："激发学生的灵感，提供指导，进行综合化教学。只有那些高屋建瓴的教师，才能驾驭这样的课堂环境。"但他同时指出了讲座制潜在的问题。他警告说："讲座制通常在白白浪费精力，教师在不遗余力地把知识注入一个筛子，但知识从一头流进，又从另一头流出。学生的大脑只有工作起来才能得到锻炼。"埃里奥特说，十年后哈佛的讲座制作出了调整——采取了苏格拉底式的教学法。教师不再一个人在讲坛上滔滔不绝地朗读或演讲，而是经常停下来回答学生的问题，或者询问学生是否有问题或困难。

不管对教学是如何的有利或不利，讲座制曾经、并将继续体现其巨大的实用和经济价值。讲座制能适应大批量培养学生的需要，并且容易被"复制"。特别优秀的教师能同时给许多渴望知识的学生上课。年纪小的或知识准备不足的学生也喜欢讲座制,因为这样上课时他们不太费力气,还可以避免回答不上问题来的尴尬。

在埃里奥特领导下,哈佛规模迅速扩大,迫切需要设法解决讲座制效率低下的问题,同时又不至于增加教师开支。分组教学(sections)便是一个解决之道,就是说将上大课的学生分成若干小组,并配备实习教师与这些学生交流。1872年,埃里奥特成立的"文理研究生院"成为培养下一代大学教师的学术场所,过去只有欧洲大学才有这样的培训机会。在美国直到1876年,约翰·霍普金斯大学才建立了研究生教育制度。这一制度对哈佛和其他美国大学的意义在于:研究生教育为本科生教学培养了一支辅助教授工作的教师队伍。和现在情形类似,当时埃里奥特也意识到教师没有经过培训,分组教学因此存在问题。1877年,一名学生如此描述了他所在教学小组同学的表现,那情景令今天的本科生有似曾相识的感觉:

> 首先,我遇到了一个特可恶的家伙。他喜欢做笔记……一刻不停地做笔记。大家背书的间隙,你就可以听到他在那里沙沙的铅笔声。当老师对他说:"德·布朗先生,劳驾把门关一下。"我当时看了一眼那家伙,哇噻!他居然把老师的这句话也记下来了!……
>
> 还有一个爱提问的家伙。他为什么这样呢?肯定不是为了获取什么信息,因为明明知道答案,他也要提问……但我不怎么讨厌他,因为他的提问挤占了不少上课的时间……
>
> 这就是我在小组学习中目睹的怪现状。其中一名英雄让我记忆犹新……当他被点名提问时,我们这些年纪小一些的新生都知道他有一个聪明的回答:"老师,我没有书,我还没有准备好——关于这门课我真的一无所知。"这类事情我们听得太多了,而哈佛竟然"不闻不问"。现在我真想好好地学点东西,这样到回家过圣诞节时,我可以成为一名小先生了。

历史具有惊人的相似性。2004年哈佛《深红报》一名专栏作者描绘的一幕,与早先的情形不谋而合,只是形式稍有不同。《我们班上的众生相》这篇文章描写了"反对者"、"专家"、"奉承者"、"过失者"等等。与1877年的情形一样,问题不仅仅出在学生身上,整个教学制度需要检讨。为了克服大课教学中的非人性化问题,缺乏教学经验的研究生就给本科生上小组讨论课。大家都知道,对这些青年教师来说,写毕业论文是他们的主要任务,而上课只是他们的"副业"。学生只能以开小差、讥讽或耍小花招来应对。

埃里奥特卸任前几年,哈佛最大的班级人数已经达到520人,这差不多是他上任时整个学校的学生数。教师们需要更多的助手负责小组教学工作。文理学院院长承认这些课程的教学效果不好:"如果大班教学要改善目前缺乏激励作用的状况,必须重新设计教学组织形式。"埃里奥特开始意识到教学组织形式面临的压力。他指出:"大班教学应该提高效率,花钱请更多的助教,并延长教师每周的工作时间。"

三年后,哈佛监督委员会要求校长少花钱。该委员会借用埃里奥特就职演说中关于工业化的比喻,指出要提高教育效率。文理学院院长布里格斯认为,提高效率的唯一办法是"让教授承担起目前由助教正在做的工作"。教师工作状况第一次纳入教师用工制度的范畴。布里格斯不无忧虑地指出:"如果由助教完成的工作重新交由教授来做,那么我们就无法吸引或留住最好的教授。"

很明显,埃里奥特为期40年的自由化改革计划带来了意想不到的结局。如果教授把自己看作一名学者,那么本科教育将付出代价、受到打击。唯一的解决之道是限制教授在教学内容上的选择自由——他们是不情愿放弃这一自由的。布里格斯指出,依照我们现有的力量,要改善我们丰富而多样的教学活动,唯一的办法是强调必须开设的课程,而不是顾及教师希望上什么课。

内战后,美国获得了长足的发展。高等教育在美国社会发展中的作用也日显重要。林肯总统没有接受过大学教育,但他也是最后一位没有受过高等教育的总统。查尔斯·达尔文(Charles Darwin)和詹姆斯·麦克斯韦尔(James Maxwell)创立的新科学改变了人们对这个世界的看法。蒸汽机带来的工业革命则改变了人们的日常生活。教育改革势在必行。

教育开始服务于消费者的利益。早在1850年,马萨诸塞州的立法机关就敦促哈佛传授有用的知识,指出在选修制度下"谁需要学习什么课程,就得出钱;凡无人问津的课程就要放弃"。30年后,埃里奥特自豪地宣称,他在哈佛创立的自由市场已经给学生带来了好处,因为"在所有的学系,教授感觉需要随时更新自己的教学,以便让课程内容更有趣、更有用、更贴近学生实际"。1890年,哈佛还为本科学生开设了高级课程,邀请那些专门从事研究和研究生教育的学者给本科生上课。

但是让专家上课带来了意想不到的结果:他们把本科教育的宗旨置于一边!埃里奥特摈弃了陈腐的死记硬背的教学方法,师生关系开始热乎起来。但随着学生选择权的扩大,教师也开始随心所欲地选择教学内容。到19世纪90年代,本科生已经享有了充分的选择权,但是他们不清楚所学的一切对自己意味着什么。

1891年,哲学教授乔西亚·罗伊斯不无兴奋地感喟研究生教育在哈佛的发展。他对这方面发生的变化欢欣鼓舞,认为文理研究生教育可以脱离本科教育对教学活动的依赖,使文理研究生院名至实归地成为哈佛最重要的部门。

在罗伊斯乐观的思想中,每一个通向博士学位的专业都对社会有价值:

> 现代大学的政治学可以帮助人们更好理解近在眼前的严峻的社会危机;研究自然科学可以不断地拓展工艺新领域,为我们打开生活的新视野;研究哲学则可以为我们提供必需的精神指南,帮助我们走出日益严重的宗教危机。

既然大学本科教育失去了基础,那么还有什么东西可以支撑大学的存在呢?罗伊斯解释道,大学的本质在于学术研究,而不是教书育人。

> 传统大学将自己的功能定位于培养个体的心智,而现代大学凌驾于一切之上的任务是:组织和发展知识。

听起来大学像是今天的研究所——那里杰出学者聚集一堂,长期研究那些伟大的思想,不受课堂教学的困扰。自打大学被视为学术机构后,人们就开始抱怨学校把太多的精力用于研究生教育。在一所优秀的大学里,本科教育却过着"寄人篱下"的日子。

在一所真正的大学里,本科生应该把自己看作是真正"有知识侍者"(learned servant)等级中的"新手"——如果本科生有决心和"价值",在获得本科学位后,可以被录取为更高一级的研究生,或许以后可以成为一名教师。但通常情况是:本科生没有资格读研究生,他们将回到社会。他们拥有的一切就是本科阶段与同学、长者和进步的学者交往的经历。真正的学术生涯并不是专门为本科生设计的。

教授正成为专业人员，他们的工作性质已今非昔比。他们的任务就是把研究生或具有研究生潜力的本科生培养成为未来的学者。教授也需要培养有知识的社会公民，昔日教师的主要精力集中于培养学生的公民素质，而现在越来越多地服务于学者的利益。1901年，一位评论员这样写道：

> 不足为奇的是，任何领域中高级或专门化的课程都是由最出色的学者开设的。但是，最近这一趋势已经影响到那些负责大量本科课程的讲师们……事实上，研究生院的成功是以牺牲本科教育为代价的。现在我们需要认真思考的是：既然很多研究生毕业后很少直接参与社会日常活动，那么以牺牲本科教育来换取研究生教育的发展是否值得？

虽然我们很难判断博士生培养质量是否与大学教师的素质要求相匹配，但随着教学工作的日益专业化，博士学位日益成为大学教职的必备条件。1903年哈佛哲学家、心理学家威廉·詹姆斯（William James）无奈地发现，他最出色的一名学生居然因未完成例行的博士论文，而不能获得大学教职：

> 有谁胆敢说博士学位获得者就一定是一名成功的教师呢？说得难听一点，或许是他的道德操守、社交能力和个人特质最终让他无法胜任教学工作，而这些品质与他是否完成博士生考查无关。

一百多年过去了，现在许多本科生依然将自己看作罗伊斯所谓的"下等、没有价值"的"新手"。同时，那些立志成为教授的研究生继续远离现实世界。研究型大学依然挣扎于这样的矛盾中：一方面，古老的理想要求本科生从广博的课程中得到教益，另一方面，给本科生讲课的都是"昂贵"的研究人员，要为多样化的未来社会培养本科生，他们缺乏准备。至今，培养大学教师的制度并没有很好地考验过这些未来教师的"道德操守、社交能力和个人特质"，而选拔教师的程序也不提这方面的要求。

布朗大学在为学生提供学习选择权方面是最有名气的。在很大程度上，所有大学采取的这方面措施只得到了学生的欢迎，但并没有给本科教育本身留下太大的发展空间。让教授自由地选择教学内容，固然保证了他们作为学者的基本地位，但也纵容了教师漠视学生个性化的需要；虽然学校殚精竭虑地设计课程并采用了学生选择这一

"无形的手",但学生的选择结果参差不齐,他们只是选择了一大堆课程,却也留下了一大堆问题。

教育的需要、本科生的需要和教师专业技能之间的矛盾模糊了我们的视线。课程改革应该满足学生的需要、教师的偏好还是社会对教育的要求?学生应该成为教师心目中的好学生,还是学生通过教育为社会谋福利?大学应该服务于学生、教师还是社会的利益?当教师和学生被赋予选择自由的时候,我们的研究型大学并没有想清楚这些问题。

第二章
知识精英与公民意识
——大学生应该接受什么样的教育

  青年是性格养成的阶段。年轻人很容易接受环境的影响。难道我们应该听任下一代听取别人随意杜撰的故事,从而给他们的心灵留下有悖于我们初衷的思想吗?

——柏拉图,《理想国》

  我们的先辈深知学问的旨趣所在……他们自己学养广博,也仁慈地希望科学之光能照亮后代的心灵。我们对实现这一希望抱有足够的信心——只要教书育人的工作在继续,美德和自由的理念就后继有人。

——约翰·克拉克(John Clarke),《给在哈佛儿子的信》(1796年)

  现在我们面临一个教育多样化的时代。虽然这样的教育环境不乏可取之处,却与社会的福祉相悖,因为这样的教育破坏了教育学生的共同基础,也抛弃了任何社会都需要的共同的远见卓识。

——《自由社会的通识教育》(1945年)

哈佛初创之时,接受大学教育还只是上层社会成员的特权。逐渐地,社会上那些最具聪慧和雄心的人们,可以通过高等教育改善自己的社会经济地位。21世纪初,大学学历已经是除体力劳动外多数工作起码的资格要求。一项调查表明,近90%的人认为,现代社会中大学教育已经和当年的高中教育一样举足轻重。有大约四分之三的高中学生计划将来获得大学本科文凭。

当然,不是每一个人都需要进入研究型大学接受高等教育。在美国,有许多很出色的本科学院。很多大学适龄人群并不想住校读完四年大学——在那里,大部分学生都不到22岁。但在顶尖研究型大学的学院里,情况就不同了。那里人才济济,申请入学的学生队伍庞大,而且个个素质不错。这里的学生有机会体验到这样一点:真正的教育并不是简单地跟在市场变化后面亦步亦趋。

进入大学的学生都是社会的佼佼者,他们年轻、聪敏不凡。他们的未来目标就是成为各地区、各行业和各自生活领域中的出类拔萃者。要说出这些千差万别的学生的共同之处着实是一件吃力不讨好的事情。除了希望学生在自己的领域取得卓越的成绩——用埃里奥特在就职典礼上的话说,就是"在各自学科实现最充分的发展"。我们寻求学院教育共同核心的另一个动因就是:我们需要确立学院自身的独特性。但教授们不愿意区分学科之间孰轻孰重。他们一般讨论的是某一门课程的课时数或班级大小如何如何,但很少涉及教学内容方面的问题。

然而,多样性学生群体还存在其他共同之处,这是课程设计中应该考虑的。大学生多为年轻人,年轻意味着他们随时处于变化中,随时准备发现自己的兴趣和专长,并且对未来充满憧憬。年轻同时还意味着个体发展的过程尚未结束。入学时,学生还要依赖父母;但到了毕业时他们就是成人,需要为自己的事情负责了。尤其在知名大学里,毕业生更需要为社会承担责任。18到22岁这段时间,正是学生理解那些把自我和周围人们及先人联系起来的价值观的最佳时机。

考入顶尖学院的大学生头脑中已经形成了这样的观念:获得入学机会比什么都重要。这样的观念根深蒂固,以至一旦跨入大学校门,他们就不知何去何从了。他们是这个国家最有希望的学生,但这些研究型大学没有让这些学生明白:获得了如今的教育良机后，除了需要交纳学费，他们还应该为社会付出更多的东西。就像罗伯特·瑞德福特(Robert Redford)在影片《候选人》(*Candidate*)中扮演的政客形象那样：为获胜，他们可以不择手段，但获胜后他们却被自由冲昏了头脑。知名大学里的学生继承了这些政客的衣钵。瑞德福特扮演的角色还能在剧终人散的时候承认自己的困惑，而有些大学生还没有如此的自省。即使有学生意识到这一点，学校也不会告诉他们如何偿还他们对社会欠下的"债务"。

对于那些研究型大学中的学院来说，研究生教育的目标，通常给我们讨论本科教育目标带来混乱。研究生就学之初就不再年幼；经历学校教育那么多年，当他们毕业时年龄自然不小了。如果对本科生阶段学生的不成熟我们情有可原的话，那么我们对研究生的态度则大不相同了。对于研究生来说，重要的不是如何找到自己的人生定位，而是如何在学术发展道路上找准自己的位置。虽然所有研究生刚入学时自己还可以选择未来的方向，但一旦进入博士教育阶段，他们的机会就会受到很大限制。一旦他们决定报考商学院或法学院，那就别指望在学术上有很大发展前途。教授可以帮助研究生达到某个教育目标，但不能告诉他们为什么需要这样的目标。

本科学院不是研究生院。在研究型大学，教授指导研究生得心应手，因为他们本来就是干这一行的。本科生的情况则不同，教授需要传授的知识完全不是现存的。教授通常像要求自己的那样，要求研究生一门心思做学问，希望他们在一个专门领域内博闻强记，还希望学生学会掩饰自己的喜怒哀乐。

本科生、研究生和教授三者之间的矛盾由来已久。仅仅担心培养出"有知识的文盲"，并不能解决传统课程死记硬背的问题。我们必须采取其他措施，重新聚合本科教育的力量。

◈ 从独木走向森林 ◈

在哈佛的教师队伍中，阿伯特·劳伦斯·洛厄尔是批评埃里奥特最积极的一位。埃里奥特最终完全打破了公共课程的结构，发展了研究生院，并且允许本科生自由选课，洛厄尔对此持反对态度。在埃里奥特任期的最后几年，洛厄尔主持了一项对本科教育的评估工作。该评估委员会发现，在选课制度下，大多数哈佛学生并没有认真读书，也很少有学生选修比入门课程更高层次的课程。

1909年，洛厄尔接过埃里奥特的校长一职后立即指出，不管知识多样性如何重要，它毕竟还有破坏性的一面。过去学生数量少，情况简单得多，他们在一起学习同样的科目，一起生活。他们未来的职业目标也集中在某几个方面：

> 老式学院的教学组织比较紧凑，在当时实行松散、多样化的教育方式游刃有余。当然，其教学规模较小，节奏也不像现在这样快……时至今日，这些简单的教学方法已经过时。埃利奥特以不容置疑的口吻指出，人文学科领域已经发展得十分广泛，任何人都无法掌握其全部；同时，新的科目必须添加到教学计划中。如此庞杂的课程内容，没有一个学生能应付得过来。

当然，埃里奥特的改革也付出了代价："新的教学方法带来了学生知识结构的支离破碎和不同学生在学习进度上的差异。这些都破坏了原先教学组织的完整性。"

后来洛厄尔提出的改革方案至今仍是哈佛的教学模式："在我们这个复杂的现代社会里，通识教育的最佳方式就是培养学生'广泛涉猎、学有专攻'的知识结构。"微缩型的博士课程是"学有专攻"的最好例子。但要实行"广泛涉猎"的课程，就不那么容易了。关于如何拓展教育广度问题，洛厄尔比埃里奥特有更清醒的认识。当然，说是一回事，做起来是另外一回事。显然，学生需要：

> 从互不相联的学科中选修大量的通识课程。但要教会学生在每件事情上都懂得一点，是非常困难的。为此需要在每个学科大类中规定一定的通识课程，让那些不希望在某个领域继续深造的学生，掌握这些领域的基本原理和思维方法。这和入门性课程完全是两码事。

那么谁来教授这些课程呢？在回答这个问题时，洛厄尔对其前任在教师聘任方面的做法不无失望，即使如今负责本科教育的院长们对这一问题也深有同感：

> 事实上，一个明显的障碍是，那些功成名就的教授们宁愿讲授高级课程，而对基础课程教学退避三舍……要有效地传授各学科的基本原理，教师必须具备成熟的心智，眼光要能够超越"树顶"，看见成片的"森林"，并且具有异乎寻常的清晰思维、入木三分的言辞和激情四溢的表达。并不是说有了创造性想象力的教师，就一定具备这些品质。

洛厄尔任校长第一年的 12 月，哈佛文理学院决定要求从 1914 届学生开始，同时研修专业课程和通识课程。关于通识课程，学院设立了四个宽泛的学科大类，要求学生根据一些严格的规定，在每个领域中选修课程。这些学科大类包括：1. 语言、文学、艺术和音乐；2. 自然科学；3. 历史、政治和社会科学；4. 哲学和数学。这一计划后来被称为"指定选修课程"(distribution requirement)。而事实上，"指定选修课程"与 2005 年哈佛本科教育中实行的课程类似，不同的是，2005 年的课程改革只有三个学科大类，而不是 1910 年的四个。新课改打破了 1910 年课程结构，把哲学列入原先的第一个领域，而把数学列入原先的第二个领域。而实际上，1910 年课程比 2005 年课程更好，因为前者通过课程设置，突出了对学生分析和思维能力的培养。

1910 年哈佛大学的"指定选修课程"并非全国首创，1901 至 1908 年间，耶鲁大学、康乃尔大学、威斯里安（Wesleyan）大学都因自身选修课体系的庞大，而在各自教学部门采取"指定选修课程"制度。但像哈佛这样，从研究生教育的高度出发，为本科学生建立"专业课+指定选修课"的做法，还是显得独树一帜，甚至有些离经叛道。原先为培养博士的学系，现在要给本科生提供专业教育和四大类的通识教育。洛厄尔希望中的通识课程并不是入门课程。但在其任校长期间，他的那些想法并没有实现。另外一个悬而未决的问题是：他希望教师具有"异乎寻常的清晰思维、入木三分的言辞和激情四溢的表达"，这原本对大学教师极具价值，但在实际中，这些品质却与教师的学术成就没有关联。

"指定选修课程"是解决通识教育问题的简单方法，对学生或教师来说都便捷易行。教授们能结合自己的专业进行教学，同时他们还能得心应手地帮助本科学生拓展知识基础。而学生则利用课程设置的"游戏规则"，争取在各课程模块中选修那些最容易的科目。相比较文科学生来说，理科学生对"指定选修课程"似乎更驾轻就熟。理科学生觉得文科课程碍手碍脚，对其嗤之以鼻。但文科学生却视理科课程为畏途。经过这场课程"战争"的人都能意识到这样一点："指定选修课程"向学生"强加"了理科课程，却没有考虑到理科课程的特殊性。

1919 年，哥伦比亚大学率先把通识课程推向更高级的研究生教育阶段，并且为所有的研究生开列了必读书目。社会学家丹尼尔·贝尔（Daniel Bell）称此举包含了"地方主义的、社会政治的和哲学的动机"。

早在十年前,哥伦比亚大学就取消了把拉丁文作为入学要求的规定,随后"当代文明"成为了必修课程。由于入学门槛的降低,雄心勃勃的移民后代纷纷跨入大学校门。在文化观念上,他们与昔日作为哥伦比亚大学的主体、受过良好教育的学生很少有共同之处。学生构成的变化,动摇了原先庞大课程体系的基础——对罗马文学知识的绝对信仰。为了应对这一趋势,哥伦比亚大学不屈从于职业主义的潮流,成立了一个专门学院。用贝尔的话说,他们"坚守人文学科的阵地……维护学生群体的社会多样性……在教育指导思想上,让学生接受主流学术思想,开拓他们的想象力"。

1937年,哥伦比亚大学增加了统一的人文必修课,后虽经变革,至今这一课程仍是该校共同的核心课程。而芝加哥大学的核心课程从一开始就具有学究气,那里的学者们对其推崇备至,以至于1999年的时任校长因提出要改革原有课程而被迫辞职。三年后,虽对核心课程进行了局部变革,但应者寥寥,人们普遍对变革持保守态度。但即使在芝加哥大学,人们对核心课程的推崇也没有到奉若神明的程度。而位于马里兰州安纳波里斯的圣约翰学院,却继承了芝加哥大学未竟的"名著课程"的理想,读此类书籍的规定保留至今〔现在圣约翰学院在圣达菲(Santa Fe)也有分校〕。那里的学生没有选修课,教师也没有教学上的选择余地,所有的学生按照规定好的四年课程,阅读同样的书目。

由于学生需要在自己专业之外选修课程,哈佛又有上大课的制度,因此在那些难度不大课程的班级上人满为患。洛厄尔的继任者詹姆斯·布莱恩特·科南特(James Bryant Conant)与埃里奥特一样,是一名化学教授。科南特认为,提高学生和教师的水平是一个问题的两个方面,因为美国的整体形势已经发生了变化,解决这一问题需要新的思路。不断扩张的时代已经结束,科南特认为美国社会已经进入了缓慢发展的阶段。上大学人口的比例已经增长了很多倍,现在每200人中就有一名大学生。

随着人口增长进入停滞期,下一个世纪美国高等教育必须走一条与上一世纪迥异的发展道路。拓疆者消失了,类似19世纪的移民潮也难以再现。未来若干年美国也不可能出现工业化带来的顷刻间的社会巨变。与过去不同,我们似乎正进入社会发展的稳定期。许多巨大的力量迫使最具雄心的年轻人,也只能按照既定的地理和经济环境"循规蹈矩"地发展。有鉴于此,全国高等教育的问题就不再是继续扩建校园,以容纳更多的学生,相反,应该完善我们学校的选拔机制,遴选那些最有希望从四年大学教育和未来的专业培养中获益的学生。

在科南特看来,0.5%的大学生人口就已经足够了。现在最大的挑战是如何选拔那 0.5%的大学生。用历史学家默顿·凯勒(Morton Keller)和菲利斯·凯勒(Phyllis Keller)的话说,科南特"试图建立一所前所未有的'知识精英'(meritocracy)的大学,① 也就是说,吸纳一批杰出的学生和教师——不是因为他们的社会出身多么高贵,而是因为他们的才智和品质高人一等"。

为了创立一支精英教师队伍,大学必须建立一套更加客观、有序的教授任命制度,特别是要建立一套有效的终身教职制度。进校八年后还未升教授者,实行"非升即走"(up or out)的制度。科南特还建立了校外专家审查制度,以监督教授的晋升情况。此举旨在纠正学术上的任人唯亲和教授过分重用自己博士生的做法。如果这项改革充分实行,哈佛教授就都是最出类拔萃的学者了。但在实践中,学校只聘请到了一些"专家"——他们可能是世界上最顶尖的,但他们从事的领域却不那么举足轻重。而对校外专家的依赖,则可能导致教授任命过程中只注重学者的声望,而忽视教师实际的教学能力及其对大学发展的贡献大小。

二战后,在哈佛和其他地方,对课程问题研究的深入及其体现出的理想主义都是空前绝后的。1945 年出版了 267 页的《自由社会的通识教育》,后因其装帧而被称为"红皮书"。本书的官方署名是哈佛的一个教授委员会,但其主要执笔人是一个人——希腊文教授约翰·芬利(John Finley)。报告刚出版时,他才 41 岁。芬利的笔触让我们将哈佛使命的重要性,与他同时期撰写的有关雅典城邦盛衰的书籍联系起来。

该报告涉及的话题超越了哈佛或其他大学学生应该接受怎样的教育的问题。它指出了整个美国教育制度应该采取什么措施,以避免重蹈历史上曾经的文明被毁灭的覆辙。报告认为,通识教育不是一般意义上的知识教育。通识教育肩负了特殊的使

---

① "知识精英"一词源自英国社会学家迈克尔·扬(Michael Young)在 1958 年出版的讽刺性作品《知识精英的崛起》(*The Rise of Meritocracy*)。在这本书里,"知识精英"是具有贬义的。此书警告说,如果一个社会秩序完全由知识精英统治而不考虑遗传因素,这样的社会就不能健康发展。现在使用"知识精英"一词时,通常取褒义。——作者注

命。它需要将学生塑造成有责任感的成人和公民，同时培养学生完善的人格和认识自我及世界的方法。通识教育具有独特的视角，"一种成功的民主制度（不仅指政府制度，而且还包括人们的精神世界都渗透了民主思想），需要最大多数的人们共享高尚的人格和正确的世界观"。任何简单的事实都不能构成通识教育的内涵；公民社会需要不同背景的人们具有共享的价值观。

通识教育的核心是继承"自由"和"人文"的传统。单纯的知识学习或技能培养都不能帮助学生明白我们的文明得以源远流长的基础是什么……除非在学生成长的每一个阶段，都让他们持续地、带着价值批判地接触这些自由和人文的传统，否则通识教育的理想就是一句空话。

虽然报告涉及了中等和高等教育，但其主题还是大学教育问题。事实上，报告对哈佛以外的影响更多地体现在：它为通识教育的理念作了注解，而不是具体列举这些课程的清单。"红皮书"指出，那些专门培养专家的课程，对于那些并不希望深入研究那个领域的人来说，可能提不起兴趣。牛顿定律对那些计划到法学院深造的哲学系学生来说是重要的，但如果让哲学系的学生走进专门为物理专业学生开设的课堂，那么这些学生肯定是学不好物理的。在物理课中，物理专业学生认为：这个世界是一个理性、可以预知的系统，我们可以通过经验发现其规律。哲学专业在通识课程中要学习的，就是类似这样的观念。但 2005 年，哈佛课程改革不但放弃了公民教育的基本理想，而且忘却了大学还肩负教育知识层次各异学生的特殊任务。

"红皮书"建议：哈佛应该从 16 门课程中选择 6 门，专门作为通识教育的内容，涵盖了三个学科领域——人文、自然科学和社会科学。学生必须从这些领域中选修一部分课程。人文领域中的"文学名著"（Great Texts of Literature）和社会学科中的"西方思想与制度"（Western Thought and Institutions）是所有学生必修的课程。"这两门课程，加上原先的《物理学导论》，可以帮助学生完整、系统地理解西方文明遗产的主要内容。"其他课程穿插其间，但并不要求学生深入研读。

到了文理学院实施通识教育课程时，原先计划的学生必修唯一一门课程的计划被放弃了，取而代之的是，要求学生在专门开设的若干课程中选修部分课程。"西方思想与制度"被冠以"社会科学 2"的名称，成为一门成千上万哈佛学生选修的经典、充满启迪的课程。但学生也可以选修"远东文明史"，如果学生选择了后者，那么这些学生的生活就会不同,因为他们学习的内容根本不是自己文化遗产的一部分。而像"稻田"(Rice Paddies)这样具有温馨名字的课程,虽然与"红皮书"设想的正统西方文化有些距离,但还算是保持了通识教育课程的系统、完整性。一开始课程的范围有所控制,但以后20年中,五花八门的课程就出现在通识课程中了。

早在1962年,《深红报》的一篇社论就批评道:"通识教育变得越来越专门化了。""红皮书"问世后的30年里,课程的专业性和选择性完全占据了主导,而二战后提出的围绕民主社会公民意识,为不同学生提供共同体验的理想则消失殆尽。当20世纪60年代社会动荡潮流席卷哈佛校园之时,通识课程被视为"无望的"、"不合时宜的"和"沙文主义的"。历经动荡剩下的课程由于缺乏内在逻辑,学生因此怀疑大学教育的价值。正如1970年一位教授所说的:"如今的学生虽然接受了通识教育,但未能成为内省的绅士,相反他们成为了嗅觉灵敏的社会活动分子。"

通识课程的本意是为了传授共同的价值观。在哥伦比亚大学和芝加哥大学,一开始就有人批评,通识教育课程不是革命性的。在这方面"红皮书"并不比这些大学的通识教育高明多少。但1945年后课程中贯穿的民主价值观,倒是比1937或1919年的课程改革更加令人振奋。

1945年大学课程虽然挣脱了极权主义(totalitarianism)的藩篱,却未能建立一个完整的知识体系。尽管学生认同通识教育课程的教育目标,他们还是讨厌课程刻板的组织方式。在论及课程形式化问题时,哈佛学生委员会(Student Council)在一份报告中指出:"这是一个令人困惑和混乱的年代,而不是一个欣欣向荣、引人入胜的年代——课程中没有可以让学生深入思考永恒价值或未来文明的素材。"现在大学在拓展课程使命方面"才思枯竭",或许需要举全国之力才能达成关于大学教育目标的共识。

通识教育应该设法找到"一个能统揽全局的逻辑体系,一种强有力的认识架构……足以为整个教育制度提供目标和指引"。"这种逻辑体系还应该融合美国精神的元素,特别是那种虽然追求各异却依然精诚合作的精神——也就是说,相信人类精神的价值和意义不随人们理解的不同而有差异。"在通识教育中,价值教育应该渗透到各课程中,甚至应该成为理科课程的一部分。虽然"自然科学中事实研究与价值判断通常是分开的……这种分离虽然有其现实需要,但一旦成为教育的终极状态,其后果是可怕的。价值观根植于事实,在一定意义上,人类思想也是自然的一部分"。

20世纪50年代至60年代,通识教育课程经历了修订、统整、支解的过程,后来变成由各系自己掌握。最终通识教育课程也失去了应有的完整的知识体系。通识教育之所以被分解,部分原因是现在美国兴旺发达了,来到坎布里奇①的学生对于曾经激励过前人的文明成果知之甚少。部分原因是教授这些课程困难重重。课程数量如此庞大,我们别无选择。没有几个教授能把如此广博的知识有机地浓缩到教学计划中,然后理直气壮地在课堂上向学生宣讲。正如一位作者指出的,通识教育要求:

> 教师勇于突破原先的专业知识视野,投身到一个未开发的广阔的知识世界。教师还需要具有非凡的合作态度和合作客观条件。1945年的《哈佛报告》根本没有要求语言课必须要由语言学家上,理科课程由科学家上,历史学由历史学家上。限于这些专家各自的教育背景和思维定势,他们很难在自己的课堂上为学生创造一个个性化的学习环境。

事实上,很多在通识教育方面卓有建树的教师,并不一定是那些著作等身的大学者。"红皮书"的主要作者约翰·芬利把毕生精力用于教学工作,同时担任了"埃里奥特学生宿舍"的主管(Master of Eliot House)②。他因此成为通识教育方面的传奇人物。

通识教育实施了几十年,要保持一贯的教育目标是困难的。但通识教育课程有这么一个不变的信念:只要师生齐心协力,大面积提高教育质量是有保证的。根据我对哈佛和其他地方的观察,通识教育课程比其他课程能更好地关照年轻、充满希望的学生普遍存在的问题——并不一定与"大杂烩"的选修课程相冲突。"红皮书"认为,通识教育是"学生所接受全部教育的一部分——首先要把学生培养成为有责任感的人和公民"。现在实施通识教育课程时,大家可以达成这样的共识了:责任感和公民意识的培养,是大学教育的核心问题。

---

① Cambridge,哈佛大学所在的地区。——译者注
② 劳伦斯·洛厄尔任校长期间,开始在哈佛建立本科学生住校系统,旨在促进来自不同阶层、地区学生的融合。目前,包括埃里奥特学生宿舍在内,共有12幢学生宿舍,供本科高年级学生居住,每幢宿舍里住有300—400名学生。同时这些宿舍里还居住有研究生和其他辅导学生学习与生活的年轻专业人员。约翰·芬利于1942—1968年任埃里奥特学生宿舍的主管。——译者注

但是时代在变化。教授通识教育课程的教师一茬接一茬。新一代的教师并不认同前辈教师的理想。通识教育课程的内在逻辑已不复存在,它已经成为了各系安置没有能力上专业课的教师的"垃圾场"(dumping ground)。越南战争、美国种族冲突,以及随之而起的哈佛校园暴动,使原本奄奄一息的通识教育课程雪上加霜。

◆ "红皮书"之后的通识教育 ◆

为了改善通识教育课程四分五裂的状况,1974年哈佛文理学院院长亨利·罗索夫斯基(Henry Rosovsky)发起了一场本科教育修订运动。在解释这场运动的原因时,罗索夫斯基指出,"在过去几十年里,高端研究领域都取得了丰硕的成果","可以感觉到旧的信仰和价值观已被放弃,而正确的新信仰和价值观还没有建立起来",需要"更有效地利用我们的资源","感觉到本科生并没有分享到我们日益丰富的知识宝库"。

历时四年,新课程完成设计并付诸表决。又过了三年,新课程的具体科目制订完成,并开始实行完整的课程大纲。所谓的"核心课程"(这可能是一个误称,因为实施同样的课程要求,可以有许多不同的途径),包括十个科目大类,每个学生都必须选择其中特定的八个类别,其他两个大类则属于学生的专业课程。以后又增加到十一个科目大类,学生的必修科目则减少到七个。哈佛的课程目录如是解释:

> 核心课程旨在向学生介绍教师们认为对本科教育必不可少的各知识领域的方法。这些课程需要向学生展示这些领域中有哪些知识?它们的研究形式是什么?各自的分析手段有何差异?这些知识是如何被使用的?它们包含了什么特定的价值观?核心课程中各领域科目或子科目在地位上是平等的,因为虽然课程名称各异,但它们都强调特定的思维方式。

如同当年通识教育课程一样,核心课程建立了许多充满想象力的科目,同时吸引了教师队伍中出类拔萃的资深成员(其中不乏大师级人物)走上讲坛,而听课的学生来源也十分广泛。一些内容宏大、包罗万象的科目云集了大批学生。迈克尔·桑德尔(Michael Sandel)的"司法"和山姆·比尔(Sam Beer)的"社会科学2"都是哈佛的经典课程。核心课程中一项内容更具有魅力——它建立了一套课程质量控制系统。一些教师抱怨核心课程委员会因此干涉了他们的教学自由,但是通过委员会对课程的逐一审查，那些昔日混迹于通识教育课程的不良科目、不合格教师被清除出去了。

尽管核心课程不乏可圈可点之处，其管理方式却让教师和学生吃尽了苦头。与"红皮书"的通识教育课程不同，许多核心课程的专业性很强，知识面很窄。另一方面，只有符合严格要求，学生才能选修某系的一门课程，以替代一门核心课程。比如渴望了解周围世界的学生们弄不明白：核心课程"性别社区——中东、北非地区的女性、伊斯兰和民族主义"能向他们开放，而历史学系的"20世纪的世界"课程却不行。

在指导思想和实践中，核心课程都缺乏统一的安排。这导致学生从一开始就对核心课程批评不断。有一个独立的核心课程领域"道德推理"，本来是为了体现"培养价值观"的教育思想，但道德理解的教育同时也割裂了它与其他核心课程的联系。不但课程设置没有整体逻辑，而且也不能让学生从事实（包括科学事实）中体会到价值观的存在。

核心课程结构体现了广泛的课程要求，旨在促进课程向不同专业学生开放，却回避了20世纪70年代的"文化大战"。核心课程提出的以"知识的方法"（approaches to knowledge）作为广博教育的组织原则，并没有多少新意。1945年的"红皮书"中明确提出将知识分成"自然科学"、"社会科学"和"人文学科"，就体现了"知识的方法"(methods of knowledge)的思想。事实上，这一思想可以追溯到早期的哈佛历史，那时课程被视为传授思维方法而非灌输知识的途径——1882年《深红报》的一篇社论将后者讥讽为"过时的乡村学院（country college）制度，它只是为心智训练开具学习'处方'"。为了以"思维方法"取代"知识灌输"，核心课程动员了全哈佛的师资力量，总以为这些教师知道如何教会学生的思维方法，全然不顾他们各自学科的兴趣可能与之毫不相干。虽然不失为有用的原则，但一定要强调"知识的方法"是核心课程特有的指导思想，则是不足为信的。例如，哈佛课程评估委员会从来没有试图调查清楚：理科学生是否因为选修了"社会分析"领域的课程而学会了新的思维方法。哈佛纪律委员会也没有发现多少证据，表明选修了"道德推理"领域的课程的学生有更少的偷窃或作弊的可能性。即使核心课程初创时的文件中，也没有一定要求通过"外国文化"课程，掌握什么"知识的方法"，它只是为学生接触某些知识创造机会。

尽管教师和学生有各种微词，核心课程还算是一项成功的改革。它迫使（有时是激发）教师的课堂教学处于同事的严密监督之下。因为院长或校长扮演了汤姆·索亚(Tom Sawyer)的角色，他们劝诫教授说，能为核心课程开课是很高的荣誉。很多优秀的科目因此获得了新生。但核心课程对学生却没有太大意义。后来院长们也不支持核心课程了。只要教师愿意，都可以去教核心课程。既然大家都可以上核心课程，就无所谓荣誉了。一旦哈佛的行政部门反对，核心课程也就崩溃了。院长们把矛头指向了这一课程过去没有被挑明的弊端——事实上，它不但不是"核心课程"，甚至连课程都算不上。

2002年威廉·科比的课程改革比20世纪40年代和70年代的课程改革更加雄心勃勃。此次改革的任务和目标包括向学生提供辅导，"建立师生之间富有教育意义的直接沟通"。这是对校长就职演说言论的回应。同时，新课程保证将"科学素养"（scientific literacy）（此处引号原文如此）与具体的教学内容结合起来。这一点与校长就职演说中提出的宏大愿景相比口气缓和不少——校长指出："我们的任务之一，就是保证从这里毕业的学生能理解、掌握和运用科学发展的成果，因为正是这些成果改变了我们工作和生活的这个世界。"

通过回顾历史，科比和哈佛学院院长本尼迪克特·格劳斯（Benedict Gross）提出，哈佛需要提高课程的全球化和国际化水平。"20世纪40年代的'红皮书'意在阐明作为'自由社会公民'，哈佛学生应该接受怎样的教育；现在我们的教育目标则是将学生培养成为全球化社会的公民。"

将20世纪40年代"自由"社会与新千年的"全球化"社会作比较，这些院长意欲何为？我们被告知，哈佛把学生视为"即将生活和工作在世界各角落的全球化社会的公民"。或许院长们想说的是：在新的课程中，经济和政治的变迁应该取代启蒙理想而成为哈佛教育中最重要的一课。但是，"红皮书"希望培养学生在"自由社会"中的"自由思想"，并不是哈佛一家在二战后突发奇想的产物——自由思想具有悠久的历史。"通识教育"中的"通识"（liberal）一词就意味着"自由"（free）［要像信息自由主义者理查德·斯托尔曼（Richard Stallman）那样理解"自由"（freedom），而不是按照"免费啤酒"（free beer）那样来理解］。① 拥有人的自由；通过通识教育让人的思想更自由、心灵更

---

① 理查德·斯托尔曼被称为"自由软件运动"的精神领袖、操作系统GNU计划及自由软件基金会（Free Software Foundation）的创立者。他为自由软件运动树立了道德、政治及法律框架，被许多人誉为当今自由软件的斗士、伟大的理想主义者。他有一个观点，认为用户彼此拷贝软件不但不是"盗版"，而是体现了人类互助的美德。软件的编写者将软件"据为己有"看上去天经地义。但一个软件并不是单纯的工具，一旦软件的编写者将其传播出去，就不简单地是在提供"工具"，而是在传播"思想"。斯托尔曼还认为，自由软件并非免费软件。他建议销售软件光盘时制定一个适当的价格。另外，软件公司还可以靠服务和训练赚钱。据说，斯托尔曼本人不领取工资，只靠"布道"、宣传其"自由软件"思想得来收入维持生计。看来，他还是自己所倡导"自由"本意的亲身实践者。——译者注

高贵,这一直是哈佛教育的基本原则。全球化是我们这个时代出现的重要现象,学生当然需要理解这一点,但全球化背景下的政治和经济问题,并不能取代民主理想的重要性。

科比课程评估报告提出了一条新教学原则:选修课应该"吸引大批学生,并为他们提供共同的知识经验"。这些课程的名称也"别具匠心"——一开始为"哈佛学院课程",最近是"概论"、"集成"和"入门"课程。但是实际的教学并没有跟上课程名称变革的步伐。到2005年下半年,这些课程一门都没有开设,甚至还没有规划。科比院长只在评估报告中提出课程的"共同基础"(shared foundation),但并没有说明这一基础究竟是什么。同样,评估报告也没有指出学生应该学习什么特定的知识。评估报告反对核心课程围绕"知识的方法"的课程组织形式,却没有提出新的课程组织设想。这种模糊不清的措辞同样体现在萨默斯校长那里。当意识到课程改革的结果不能如其所愿时,校长敦促课程改革应该体现重点:

在文学课程中,我们是否就是给学生讲文学名著,抑或我们集中给学生讲授某一时期、某一国家的文学作品?我们需要拿出更大勇气来解释名著之所以为名著的原因。什么知识是学生必须知晓并教会学生的?

萨默斯在关于人文学科的个别评论中揭示了问题的所在,也引起了大家的兴趣。文学课程只是举个例子,在其就职演说中,萨默斯表达了同样的思想。他指出,在哈佛,大多数人同意学习莎士比亚的作品是重要的,但很多人认为,不了解基因和染色体之间的区别是可以接受的。萨默斯提出了一个深层次的问题:什么知识是重要并且必须教会学生的?未来的哈佛学生能学到共同的知识、体验到共同的教育、学会判断文明成果的方法吗?教授和学生头脑里是否还有"知识精英"的思想?

2005年春的课程改革只是"空瓶子",并没有实质性的结果,也没有给课程问题提出明确的答案。几经延期,2005年秋,一份通识教育报告终于出台,而报告证实了这样一点:由于校长没有对"名著之所以为名著"的问题给出自己的看法,当然对学院的教授来说,也只能是"以其昏昏,使人昭昭"。如果萨默斯和科比原本希望自己能像科南特倡导的通识教育课程和亨利·罗索夫斯基的核心课程那样,给哈佛学位历史留下浓墨重彩的一笔,那么他们的希望落空了。他们发现,如果大学领导人自己不能明辨方向和目标,那么伟大的课程就不可能诞生于官僚的片言只语或者教授们喋喋不休的争论中。

新通识教育课程规定学生需要在原有通识课程的自然科学、人文学科和社会科学中，各选择三门科目，只是现在有了新的、更时髦的科目名称。科目允许由各系开设，而不必为通识教育特设。既然是"空瓶子"，里面装什么都可以，只要合适，各系都可以开通识教育课程。只要能够发动那些教授从系里出来上课，那些宏大的概论性课程可以保留。但学校并没有一项制度确保学生来修习这些课程。另一方面，哈佛根本不可能保证学生在课程目录中随意选择三门自然科学或人文学科的科目，就可以学到什么。新课程完全放弃了共享知识、共享价值观甚至共享抱负的理念。由于没有明确规定学生需学知识的轻重缓急，哈佛实际上在向世人宣布：在21世纪，一个受过教育的人可以不知道"基因"、"染色体"和"莎士比亚"！

新课程保留了对新生写作和外语方面的要求，否则当初课程唯一竭力倡导的"共同知识"，就变成了从"重要的国际经验"中学一点算一点了——这就使当初信誓旦旦要把学生培养成为全球性公民的努力成为强弩之末。对于"道德推理"、"定量推理"、"外国文化"这些课程领域，说是为了提供学习机会，而非增加学习负担。但最终也被批评为"不了了之"。《自由社会的通识教育》发表60年后，美国社会的发展与哈佛教育几乎背道而驰。新通识教育报告不但未能促进价值观与理念的分享，而且也放弃了旧通识教育所秉承的理想。如新报告指出的那样，"红皮书"希望"在冷战之初……通过开设针对当代问题的课程，建立一个美好的国家意识形态"。

现在的哈佛课程中，鲜有体现人性自由、启蒙理想和美国社会民主思想的。新课程对二战后"红皮书"编撰委员会提出的大学课程的社会责任也未予充分重视。哈佛核心课程甚至没有给学生提供认识自己国家的机会。

在2004—2005年的哈佛课程中，"历史研究"领域要求学生从以下有关美国制度史的科目中选择一门："医药和美国社会"、"1776年的世界"、"追求快乐：美国革命年代的日常生活"、"非洲与美洲的奴隶制和奴隶贸易"、"20世纪的战争与社会"、"沃伦法庭与争取司法公正：1953—1969"①、"美国与越南：1945—1975"。而关于世界其他国

---

① 1953年9月30日，厄尔·沃伦(Earl Warren)出任美国联邦最高法院第十四任首席大法官，至1969年卸任。沃伦法官主持联邦最高法院，作了一系列旨在保护美国公民个人自由和权利、在美国司法史上具有重要影响的判决。——译者注

家和地区的历史科目有17门之多。这实在是一份非常奇怪的课程目录,哈佛居然是如此"鼓励"学生认识美国的,当然,这不能算做哈佛大学的本意——这些课程只是教授们选择与自己专长接近的科目的结果。很多任课教师是一流的,课程内容也引人入胜。问题是:居然没有一门科目涉及美国独立战争或美国内战的,也没有关于美国开国元勋思想或美国宪法发展方面的课程。学生别指望在核心课程中学到任何这方面的知识。

同样的问题还存在于历史系和行政管理系的核心课程和本系课程中。在具有广泛选择性的课程制度中,学生能够从学校开设的课程中领悟其重要性和价值观。有意思的是:学生对与美国制度有关的课程趋之若鹜,"沃伦法庭"课程出现超员现象。同样的情况还出现在行政管理系的"美国总统制"中——因此,原先核心课程的初衷并没有实现。

哈佛在21世纪的课程改革非但没有鼓励学生更多地了解美国,反而坚持认为学生应该更多地了解世界其他地方。这就难免让人产生了困惑:难道在哈佛人的眼中,美国只是"另一个国家"?或"其他众多国家中的一员"?除了美国经济和军事对全球社会的影响外,哈佛似乎并没有希望毕业生对美国有更多的了解。或许哈佛不再认为自己是一所美国的大学,而是希望成为一所世界大学。这就像上个世纪哈佛从一所地区性学校发展成为全国性大学一样。

从某种意义上说,我们的学生和教师对美国基本的价值观已习以为常。我所认识的所有哈佛人都赞同言论自由和机会均等的观念。事实上,师生们经常以他们参与过的一些社会运动来炫耀这些观念:从参加"门卫的公正"(Justice for Janitors)运动①到教师抵制"美国爱国法案"(USA Patriot Act)②。

另一方面,就像美国国内和最高法院可能存在深刻的意见分歧一样,关于这些基本价值观有多少能与实际联系起来的问题,师生中也存在很大分歧。虽然哈佛通常被描绘成一所自由的学校,与教师相比,哈佛学生中间各种政治力量更为均衡。其中部分原因是学生群体最大限度地体现了美国地域和社会背景的多样性。于是和全国其

---

① 从20世纪80年代开始,作为"世界服务行业从业人员协会争取门卫公正运动"[Service Employees International Union (SEIU) Justice for Janitors Campaign]的一部分,美国先后有20多个城市加入了争取改善门卫工作和生活待遇的运动中,哈佛学生于2004年4月也加入了这场运动。——译者注

② 9·11恐怖袭击事件后,美国政府迅速通过了旨在打击恐怖主义的《美国爱国法案》,赋予政府在处理有关问题时更大的权力。但也引起了关于此法下个人自由可能遭到侵害的争论。根据该法案,大学有权在不通知外籍教师或学生的情况下将他们的信息提供给政府机构。——译者注

他地方一样,哈佛学生对一系列社会问题持有各种不同的看法,这些问题包括:国家应该如何使用其军队?如何协调各级政府管理机构中执行部门和立法部门之间的关系?如何看待堕胎权利中的道德和法律问题?宗教在日常生活中扮演怎样的角色?教会与政府和大学的关系是什么?如何看待"赞助性行动"①和同性恋婚姻?哈佛学生应该比普通美国民众更深刻地理解和讨论这些大家纠缠不清的社会问题,因为从招生到毕业,我们一直在期望这些学生有朝一日来领导这个国家。但从课程改革看,哈佛并不希望学生带着充满智慧的头脑参与到对这些问题的讨论中。

哈佛课程很少帮助学生把我们共享的文化遗产运用到对当前有争议问题的思考和讨论中。学生只是在课外活动中争辩和讨论公众感兴趣的话题。只有"政治研究所"(Institute of Politics)还能在交流中各抒己见、畅所欲言,其他部门的讨论基本呈现"一边倒"的局面:共和党人讨论"赞助性行动"问题,而强调选择权的人则讨论堕胎问题。学生要对敏感问题进行开诚布公的对话,需要很大的勇气。如果学生主见已定,要把他们聚集在一起进行讨论是一件颇为费劲的事情。如果讨论那些带有根本性但又充满争议的问题会导致彼此的不愉快,教授们就会敬而远之。虽然大家都明白,只有当个人已有的价值观受到挑战的时候,真正的价值观学习才有可能,但在美国的高等教育中,第一要务无疑是:保证为学生营造一个学术和情感上都舒适的环境——哈佛也不例外。

2002年春季,哈佛的一个遴选委员会选择了一名美国出生的穆斯林学生,作为毕业典礼上的发言代表。这位学生的父亲是出生于孟加拉国的美国人②,而母亲则是美籍爱尔兰人。如果这位学生父母的出生地换个个儿,学生的名字是克里斯蒂(Christie)③,那么这次演讲或许不会那么引人注目。但是这位学生的名字叫亚辛(Yasin),演讲的题目是"美国的圣战"(American Jihad)。于是这次演讲在学生、校友中及世界各地媒体上引起了轩然大波。结果题目本身成为了演讲的最大亮点,而演讲

---

① 为20世纪60年代开始美国政府推行的一项政策,旨在补偿黑人、印第安人、拉美裔和亚裔以及妇女在过去受到的歧视,鼓励其被优先录取、录用、晋升或优先得到贷款和政府合同。该政策得到了以上弱势群体的欢迎,但也有人认为"补偿运动"是一种反向歧视。——译者注
② 孟加拉国86.6%居民信奉伊斯兰教。——译者注
③ 克里斯蒂是典型的基督教名字。——译者注

内容还是毕业典礼上的一般程式——雄辩而不偏不倚,无非是讲一些个人奋斗、信仰和成长之类的话题。按照长期以来的惯例,在毕业典礼前,只有发言的题目可以提前公布,这样的做法吊足了大家的胃口,人们甚至这样设想:如果发言者可以选择脱离经遴选委员会认可的演讲稿,他会讲些什么呢?更有讽刺意味的是,宣布的演讲题目并非亚辛提交给遴选委员会的那个,而是该委员会一名成员提议的,这个题目更具有视觉冲击力。此君恰好是一名犹太人!

最后犹太学生和穆斯林学生之间进行了友好的对话,演讲题目又回到了亚辛原来的"版本"——"关于信仰和公民意识:我的美国圣战"。也谈不上什么抗议的事情。当天的一场雨使观众人数寥寥。但是凡是知道亚辛是校园里一名温和、积极学生的人,都因为亚辛受到的个人攻击而不平,同时也对学校没有利用这次机会给学生上一堂关于"哈佛校园多元文化、国际风范和美国言论自由"的课而感到遗憾。2001年"9·11"以后上任的萨默斯校长号召所有的哈佛人"对来自不同背景的哈佛成员表现出友好、宽容和尊敬",同时,"充分肯定作为我们这所大学和这个国家核心的理想与价值观"。但在亚辛收到死亡威胁之前,萨默斯校长一直保持沉默。事发后,校长发表了如下声明:

> 事情的起因是扎依德·亚辛一场事先计划好的毕业典礼上的演讲。亚辛是由合法任命的教师委员会遴选产生的典礼发言者之一。在我们生活的这个年代,哈佛内外都对中东地区发生的事情及其对美国的影响深表关切。然而,尤其像大学这样的地方,大家应该保持开放的心态,倾听彼此的看法,并且做到不对他人的言论断章取义。针对这次演讲在学校引起的潜在分歧,我们已经进行了一系列富有建设性的对话,对此我表示欣慰。最近我听说亚辛先生收到了一份来历不明的威胁性电子邮件。直接的人身威胁行为必须受到指责。所有秉持这所学校价值观的人们应该对此表示最强烈的谴责。

令一些观察家惊讶的是,面对这样一名在学校小有名气、没有任何不良记录、且通过合法途径遴选产生的毕业典礼发言者,哈佛校长提供的最强有力的保护居然是一句"谁也不许威胁杀死他"!亚辛所在的学生宿舍主管霍华德·乔奇(Howard Georgi)在一份声明中对亚辛表达了他个人的支持,他说,亚辛是"一个善于思考、知书达理、致力于促进平等讨论和对话的人"。还是一名学生记者对此事做了更为大胆的评论。他称萨默斯的声明"不温不火"(lukewarm)。这位学生记者写道:

我遭遇了敌人,但他不是扎依德·亚辛……我很高兴自己就读的大学能在这样困难的时刻选择这样一位学生出来讲话。我很高兴我们没有让"9·11"事件玷污了世界上一支重要的宗教力量。我们没有从自己的宗教中选择发言代表来做自我辩护。我很高兴在这个极其沉痛的时刻,我们学校还能保持世界名校的风范,继续维护言论和论辩自由这一学术机构的根本原则……这样的学术话语和长盛不衰的探索体现了典型的哈佛精神,也体现了典型的美国精神。我们绝不允许任何人夺走这样的精神——这一精神才是战胜邪恶势力的真正法宝。

在接下来的秋季,萨默斯在一次早祷告中批评道,大学里"一些严肃和有思想的人在鼓动和策划反犹太的行动——虽然这并不一定是他们的本意,但现实影响确实如此"。几周之后,他说:"如果我们积极信守言论自由的承诺,我们的大学终将变得更加强大",同时他"对那些容易被视为给反犹太主义煽风点火的言论表示担忧"。很多人对校长从6月至11月间发表的一系列言论感到困惑。起先是对亚辛那次题目有争议、内容却温和的演讲表示"适度"的申辩,现在又表示要对那些被视为给反犹太主义煽风点火或导致这样效果的行径进行打击。校长似乎在传达这样一个新的"言论自由的承诺":关于言论自由,重要的一点不是说话者在说什么,或者想说什么,而是在于听者听到了什么。

从根本上说,扎依德·亚辛事件与言论自由无关。因为亚辛不可能在大庭广众之中、在毕业典礼这样的场合下畅所欲言。他志愿做这样一场演讲,而哈佛尊重其行为,请他上台演讲了。萨默斯不痛不痒的声援暴露了哈佛在公众压力下,在一个比言论自由更具普遍性的问题上举棋不定,这个问题就是:尊重人就应该维护其人格;应该从言辞而非表面评判一个人;美国人民应该拥有共同的价值观而不是试图消除种族或宗教的差异。

全球化的思潮在哈佛盛行。萨默斯校长和科比院长反复警告,哈佛太"美国化"了,表示绝不能培养一批对世界问题孤陋寡闻的本土学生。根据萨默斯校长的观点,"我们的知识视野应该超越美国的一孔之见"。在2002年的一次筹款会议上,校长援引了一位国会议员的话。当时有人问这位议员是否准备利用议会休会时间,到国外走走。那位议员回答说:"不,我已经去过那些地方了。"科比院长在其年度《致学院的公开信》中强调课程必须"提高可选择性和灵活性"。他认为,国际经验是对毕业学生的基本要求。他指出:"难道我们不应该要求每一名学生通过学习外语、参加实习和社会服务、在海外从事研究等途径,让他们在毕业时具备丰富的国际经验吗?"这方面,校长的态度更为坚决,他认为在输送学生到国外求学方面,哈佛落后于其他学校。对此他感到不安。① 他说:"你知道吗,学习日语最好的地方是日本。"萨默斯援引发生在阿富汗、导致美国人丧失生命的事件,强调哈佛的任务就是"帮助人们具有更宽广的国际视野"。

哈佛如此大动干戈地推行教育的国际化,而其培养的学生都将是这个伟大民主国家的公民。但在哈佛最近出台的本科教育计划中,很少提及关于自己国家的教育。作为美国公民,学生应该理解民主社会的基础,作为在哈佛读书的外国公民,也应该了解美国制度中弥足珍贵的价值观。但哈佛对于这方面的教育责任置若罔闻。在课程规划中讨论哈佛与美国关系部分,哈佛的领导人惜字如金。少有的一次是科比院长在 2004 年哈佛课程评估报告前言中的一段话:"作为美国顶尖的院校,哈佛学院有责任培养学生认识其他国家,并站在他国的角度审视本国问题的能力,因为这些学生将来的生活和工作地点不但在美国本土,更有在世界各地的。"

2004 年的这份报告并没有详细阐述哈佛将如何培养合格的美国公民的问题。经过一年半的字斟句酌出炉的"通识教育报告"对西方文明只字不提。只有在回顾历史部分有一句话,否认了任何关于西方及价值观中心地位的假设:"委员会不希望给人这样的印象(哪怕是无意中的)——我们试图开历史的倒车。现在大家已经不可能像过去那样,能够就全体学生应该接受什么样教育的问题,轻松地达成一致看法。"现在的课程甚至没有提到在哈佛的留学生,回国时应该理解并尊重美国社会的民主原则。

我们当然不能不假思索地全盘接受美国制度及其赖以发展的文化遗产。这里的问题在于:即使是最有文化的美国人,也不能确定如何将我们的民主原则与教育实践结合起来。我们有义务通过这些民主原则的教育,将学生培养成为合格的美国公民,这样国家的未来才有希望。

那种认为哈佛的立场太过美国化、其教育内容过于强调"美国一孔之见"的观点是缺乏事实依据的。举例来说,在有着 83 名教授的历史学系(2003—2004 学年)中,20

---

① 让我感到惊讶的是,如果学生历尽艰辛考入这所学校,哈佛为何一定要在送学生到海外读书这件事情上和其他学校比高低呢?很多大学采取积极的留学政策,是因为学校住房紧张、学习机会缺乏或学校所在城市索然无味,不能在四年里吸引学生的兴趣。——作者注

名教授从事美国历史研究,其余则研究从拉丁美洲到越南这样广泛的历史领域。即使把研究西欧历史的教授算在内(学术上,美国历史与西欧历史存在渊源关系),也有将近超过一半的历史学教授研究其他国家和地区的历史。所以哈佛的学术环境中不乏国际视野。

过去,为了保持教育质量,哈佛校方限制学生出国留学的数量。现在,我们却劝说本科学生离开坎布里奇,到国外求学。学生们知道哈佛的教育质量比世界上大多数大学要好。学生们不愿意放弃现在的读书机会,去参加哈佛提供的更高层次的课外活动,相反,只有当大学毕业后,学生才愿意到海外增长见识。能获得到海外学习和游历的本科生奖学金的名额有限,竞争激烈。2002—2003学年,在一个本科生项目中,有153名学生竞争4个到英国留学的名额。哈佛学生对留学的看法似乎与当年埃里奥特校长的看法差不多:"开始是愚蠢的,但以后的教育效果不错。"

简单地以日本或阿富汗为例,并不能帮助我们认真地思考如何培养学生"宽阔的国际视野"的问题。这方面最好的方法不是把本科学生送到国外去。就像罗马诗人贺瑞斯(Horace)在2 000多年前描写的:"漂洋过海,改变的是气候环境,不变的是我们的心灵。"

了解世界的要求让学生左右为难。很多学生希望在毕业时有一段时间体验国外文化,但许多学生又不愿意放弃在哈佛一到两个学期的教育。对于有些学生来说,到哈佛读书是至高无上的教育机会。那些家庭窘迫的学生几乎不能想象自己有这样的机会。而科比院长一句没有恶意的玩笑话,却让学生心神不定:"如果想上哈佛学院读书,最好准备好自己的护照。"当然,对于学习外国历史、外国文学、外国行政管理的学生来说,最好的学习地点可能在国外。但是要说学习数学、生物化学,最好的地方非哈佛莫属。这些领域的学生出国,更多是为了体验生活,而不是出于学术的考虑。而现在哈佛提倡学生出国,主要也是出于增进学生体验的目的。科比院长解释道,之所以要强调出国:

是因为我们学生即将生活和工作的世界远不止马萨诸塞湾和美国本土,我们的世界处于不断交流和变化之中,各国的社会形态和文化又充满差异。不管我们的学生来自哪里,他们将面临的是一个由外国人组成的世界——他们具有不同的历史和社会背景,他们使用不同的语言进行交流、写作和思考。学生们至少需要学会其中的部分语言,才能更好地理解使用这些语言的人们。

哈佛的学费非常昂贵,因为那里有最好的师资、图书馆和研究设施,它甚至一直反对给参与"体验式学习"(experiential learning)(如社区服务)的学生以学分。现在哈佛却把留学经验作为获得本科学位的基本要求。2004年的《哈佛课程评估报告》明确指出,每个哈佛学生应该掌握的,不是在国外学习的具体课程,而是"重要的国际经验"。该报告甚至反对学生到像英国的牛津、剑桥这样的地方学习国际经验,因为"有意识鼓励到非盎格鲁文化背景或第三世界国家留学,要比到英格兰或澳大利亚这样的国家留学更能提高学生的全球化素养"。

考虑到留学地点所在地区、舒适度和留学目的方面千差万别,这样的体验式课程设置存在一定缺陷和违背学术规律的地方。这些课程需要学生和学校支付昂贵的费用。① 同时新课程将取代"外国文化"课程中的学术性教学内容(后者不再作为必修内容)。当然,从国际经验中学到的东西不是其他学习渠道能替代的。现在的问题不是到国外学习或游历是否具有教育意义,而是这样做是否是对我们宝贵资源——研究型大学中学院的教学时间——最有效的利用方式。当然,了解贫困最好是让自己身处贫困的环境,但没有人会提出让社会学专业的学生抽出大学教育的时间,到贫民窟生活一年。考虑到美国社会贫富差距悬殊,更有意义的做法是让学生利用暑假时间,在不同富裕水平的县之间交换体验生活。

这比硬性要求学生在毕业前到国外体验生活强得多。我发现,家长和学生有同样的担心:头顶世界顶尖学府光环的学生,不在哈佛与同学共同学习、讨论,让他们到层次更低的别国大学去体验生活,究竟能学到怎样的"全球化素养"?

那些为未来培养大批企业家、政治家、律师的知名大学,在竭力解释它们的办学宗旨。但是对大学课程中的道德原则和终极价值观通常语焉不详(即使这些道德原则和价值观一息尚存)。随着大学眼光从美国本土转移开去,那些维护和孕育了这些大学

---

① 2005—2006学年,哈佛学生的平均上学费用为44 350美元,包括学费、食宿、教材、意外保险(不包括医疗保险)。如果将来把"重要的国际经验"加入课程,学生的总费用将进一步上涨。这里的数据统计来自哈佛经费资助办公室:《大学教育成本知多少?——家长指南》(2005—2006)。——作者注

的民主和自由的观念也淡出了大学课堂。如果美国指望哈佛培养出30年后在最高法院工作的人选，那么哈佛并没有为2009届的新生做好这样的准备！

在美国，知名大学受人景仰和褒奖，但公众也日益怀疑这些大学所代表的价值观——或者它们是如何放弃这些价值观的。这些知名大学的学费已迫近5万美元，教学内容却日益脱离普通民众的日常生活。到这些学校读书，就业前景是有保障的，但要实现学术和个人抱负却遥遥无期。最后，这些知名大学的教育质量观和学费压力，将对基础教育和整个高等教育市场产生巨大影响。

长期以来，美国的私立大学可免于各种社会力量的干预。但这种自由只是社会契约的一部分。大学享有自由和免税的权利，是因为大学在为美国社会做贡献。如果是在战争年代，当大多数美国人比哈佛人更关心战争形势的时候，美国人民还会相信大学在恪守其本分吗？

在9月11日美国受恐怖袭击一周年之际，《深红报》希望我能写点纪念性的文字。我在那篇纪念文章中提出的问题，至今让我不能释怀。我写道："'9·11'后，全国上下前所未有地重温起作为美国立国之本的自由和平等的理念。哈佛学院应该如何兼顾这样的现实：一方面美国是这个日益'缩小'、交流日益频繁的世界大家庭的一员；另一方面哈佛身处其中的这个自由社会的立身之本，是那些让美国人民深感自豪并愿意为之守护的理想。"新的哈佛课程给出了答案，但忽略了这样一个事实：哈佛这个古老的、旨在增进学术并使之流传子孙万代的地方，是一所美国人的学校。但是在如今的哈佛，只要是教授开设的课程，都被认为是有同样价值的。这样的学术只能误人子弟。

第三章
沟通、竞争与合作
——追求卓越带来的问题

本科分系的目的不是要培养隐士,不是将学生紧锁在各自知识探索的监牢里,而是要培养学生在大学找到适合自己的位置,学会与同学沟通。

——A·劳伦斯·洛厄尔(1909 年)

我们的时代还没有发展到让教授去问:"如果把时间花在和学生交谈上,我哪还有时间做自己的事情呢?"

——罗洛·沃尔特·布朗(Rollo Walter Brown,1905 年获哈佛文学硕士学位)(1948 年)

在使用同样的教学方式授课30年后,我决定在第31年尝试新的方法。以前我总是要求学生独立完成作业,不得共享答案。这次我采取了相反的做法。我为每名学生都安排了一位搭档组成一个团队,每个团队只需共同递交一份作业,两名学生获得相同的成绩。团队成员可以按照他们愿意的任何方式合作,只要不与其他团队共享成果。

我所教授的这门课程是为非理科专业学生开设的,属于通识课程中的"定量推理"(quantitative reasoning)领域。我想让他们理解电机工程中的一些基本原则和工程师的工作方式,并初步体验职业工程队日常的酸甜苦辣。我希望大多数学生能够认识到,如果人类能分工合作,就能达到"整体大于部分之和"的效果。

我还想让他们懂得,生活有时是不公的。一个工程队只有创造出令客户满意的绩效才能获得收入。要么整个团队共同品尝胜利的喜悦,要么每个人都承担失败的苦果。客户并不关心谁完成了任务,谁没有完成,而只关心整个团队的绩效如何。据我所知,大多数大学生(体育特长生除外)都缺乏这种"个人服务于集体利益"的经历。

哈佛的课程几乎没有为学生提供类似的体验。人文和社会科学专业的学生虽然会参加一些研讨会,但是这种课程中的"观点共享"却含有竞争的意味——那些最有主见、反应最快的学生往往占有先机。于是,我决定期末考试仍沿用传统方式,这样偷懒的学生就无法坐享其成,而遇上糟糕搭档的学生又不至于遭受太多拖累。

这是一段发人深省的经历。一些学生对我的新评分制度反应平静——尤其是只想在"定量推理"领域混到学分的学生,以及只专注于学习内容而不在乎评价方式的学生;也有部分学生持怀疑态度,因为他们刚开始不熟悉新制度,不过后来渐渐地接受了;还有一些学生对这种制度愤愤不平。

好几名学生都有类似的抱怨。我在这里权且以爱丽丝(Alice)及其搭档鲍伯(Bob)为名举例说明。爱丽丝说:"在这组练习中,我只得到70分,这太不公平了。看啊!我做的部分全对,而他做的部分只对了一半。为什么他没有做好他的部分,而我却要跟着受罚?"我提醒爱丽丝,没有"我的部分"和"他的部分"之分——两个人要共同为整个作业负责。也许将任务分为两半再将分别的成果拼凑起来,并不能创造最佳成果。或许下次爱丽丝应该尝试新的方式；或许她和鲍伯应该首先各自独立完成所有问题，然后坐下来比较双方的成果，最后组成最佳的答案。第二次作业后，爱丽丝又回来抱怨说换种方式也不奏效，因为鲍伯做作业总是拖拉，结果她不得不完成大部分任务。我指出，她已经发现了鲍伯的缺点，但她并非无力面对。她知道无法同时达成这两个目标——要么出色地完成作业；要么与鲍伯公平地分配劳力。但是她仍然可以实现其中一个目标，而且选择哪一个目标的决定权掌握在她自己手中。她抗议说自己的学习压力已经够大了，哪还有精力来思考这样的决定。

另一位学生的抱怨更加直接。他说，与搭档合作"比独立完成任务更具挑战性"。他不能独自完成作业吗？我的回答是"不行"。这或许的确是个挑战，但是除非你成为教授，否则你很可能必须在团队中工作，对结果负责的将是整个团队。

或许这些学生学过一些如何与他人合作、沟通的知识，但在完成作业时，他们把学过的道理抛诸脑后了。从一开始，他们追求卓越的方式就受到了限制——绝不能让*他人*分享*自己*的卓越。

学生是社会性动物——与教授相比，学生更是社会性的动物。在大多学术领域中，教授是因为个人的成就而赢得学术地位的。他们可以说，那些让他们功成名就的学术论文和研究发现是他们独立完成的。从这个角度看，教授的确区别于大多数学生以及其他从业者。就多数学生而言，他们注定将投身学术以外的行业。教师之间的残酷竞争带来的影响之一是对个人脑力劳动的推崇，这贬低了特定社会技能的重要性，而几乎所有非学术工作都需要依靠这些技能来完成。各大学抢夺优质生源并力图让学生开心，这一激烈竞争带来的后果是：无论学生提出住宿方面或社交方面的需要，也无论满足这些需求是否符合学生长远的教育利益，大学都是对学生有求必应。

◆ 寄宿制扮演的教育角色 ◆

1909年，A·劳伦斯·洛厄尔接替查尔斯·威廉·埃里奥特出任哈佛大学校长。洛厄尔首先强调学生是社会的一员，他还将大学的中心任务重新定位于培养本科生，而本科生中日后投身学术生涯的并不多。"亚利士多德有一句名言'人天生是社会的动物'。培养学生的社会适应能力，正是美国高校存在的理由。"

创建哈佛不是为了培养通向教授之路的学术"隐士"，不是"将学生紧锁在各自知识探索的监牢里"。洛厄尔认为，随着埃里奥特任内哈佛规模的扩大，学生也变得相互疏远，互不相识。其结果是"在学习和生活方面，大学教育出现了分裂的倾向"。

洛厄尔意识到，将"学术探究"置于本科教育之上，会使本科生付出高昂的"社会代价"。洛厄尔写道，在大规模学校中，

> 师生间要展开一对一的交流更加困难了。规模庞大的群体，会根据来源地和经济条件的不同，自发形成小帮派。大量乳臭未干的年轻人聚在一起，容易形成肤浅的思想与兴趣，这将有害于学生个人的心智发展，而学生接受高等教育的主要目的就是健全心智发展。教育目标的偏差……导致了学生更看重个人和眼前的兴趣，而不在乎教育的根本目的——这也就是伍德鲁·威尔逊（Woodrow Wilson）任普林斯顿校长时所说的"本末倒置"。

为解决该问题，洛厄尔创建了"学生宿舍"（Houses）的制度——几百个背景不同的学生与一些教授和导师共处一地。洛厄尔的出发点是相当民主的。汉福德（A. C. Hanford）是洛厄尔任下哈佛学院的院长，他在解释新生宿舍时表达了同样的思想：

> 无论穷人家的孩子或富家子弟，无论来自普通高中或私立中学，无论是银行家的儿子或农民的儿子，都被安排在一块住宿。来自不同中学、不同地区的学生有机会与新群体接触，这打破了学生间的社会差异，并建立起民主的班级精神。

洛厄尔有一种复古的情怀——不过他记忆中的小规模哈佛已经永远消逝了——同时他也踌躇满志、充满远见。他关于"大学社区"（college community）的设想，便是要让不同背景、志趣各异的学生聚集在一起。但是，与19世纪在新英格兰地区成长起来的许多贵族一样，洛厄尔还带有让今天的人们反感的社会偏见。他对推进妇女教育没有作出丁点贡献，还迫害同性恋学生。他不允许哈佛仅有的几名黑人学生在宿舍区住宿，号称这样安排是为他们好。此外，洛厄尔还限制了在哈佛的犹太学生人数。

尽管洛厄尔对"社会融合"（social unity）的认识存在局限性，但是"集体寄宿"的理念在原则上仍然是正确的。事实上，直到几十年后，学生宿舍才真正实现多元化。这不仅仅是因为洛厄尔推行人数限制政策与禁令的结果，还因为来自波士顿本地的贫困生继续选择走读，而富家子弟宁愿在校外的豪华公寓居住。尽管如此，洛厄尔时代的

哈佛对多数学生来说仍是个适意的地方。事实上，学生群体的思想比校长更加开放。斯坦利·马尔库斯（Stanley Marcus）是"尼曼—马尔库斯"百货商店（Nieman-Marcus）的继承人，20世纪20年代他从达拉斯来到哈佛念书。作为犹太人的马尔库斯对自己在哈佛的经历所作的描述，与洛厄尔限制犹太学生人数的做法形成了鲜明对照。他在自传中写道："哈佛的确是那个我梦寐以求的地方。在哈佛的几年里，我只经历过一次明显的宗教歧视。"当时，他竞选俱乐部会长时落败了，而他只将其视为"一个犹太学生必须学会克服的小障碍"。不过，20世纪30年代和40年代来到哈佛的犹太学生，确实比马尔库斯更强烈地感受到了歧视。但是随着时间的推移，各种形式的歧视在哈佛都烟消云散，哈佛实现了真正意义上的"社会融合"。今天的哈佛学生，无论男女都被随机分配到各学生宿舍，当然他们也可以提出与朋友同住一室。尽管学校并没有强制规定，但实际上，现在所有的哈佛学生都选择了住读。

与"鼻祖"牛津、剑桥大学中的各学院不同，哈佛创建学生宿舍制度的目的与学术教育毫无关联。当然，从更广泛、更深刻的意义上说，学生宿舍也具有教育目的。

> 学生宿舍计划是一次杰出的实验，某些方面甚至是哈佛学院建立以来最好的尝试，更重要的是这次成功的变革影响深远……学生个体得到了更多关注，同时住读迫使学生学会自立，学生自学的时间增加了，同时教师也能为学生提供更多指导。因此，学生宿舍计划可以培养本科生认真、成熟的态度，这正是大学生与中学生的不同之处。大学教育要解决的问题就是一个道德问题——培养学生发展自身的思想、身体和人格的意识。而学生宿舍计划正好有助于解决这一问题……学生宿舍计划是实施道德教育的社会工具。

在20世纪后期的自由化浪潮中，大学只进行了部分改革（包括男女同校和种族身份的认同），这使得学生宿舍制度逃过一劫。人们可以质疑哈佛学生是否真的比其他高校的学生更加"认真、成熟"，但是在哈佛，不同社会背景学生的和睦程度在美国各大学中是罕见的。其他高校虽然也有过类似的尝试，但是只有耶鲁获得了完全的成功，后者创立寄宿制只比哈佛晚几年而已。

创建学生宿舍的实验很难重复。一个真正的学生社区不能规模过大，但从经济效率方面考虑，伙食等服务的对象应该在一千人左右，区区几百人便有浪费之嫌。然而，当学生自愿按某种群体类别居住时，学校又不可能横加阻拦。不过，妨碍混合住宿的最强大力量并非经济因素。如果学校要剥夺学生选择室友的自由,这无异于一种强推销方式,正如剥夺学生选择课程的自由一样。持这一观点的人认为:学生已经是成年人,应该允许他们作出自己的选择,也应该允许他们犯错。如果他们选择只同黑人学生或体育特长生居住,或者只同其他也想省钱的学生居住,学校又有什么资格对他们说不呢?志同道合的学生聚在一起也是一笔教育财富,互相观点的碰撞可以发展起小规模的兴趣与文化。

上述逻辑加上来自外部的压力,所谓的"主题寝室"(theme dorms)诞生了,例如斯坦福大学的"意大利语言文化宿舍"(Italian Language and Culture House)和麻省理工学院的"巧克力城"(Chocolate City)。这些志趣相同的学生虽然能够互相学习,但他们却失去了向其他同学学习的机会。这一基本矛盾在"巧克力城"的支持者那里表达得淋漓尽致:"物以类聚,人以群分。如果有人说任何两个人都可以住在隔壁,那绝对是胡说。是的,或许任何两个人都可以相邻而居,但不是任何人都能成为'邻居'的。"我让学生以团队为单位完成作业时,一名学生的抱怨也说明了类似的问题:"我要完成这个作业的压力已经够大了,现在还要担心如何同一个我毫无兴趣的随机搭档合作。"

"主题寝室"政策允许学生根据兴趣进行"自由组合",这一政策实际是对寻求庇护的学生作出了让步。和选修制一样,混合住宿制度导致了自由选择权与教育需要之间的矛盾,因为它强调教育意义应优先于选择自由。事实上,虽然没有一个学生要求减少其选择自由,但大多学生都能意识到不同背景学生混合住宿的教育价值。在我所认识的"主题寝室"负责人中,每一位都希望取缔这一制度。然而,这些"主题寝室"一旦创立之后,要想再取缔在政策上是非常困难的。从普林斯顿和达特茅斯现行住宿政策的发展可以看出,政策修改者也不大敢冒险对"自由组合"制度进行改革。学校如果坚持从教育价值出发,要将"缺乏共同志趣的随机人选"安排在同一个寝室,那就需要拥有一定的勇气和大笔的资金。但是,如果在大学内部,美国人都无法拆除社会差异的壁垒的话,那么当学生毕业投身外部世界后,这些壁垒仍将等待着他们。

出于平息学生动乱和满足学生需求的双重考虑,混居住宿政策可能难以为继。长期以来,哈佛坚持的一项政策是:不会将居住空间分配给某个特定种族或性别的学生群体。但2005年秋,哈佛却破例宣布希望修建一个女生活动中心。这一决定不过是在重复其他大学早就做过的事情,但问题在于,据说萨默斯校长一年前曾这样宣称:"女生活动中心是我在校园里最不愿意看到的东西之一。"不过在那之后,由于他发表了那通臭名昭著的贬低女性认知能力的言论①，整个哈佛的氛围便随之发生了矫枉过正的变化。哈佛几乎同意了所有代表女性利益的要求，这其中就包括建立女生活动中心的呼吁。由于学生们长期生活在"社会融合"的传统中，他们迅速对这一决定表示了抗议。此决定宣布后几天，《深红报》的编辑们便在社论中写道："哈佛与拉德克利夫(Radcliffe)的合并②——将曾经根据性别而隔离的空间重新合并在一起——这是平权运动的胜利。但是，现在女生却获得了一个独享的空间，这无疑是个巨大的讽刺。"每当哈佛脆弱的政策天平出现一边倒的情形时，哈佛总会草草地应付，这次也一样。哈佛没有解释"修建女生活动中心"的动因，因为压根就没有什么动因。负责此事的主任显然是接受了上级的指令，只是说"我们的女生想要一个女生活动中心，所以我也想要一个"。哈佛遗憾地失去了一次教育学生的机会——哈佛学生本可以借此学会如何思考"融合"(integration)与"隔离"(segregation)，并懂得为什么建立"女生活动中心"是符合哈佛教育理念的，这与建立"女生宿舍"或"黑人学生活动中心"的性质是不同的。

❖ 讲座制大学中的师生交流 ❖

要组成一个包容不同社会经济背景、种族和爱好的学生群体是困难的（尽管并非无法实现），而要创造一个跨越师生界限的氛围则更加困难。学生们说自己渴望与教授交流，大多数教授也说自己喜欢与学生交流。但是没有任何一所研究型大学可以宣称自己已经真正解决了师生交流的问题。

在谈论师生交流问题时，人们总是把讲座课程(lecture courses)视为反面典型。但是由于讲座能够满足实际需要，因此大学的态度颇为矛盾：有时对其嗤之以鼻，有时又引以为豪。科比院长就曾把讲座比作"远程教育"，并敦促应"极力限制这类情况出现，否则师生就没有深入接触的机会"。但同时，哈佛也为一些课程的规模感到骄傲，并认为规模有时与质量相关。2004年夏，在哈佛网站主页的显著位置上曾放置了一幅照片，画面是一个人满为患的讲座礼堂，还附有这样一段文字"哈佛学生非常高兴能

---

① 2005年1月，在一次经济学会议上萨默斯提出了他的"科学假说"：性别之间的先天差别将妨碍女性在数学方面获得杰出的成就。这番言论立即引起轩然大波，媒体纷纷指责这是性别歧视的言论。在舆论压力下，萨默斯最终不得不发表道歉声明。作者在本书结语中对此事有进一步的说明。——译者注
② 历史上，哈佛大学包括哈佛学院和拉德克利夫大学学院两部分，前者为男生学院，后者为女生学院，1977年两学院合并。——译者注

聆听世界知名教授的讲座,例如迈克尔·桑德尔的'司法'(Justice)通常能吸引700至900名本科生"①。还有些综合课程(integrative courses)被称为通识课程的创新,校方保证将"吸引大量学生"。

大学的任务不仅包括生产知识,向年轻一代传授知识,还包括整合(integrate)知识。而出色的讲座课程能够同时做到这三件事。从教育意义上讲,讲座确实与小班教学大相径庭,但前者的档次并不比低于后者。

一门"科目"(course)——历时三四个月,由一系列课堂教学(classes)组成——是一个很好的教学单位,其部分原因在于:教师可以从某一领域的基本原则讲起,到该领域的最新研究进展结束。每门课程在传授知识的同时,也能体现出知识的结构。只有当每堂课都发人深省,而且所有讲座整合在一起具有连贯意义的时候,整个讲座课程才算得上成功。

讲座作为一种教育工具有时口碑不佳,是因为教师实施得不尽合理。如果讲座课程中只是讲授一系列材料,而对这些材料不加区分,这一教学方法当然是个糟糕的工具。但教授有时对待一门课程确实就像挤牙膏:每天挤出一点材料,从整点过十分开始上课,到下一个整点准时下课,也不管这一时刻与整个课程结构的关系如何,而只需确保整只牙膏在学期结束时能被挤完。如果需要的话,教授还会在最后一周双手用力把剩下部分全部挤出。最糟糕的是,如今的讲座比1825年时好不了多少。当时,乔治·蒂克纳就指出:

> 格拉斯哥大学的贾尔丁(Jardine)教授从事教学超过半个世纪,拥有丰富的教学经验。他说:"要开发年轻人的头脑,让其形成思维的习惯,最糟糕的办法莫过于仅仅通过讲座,而不辅之以进一步的师生交流。"……现行体制下的讲座对学生和教师而言,都是在浪费时间。

把大量毫无关联的课堂内容凑合在一块,不管一个小时能讲授多少内容,这决非好的讲座课程。好的讲座课程更像一本书的章节,每一章都从新的维度探讨之前出现的内容。当整个课程结束时,学生能够从整体上把握该课程的内容,对该课程的总体

---

① 桑德尔的"司法"(道德推理22)的确是哈佛最优秀的课程之一,但对其规模自吹自擂则不合时宜。该课程规模如此庞大的原因之一在于,哈佛要求大多数学生在"道德推理"(Moral Reasoning)领域选择一门课程,而该领域可供选择的课程又实在太少。——作者注

学习过程感到满意。好课程不仅仅指教师单方面教得好,正如一本好书不仅仅是指文字写得漂亮。好的课程背后隐藏着好的理念。这样的课程即便教师的讲授存在瑕疵,学生学完后仍会觉得深受启发。

因此,"好的教学"(good teaching)的内涵比我们通常的理解更加广泛。好的教学不仅意味着流利的语言,不让学生睡着,也不仅意味着教师讲授的课程要"内容清晰,结构合理"——这只是哈佛的课程评价问卷上要求学生给教师作5分制打分的标准。在罗杰尔·罗森布拉特(Roger Rosenblatt)的《分裂》(Coming Apart)一书中,他这样描述哈佛伟大的凯尔特学者约翰·凯勒何(John Kelleher):"他是我所见的最聪慧最全面的教师,最敬业的学者。吸引我的并非他的思想、学识或教学能力。他那近乎恐怖的结巴赶跑了大多数学生,他与自己舌头作斗争的情形,让人既感到沮丧,有时又为他伤心。他的舌头就像一条堆满他嘴巴的蛇,只有努力让它静静地躺着,他才可以表达思想。"凯勒何学识渊博,他低调的风格和启迪人心的智慧弥补了表达方面的缺陷。他像一个谦逊的僧人,他感化和教育学生凭借的是智慧的力量,而不是出色的表达能力。

讲座课程不仅可以成为一种良好的教育工具,而且如果使用得当,从经济角度考虑,即使在哈佛,讲座也是必需的。哈佛大学的师生比是1∶8,这相当不错。大多数课程的学生规模在20人以内。许多研讨会课程有意限制了学生人数,有些课程(例如关于楔形文字的课程)尽管不受欢迎,但为了知识的延续还是有必要继续开设。考虑到哈佛学院的规模和课程的数量,所有课程的平均规模还是较大的,大致在50人上下或者更多。一旦一门课程的规模超过了100名学生,究竟有多少学生就不再重要了。如果一位教师能以互动的方式为100名学生上课,他也一定能让500名学生参与互动。相反,如果一位教师面对500名学生时只能照本宣科,当他面对100名学生时也只能如此。

哈佛在教师聘任和晋升时都会考查其教学情况。但如果要判断刚毕业博士的教学技能,机会难免过少——对他们的印象主要源于他们对自己论文研究的陈述,而这历时50分钟的论文研究陈述往往是经过反复演练的。在哈佛,丰富的教学经验是教师晋升的必要条件,但评价教学的过程远没有评价学术成果的过程严格。职务晋升委员会采用《本科教育委员会指南》(Committee on Undergraduate Education Guide)作为评价教学质量的主要信息源,而这份指南却是以学生对课程的评价为依据的,其本来目的完全不同——是用来帮助学生选择课程的。学生在填写表格前并未被告知,该结果可能对教师是否获得终身任教资格产生重要影响。而且即便在该指南所注明的"目的"中，也找不到它将用于评定终身任教资格的字样。

在任何情况下，学生对课程所作的评价，都主要是在评判教师的形象与举止，而不是对教学质量作深入的分析。哈佛两位心理学家的实验表明，学生在观看30秒无声影像后给教师的评分，与学生在学期末给这些教师的评分呈高度正相关。观看无声短片的学生对教师的讲授内容一无所知，无法确切评价其教学质量，只能对一些诸如乐观、自信等个性特征作出评价。这个实验的结论是：学生对课程所作的评价仅仅体现了消费者最浅薄的偏好。

资深教授在评价年轻教师的学术能力时，会根据大量校外专家寄来的详细而秘密的评价信作出判断，但他们几乎从不走进年轻教师的课堂或考查他们使用的教材，以直接评判其教学质量。晋升档案中的教学评估部分不过是走过场——列出学生对教师的一些评分而已。而且在晋升的竞争中，在教学方面获得"优秀"（excellent）的教师，与只获得"勉强满意"（merely satisfactory）的教师相比，没有多大优势可言。

几乎从学术成果成为教授聘任的主要标准开始，教学就被看作一项与学术研究无关的技能，有时甚至被认为与学术研究相排斥。早在1878年，一项有关美国高校的研究就得出了如下结论："大多数大学教授享有盛誉，是因为他们思想独到、著作等身。他们的素质适合从事原创性的研究，却不一定适合教书育人。因此很多时候，一位享誉全国的学者，可能只是一名平平的教师。"与之相反的是，出色的教学在学术圈里被视为一种表演艺术，如果你会表演当然不错，但与之同时，同行也会怀疑你是否在认真地做学问。

由于教师晋升的标准太过青睐研究成果，新教师在备课时通常无法得到前辈的指导，或许他们只能模仿过去自己老师的风格。同事也不会鼓励他们花太多时间思考怎样成为好的教师，或者设想开设新的课程，因为这些同事不希望给予他们错误的暗示——花时间提高教学能力将有助于晋升。当然，哈佛也不乏通过改变奖励机制及教师聘任标准，而带来积极变化的例子。距哈佛园四分之一英里的哈佛商学院，就将教学作为自己的重要使命。从哈佛学院升入商学院的学生会惊奇地发现，后者的教学质量比前者高出许多。

开设一门新的大型课程，本身就是一项学术成就。如果在决定教师的聘任与晋升时，学校能意识到这一点，从长远来看学生将享受到更高质量的教学，讲座形式也可以发扬光大。如果一所大学想取得发展，在聘任教师时就应该坚持这样的理念：若能出色地完成一门课程的教学工作,说明该教师拥有非凡的才智,而不是因为他偶然掌握了一项技能。讲座课程固然需要通过加强课后的师生交流来弥补其缺陷,但我们不能就此否定讲座课程的重要性。我猜想,确实有少数教师还没来得及讲完最后几句话,就准备冲向门口离去。但大多数教师还是愿意下课后留下来与学生交谈一会儿,如果可能的话还会接受学生共进午餐的邀请,也会认真地回复学生的电子邮件。一位校友曾经和我谈起她参加讲座课程的情况。上课的教授非常出色,但她起初既不想,后来也没有和教授建立私交。她只是想深入地了解维吉尔(Virgil)①的诗歌,教授便给了她这样的机会。

大约 30 年前,辛西亚(Cynthia)②——刚才提到的那位女生——在三、四年级两年接受了康拉德(Conrad)教授的单独辅导。康拉德教授是古典文学领域最伟大的学者之一,这两年里,他和辛西亚在每周三下午都会相约在学校图书馆康拉德的书房,一起阅读伟大的拉丁诗歌,包括普洛佩提乌斯(Propertius)和奥维德(Ovid)等人的作品。由于辛西亚同时主修"古典文学"和"英文文学",因此他们也会阅读英国诗人的一些作品。有时,他们一边谈论着这些作品及其语言、主题和意义,一边还同饮雪利酒。

辛西亚和康拉德教授之间并没有发生"发生"任何事情,只是康拉德那极具穿透力的思想深深地激励了辛西亚,于是她继续攻读了人文学科的博士学位。但是在今天,类似的教育经历不可能再出现了,这至少有三个原因:

第一,男教授不允许与女生长时间独处,尤其是没人在门外监听的时候。这种情况下,女生遭受性侵犯的危险性极高。在今天看来,辛西亚和康拉德教授的情况就非常危险,因为他们所阅读的内容大多是爱情诗歌。异性教授与学生之间出现误解和诬告的可能性都很高。

第二,向低于法定年龄的学生提供酒精饮料是违法行为,同时还会让学校受到牵连。

第三,让资深教授来提供这种教学辅导是大材小用。他们或许愿意这么做,但一天的时间就只有那么长,还有许多只能由教授来完成的重要任务在等着他们——指导博士研究生、主持聘任工作、审查年轻教师、评定其终身任教资格等等。如果学校真要为学生提供这样的辅导,也应该鼓励年轻教师、研究生或一年一签的教师来

---

① 古罗马诗人。——译者注
② 在这个故事中学生与教授均为化名。——作者注

完成。

每所大学都在标榜自己的教授水平,并保证他们会进入本科生的课堂。但每所大学私底下都承认,学生对师生交流匮乏的抱怨从未间断过,这一问题一直没有得到解决。我们对一流大学抱有最高的期盼,而它们却最令人失望。2002 年的一次问卷调查表明,哈佛的"师生接触频率"在 5 分制评分中仅得到了 2.92 分,而其他顶尖大学的平均分为 3.31。

师生间的私人交往向来就很少。1825 年时蒂克纳说:"大学中平均每个学生获得教师的关注,与最简陋的小学或慈善学校中的小孩相比都更加匮乏,而这些小孩接受的只不过是最粗犷的教育。"在师生交流遭到蒂克纳严厉批评的这一时期,安德鲁·普雷斯顿·皮博迪(Andrew Preston Peabody)还是一名大学三年级的学生,他对当时的师生关系作过如下描述:

> 师生关系被视为一种相互敌视的关系。学生毫无疑问地将教师当成他们天然的敌人。师生之间很少有心平气和的交流,即使有也通常是秘密进行的。如果有学生在铃响之前就进入背诵教室,或者课后还留下来向教师提问,这将被其他同学视为严重的罪行。

校方不断地承诺要进行改革,但几十年后却招致了更多的抱怨。1845 年,哈佛监督委员会的一名委员曾呼吁师生应该建立"更加亲密的社会关系",他所建议的方式是"为每位教师分配一定比例的学生"。这样的师生关系开始体现出家长式的特点。

> 教师有责任与学生们打成一片。教师应该了解学生的性格,仔细观察学生习惯的养成,在重要问题上(例如娱乐、阅读、学习方法)为他们提出建议,充当他们特殊的道德监护人,为他们指出危险与罪恶之源,通过言传身教,将他们"引入正道"。

进入 20 世纪后,仍想维持如此师生关系的希望注定会落空,这是因为一方面哈佛的规模在迅速扩大,另一方面教师开始转型为学术研究者。1950 年的一份报告抱怨道:"学生的规模在扩大,但教师队伍的人数却没有随之增加,这便导致了一个更广泛的新趋势——大众化教育(mass education)。"能够接受康拉德教授的单独辅导,辛西亚无疑是幸运的。因为即使在20世纪70年代,康拉德教授的教学方式也开始没落了,而且没有任何迹象表明这种教学方式将东山再起。

◆ 富有教育意义的课余生活 ◆

尽管哈佛学生对师生交流现状抱怨颇多,但总体上他们对大学生活还是感到满意的。不过,他们在接受调查时都毫无例外地说到,哈佛的课余生活要胜过正规学习。一直以来,大学的领导们都担心学生过分沉溺于肤浅的爱好而忽视了学习,后者才是念大学的中心任务。哈佛文理学院院长科比在欢迎新生的致辞中提到:"你们来到了这里就要奋发图强,你们的任务就是学习。"根据《深红报》的报道,萨默斯校长不无嘲讽地将哈佛大学称为"哈佛夏令营"(Camp Harvard),尽管根据他本人的说法,他只是把学校的一些教师称为"夏令营辅导员"(camp counselors)而已。

埃里奥特有两项改革影响深远——废除必修课程制度和扩大学生规模。虽然不是有意为之,这两项改革在客观上导致了各种课外活动组织的出现。1870年时,哈佛只有约200名新生,每班学生规模只有三四十人,于是课堂自然成为了学生的社交圈。20年后,当学生可以自主选择课程的时候,学生在每门课程中都会遇到不同的同学。由于班级的规模过大,班级内所有学生都相互熟识的情形已经不复存在。哈佛学院的食堂——"哈佛纪念堂"(Memorial Hall)已不能容纳该学院所有的学生了。"清晨祷告"(morning prayers)本来是必须参加的,后来这一强制性规定也被取消了。

这样人们就不难理解,为什么在埃里奥特任内,各式各样的俱乐部会如雨后春笋般涌现。1891—1892学年的《哈佛索引》(*Harvard Index*)中就出现了几十个俱乐部的名字,从棋类(Chess)到惠斯特牌(Whist)俱乐部,从"德尔塔·费兄弟会"(Delta Phi)到"完全戒酒联盟"(Total Abstinence Union)。在埃里奥特执掌哈佛的末期,学生间不可能相互熟识的事实,使得学校无法通过"班级凝聚力"(tie of class)而整合在一起了,而且这一情况延续至今。与之相反的是,课余生活却能促进学生间的相互交流,并能改善由学术竞争导致的只追求"个人卓越"的倾向,还能克服大量选修课程之间缺乏整体连贯性的弊端。

已有数据表明,学生参加课外活动并不会影响学习成绩,却会提高其满意度。理查德·莱特(Richard Light)曾对"课外活动如何影响学生态度"进行了研究,他的结论与我的经验不谋而合。

研究的一大发现是：即使学生把相当的精力放在学习之外的一两项活动上，哪怕每周花上20小时，也不会对学习成绩产生多大影响，或者根本就不会产生影响。但是，是否参与这些活动，的确会严重地影响到学生对大学生活的总体满意度。课余生活的"参与度"与对大学生活的"满意度"高相关。

当学生的成绩跌落至某个预期目标之下时，人们通常会批评学生的不学无术，而很少有人去关注教学质量是否低下。课外活动毫无例外地被描绘成对学习的干扰。科比院长在发起课程评估时所做的承诺本来是没有偏向的——"考察本科生生活（住宿生活与课外生活）与本科生教育的关系"。但课程评估开始不久，他就迫不及待地表达了对二者关系的看法："或许课外活动确实能够丰富哈佛文理学院和其他学院的日常生活，但大学毕竟是个严肃的教育场所。"

如果学生不喜欢学习，学校就有责任改善他们的学习状况，而不是压制他们的课余生活。压制学生喜欢做的事情，并不能让他们更喜欢做其他事情。

教师和院长们在讨论这一问题时，通常会使用到有关机械或水利工程方面的比喻——学生需要更好地"平衡"（balance）自己学习和课外活动的时间分配；大学则需要将学生用于课外活动的一些时间，"引导"（channel）到更多的学习活动中。这些比喻其实都把学生生活当作了"零和"（zero-sum）游戏。大学应该改变游戏规则，重新分配学生的精力。学生对课外活动的满意度更高，是因为他们喜欢玩胜过喜欢学习。

学生之所以喜欢课外活动，是因为课外活动要求学生通过集体努力，以实现他们共同的目标，而学术生活则很少为学生提供这样的机会，以体验这种人类特有的冲动。哈佛至少在过去曾意识到（即使今天的哈佛或许已将其抛之脑后）：课外活动不但没有背离教育使命，而且还支持着教育使命。前哈佛校长德里克·博克（Derek Bok）就曾指出：课外活动所起的作用是"教会学生如何有效地与他人合作，如何扮演好领导下属与服从领导的角色"。

我有一个生动的例子可以证明以上的分析。那是一次我同1994届和1995届计算机专业的三位毕业生共进午餐时的对话。他们一起组建了一家公司，并在1998年以超过2亿5千万美元的高价出售。吃三明治时，我问他们，计算机专业教育中的哪些内容，对他们软件公司所取得的巨大成功至关重要。在一段尴尬的笑声和沉默后，较年轻的一位打破了沉寂。"我所听过的计算机课程都很棒，"他的口吻带有安慰的意味，"但是课堂教学的大部分内容，我通过自学也能掌握。我在哈佛学到的最重要的东西来源于管理'昆西学生宿舍餐厅'(Quincy House Grill)的经验。"这一回答合情合理——招聘员工、解聘员工、激励员工、在巨大的压力下工作——这些都是他们在经营"干酪汉堡包"生意时必须面对的事务,同时也是他们经营从出租屋起家的软件公司时的家常便饭。

姑且不谈具体内容,我们来看看本科生的体育活动。几乎在所有的课外活动中,学生都能体验与其他同学合作的过程,而这种体验恰恰是学术生活难以提供的。课外活动是一种与学术世界截然不同的社会活动。

教师通常期盼学生独立完成学习任务。甘受寂寞的诗人、艺术家或学者独处一室,默默地创造出伟大的作品——这便是学生完成学业的榜样。许多年轻学者之所以会逃离学术界,完全是因为他们从前辈那里发现,学术生活太过孤寂,缺乏人际合作。

如果大学能增加一些"团队合作"的学习机会,学生将更加欢迎。招聘哈佛毕业生的用人单位总结道,所有能被哈佛录取的学生都是足够聪明的,在这种情况下,体育队或其他学生团体的领袖将更被看重,因为担任领袖的经历使他们比平均成绩优异的学生更可能在未来的工作岗位上取得成功。一家公司的老总告诉我,他大学毕业后的第一份工作是在一家咨询公司,这家公司招聘毕业生的对象只瞄准所有运动队的队长,因为公司发现,与高分学生相比,这些学生的素质使他们更适合在商界立足。

大多数顶级教授在赢得学术地位的过程中,独立性(independence)、原创性(originality)和创造力(creativity)都是成功的关键,因此他们并不认同这样的观点:与自力更生相比,参与团队合作能使个人取得更多收获。不重视培养学生的领导能力,也是哈佛排斥"后备军官培训团"(Reserve Officers Training Corps,ROTC)的部分原因,后者是最出色的领导能力训练项目之一。① 尽管哈佛文理学院公开抵制,但每年还是有几十名学生去麻省理工学院参加该项目。当然,他们的参与既是出于经济收入、未来事业和爱国情绪的考虑,也是因为他们希望接受领导能力的培训。

关于抵制"后备军官培训团",哈佛官方解释是:同性恋被禁止参军,而国会尚未取消这一禁令。有人怀疑,掩藏在哈佛表面立场之下的,是反军事、甚至反爱国的动机。而反对禁令的人则呼吁消除道德偏见,以支持捍卫国家的事业。要平衡各种原则是大学面临的最棘手的问题,"后备军官培训团"的未来命运显然取决于"道德高地"的争夺

---

① "后备军官培训团"是美军在地方大学设置的军官培训机构,是美军军官的主要培养来源。美国陆、海、空三军来自"后备军官培训团"的新任命军官达60%以上。目前已有500多所高校设立了"后备军官培训团"。——译者注

90　　结果。萨默斯校长在"后备军官培训团"的年度委任仪式上,曾公开表示过对"后备军官培训团"的支持,但他并没有呼吁让"后备军官培训团"重回哈佛校园——他也没有利用校长的职权,保证该项目的资金来源。萨默斯校长对"后备军官培训团"的支持者和同性恋权利的呼吁者都表示了同情,而之所以要在各方之间寻求平衡,其实是为了整个哈佛大学的利益,但是萨默斯没有对这个道理作出解释。

　　"后备军官培训团"之所以在哈佛举步维艰,除了歧视同性恋的问题外,还有一个原因在于:哈佛教授对"后备军官培训团"传授的"生存技能"嗤之以鼻,正如这些教授不满学生把"集体竞技活动"或"社区服务"看得比学习还重要。教授们并没有认识到,研究型大学的不断发展导致了一条鸿沟的出现:鸿沟的一边是永远忠诚于学术生涯的学者,另一边则是来自不同社会背景、怀有不同职业期盼的学生。

第四章
咨询:永恒的主题
——学习什么？如何生活？

关于选修制度的细节问题仍需讨论——例如,每一门课程是否都合乎我们设计的初衷？……每位学生是否经过明智和细致的思考后再作选择？在选课过程中,学院给予学生的一般性建议是否有益？

——查尔斯·威廉·埃里奥特（1877 年）

教师们没有特殊的能力来帮助学生树立正确的价值观,确立坚定的信念,培养个人的责任心。并非所有的教授都已出色地完成以上任务,而能行之有效地将自己的所思所想传达给学生的教授更是凤毛麟角。

——德里克·博克（1977 年）

几年前，我曾经把班上一名学生叫到办公室谈话，因为他在我的计算机理论课上成绩一落千丈。起初他的成绩不错，前几周课程对许多同学来说只是复习课而已，我猜想可能是我以后讲的内容比较深奥，因此他遇上了困难。找不出他的问题所在，我就感觉焦虑不安。虽经过很长时间的交流，我依然解不开关于这个学生问题的谜团。最后他告诉我说他女朋友怀孕了，这事儿他们俩没有向任何人透露。

我们的话题峰回路转，从抽象的数学问题回到了现实中人的问题。他们俩都不知道该如何向各自父母开口，甚至不知道该怎样看待怀孕这件事情。表面上他们在刻意回避这件事，但他们的生活却陷入一片混乱。

在学生咨询问题上，我们可以发现教师的能力和学生的期待之间存在明显反差。学生咨询工作不容易做。学生有大量的学习机会，但在这个年龄段，他们对自己的能力和志向还不甚明了。年轻学子所面对的个人困境，往往与当初确立学术道路的过程有关。许多因素左右了学生的学习和职业规划，但是学生对这些规划并没有真正的信心。父母望子成龙心切，经常给孩子提出一些具体的目标。学生们认为，如果在父母面前表现出对这些目标犹豫不决，就是不听话；而在其他同学面前表现出犹豫不决，则是自暴缺点。学生们通常会参加各种校园活动，例如，学习、聚会、体育锻炼、徒步旅行，他们以此来发泄剩余精力，同时也回避了那些恼人的问题：大学期间所做的一切，果真是我想要的生活吗？这些真的是我希望发展的未来方向吗？大学校园里有无穷的诱惑，学生很容易为自己的漫无目的找到借口，唯独忘记扪心自问自己到底需要什么。上面提到的那个学生怀孕事件，是所有事件中的一个极端例子。学生经常必须面对很多现实的问题——这不是可以事先计划和预料的。

教授往往只是某一狭窄领域的专家。他们大部分的工作时间（如果不是全部时间的话）在大学度过。他们自己没有丰富的生活阅历，曾接受的训练可以帮助他们为学生指点专业本身的问题。在处理个人问题方面，没有什么证据表明：教授们所受的教育和所从事的职业，可以让他们做得比从电话本里随机抽取的某一个人更出色。然而，一个多世纪来的每一代大学生，都指望教授用他们的智慧和技巧为学生指点迷津。

当大学课程还是统一必修的时候,学术咨询的重要性并未显现出来。但引入选修制后,学生就需要选择学习内容,这时就需要有人帮助他们作出决策。埃里奥特校长提出的"在选课过程中,学院给予学生的一般性建议是否有益?"的问题,至今没有明确答案。

在哈佛,正式的学生咨询制度起源于1888年。当时,学校选派了一些教授,每人负责25名新生的咨询工作。

> 咨询的本意是希望建立师生之间彼此信任和友好的关系,结果却是:每个新生在学年开始或之前必须将自己的选课意向上交自己的导师(adviser)。大多数被指派为导师的教师发现,在如何选择哈佛学院四年的课程方面,他们自己都有很多新的东西需要学习。

至今,这些基本问题依然困扰着我们的教师。导师与学生之间本应该是一种友好的关系,但现在的情况是:如果没有强制性的要求,学生就不会主动寻求咨询。无论是某一门课程的情况,还是整个课程体系的复杂程度,学生通常比教授更加了解。然而埃里奥特却对学生咨询工作寄予了很高的希望,他认为"学生可以向他的导师咨询关于大学生活的任何问题"。几年后,埃里奥特似乎认识到导师(faculty advisors)在帮助学生选择课程上并未起多大作用。于是,他设立了一个新制度,让学生先有一天的浏览选课的时间(a one-day shopping period),这样可以帮助学生了解"自己该选修什么,自己中意的选择是否适合自己"。

十年后,该项制度的实施"并非尽如人意"。

首先,不能期待老教授们与本科生感同身受,他们不能完全抛开自己的专业偏见。其次,教授不可能一眼就看出某一名新生的心智水平和能力,单凭入学成绩不可能做出准确判断。最后,教授不可能在五分钟内制订出一份令学生满意的四年课程计划,甚至做一年的计划都很难。更何况,如果学生有自己的主意,教授们的建议就更没说服力了。

以上这段话出自 1901 年的一份校友杂志的评论，这些话更值得当今大学咨询制度的设计者深入解读。一个世纪过去了，这篇社评所提出的问题依然存在。那些一生追求学术理想的教授们不愿意在咨询过程中，与学生们一起重温自己那段年少轻狂的经历，他们甚至对与本专业相差太远的学术领域缺乏兴趣。了解新生，提出有益建议，这是一个长期的过程，仅凭一组考试成绩是不能解决问题的。即使导师愿意花费时间为新生制订一份周详的学习计划，一旦学生不愿意执行，那计划就成了一纸空文。我大一时的导师是一名机械工程学教授，可我当时想学"纯数学"（pure mathematics）——这听起来没有多大问题——但他"自身的专业偏见"使他提不出关于纯数学方面的有益建议，我却通过这次经历见识了教授的专业偏见。

1902 年，哈佛文理学院院长承认，埃里奥特 25 年前提出的一些"细节问题"，体现了出人预料的洞察力。

> 对于新生来说，在选修课程中出现差错是件很糟糕的事情。学生报考哈佛时的指导老师不了解哈佛学院的情况，哈佛学院的导师又很少了解学生的背景。当学院声明各专业具有同等地位时，导师很可能不愿意对各专业的优劣作比较。导师可能认为，为自己专业"招募新人"是他们的职责所在；或者可能认为，他们的职责是避免别人误解自己在为本专业"招募新人"——反正在咨询新生之初，导师既不需要什么资质，也不需要获得谁的许可。选择的压力转嫁到了学生身上。尽管自己拿主意对学生本人有好处，但就选课这一特定任务而言，学生还显稚嫩和缺乏长远意识。

一百年来，哈佛的咨询工作未有改进，问题根源仍未解决。2005 年秋，哈佛准备讨论课程改革时，每一项提议都认为需要加强学生咨询工作。但是在谈到如何改善学生咨询工作时，人们总认为这是某个委员会的事情——委员会总会提出一些建议的。一些人建议建立更为灵活的课程体系，但对于学生如何从新的机会中获益的问题，他们并没有提出实质性的看法。学生咨询工作委员会最终出台的报告建议，学校需要招聘更多的导师，并延聘一名专门负责学生咨询工作的院长。但对学生究竟应当接受怎样的咨询一事只字未提。

学生咨询的内容可分为学术咨询、道德教育和自我了解（self-understanding）。但这一划分并不是那么界限分明，因为大学的学生工作是一个整体，各问题之间可能相互牵涉,就像本章开头说到的那位学生和他女友怀孕的事情一样。

◆ 学术咨询 ◆

如果得知著名大学不是由教授为学生提供学术咨询时,人们会表示些许惊讶。曾经有一次,《波士顿环球报》以不敬的口吻介绍说,新生的导师是一位"具有多年教学经验、能引导学生徜徉在知识殿堂的顶尖教授",而不是一名"执教女子足球队的教练,或是在家办公的教师,或是萨默斯校长手下的一名活动策划者"。院长、教授和学生一致承认,哈佛缺乏有效的学生咨询制度。一位领衔过哈佛课程改革的教授声称:"有相当一部分新生没有配备具有丰富学术经验的导师。在日常生活方面,教授们与学生相处得不错,但就课程问题——学生应该选择怎样的课程——而言,我们还应做得更好些。"

学生们兴趣广泛,如果他们脑海里已经决定学什么,他们的决定就必须接受挑战,而不是满足于学生对课程表面价值的认同。文理学院要做好自己的工作,帮助学生摆脱科南特所谓的"地域或家庭经济环境决定论"。几年前,一名计算机教授向我提出了关于一名新生的咨询问题。这名学生是一位计算机高手,在高中时就已崭露头角。在新生入学活动的第一周,他来到导师办公室接受咨询。这名学生希望专攻视觉艺术专业,想在这方面寻求一些建议。但他说他必须等送他上学的妈妈走了后,才能说出自己的真实想法。这件事情可以为我们提供很好的启示:学生通常需要一两年左右的时间,才能摆脱家长安排给他们带来的束缚。

学生和教授的看法不同,这对咨询来说是一种挑战。但还有另外一个难题:课程的要求。无论埃里奥特纯粹的选修课程,或布朗大学的自由通识教育(general-education-free)课程,其初衷都是好的,但丧失了一些机会。无论是哈佛大学的11个"核心领域"(core areas)或普林斯顿大学的7个"指定选修领域"(distribution requirement),都存在两方面的问题。首先,它迫使学生只能在指定范围内选择课程。比如,在有关但丁(Dante)和米尔顿(Milton)的课程中二择其一,两门课程各有利弊,但一名理科教授很可能无法判断某位学生更适合学哪门课程。第二,如果学生能理解课程的内容,计划中的课程就能发挥最大功效;而学生对课程的理解程度,取决于导师是否推荐了这门课。如果导师对课程是否能给学生带来好处持有怀疑态度,那么当学生认为那些课程要求是毫无意义的"官样文章",从而表现出"得过且过"的态度时,我们就不能对学生责备太多了。

复杂的课程要求是教授之间政治妥协和争夺学术领地的产物。政治妥协可以建立某种平衡关系,但它很少能产生美的、优雅的事物;在这一过程中,除了始作俑者,没有谁能相信或理解结果的个中原委。至今我仍无法解释哈佛课程的 11 个核心科目是如何划分的,当然我更无法解释:为什么我的学生需要从甲、乙、丙三类课程中各选择一门科目,而不只从甲类课程中选择两门科目,却根本不选乙类课程。由于导师自身在这方面存在困惑,通过一对一的咨询谈话,学生心里就会产生一种对课程不屑一顾的态度。

我曾告诉科比院长,哈佛学院真正需要的是一种简单的、教授能够向学生解释的课程。2005 年秋提出的通识教育课程,把哈佛的所有课程合并为三大门类——这很像"红皮书"中的课程目录——允许学生在各领域里任意选课,以完成相应领域的教学要求。现在有待进一步观察的是:学院是否果真愿意把这些选择权交到学生手里,因为这样做可能将付出代价——没有任何人能保证学生在毕业时将学到什么。一个没有学过历史的理科学生也可能毕业,因为他可以转而修习经济学、医学类课程。1902 年布里格斯院长写道,学生的导师(也是理科学者)"不情愿为课程做出区分,因为学院已经声明各课程具有同等地位",这样的哈佛教育也就失去了意义。

◆ 道德教育 ◆

现在的哈佛总是小心翼翼地避开道德教育不谈,对实施道德教育不感兴趣,而且很尴尬地承认:它的确无意开展道德教育。现行课程的评估总报告明确指出:"我们仍然以培养有道德感和负责心的公民和领导人为己任。"然而曾经在大学传授的道德准则已被管理层取消了。对于什么是优秀品德,人们也缺乏统一的认识,因此,各学校都不愿意通过课程培养学生高尚的道德。2001 年,当时普林斯顿大学招生处主任弗里德·哈格顿(Fred Hargadon)这样形容他们学校与学生的关系:"我不知道我们是否应该培养学生的道德品质,或者只是提醒他们应该培养好的道德品质。"如果学生在生活中稍遇坎坷,过去导师的做法往往是鼓励学生要坚忍不拔、勇敢坚定;而现在导师动辄建议学生进行心理治疗,或者建议学生寻求免责和延长完成特定任务的期限,等等。一次,一名女生向我请求取消她的低分成绩,因为其室友打鼾,使她晚上睡不着。但实际上,考虑到她失眠的问题,我已经破例延长了她完成作业的时间。她一发现自己的成绩比预期的低，便借口说接受的失眠治疗有问题，请求废除该次成绩，并重新打分。在当今大学中，之所以很少有学生因为成绩不及格而无法毕业，是因为学校给予了太多宽容，学生最终的借口总是个人特长问题、用药不当、心理压力和认知障碍等。学生会说当初成绩不好时，自己还没有意识到这些问题的存在。

追求卓越会导致追求完美，追求完美又使各种借口变得可以接受。因此，不完美的记录可以被消除，或者压根就不会出现。原谅学生的错误（无论是找借口更改分数，还是别人先动手的斗殴事件），将使大学对学生责任感的教育流于形式，收效甚微，培养优秀的品质就更无从谈起。

有时，大学试图在课堂上传授一些伦理学思想，并讨论一些道德问题。哈佛核心课程（Core Curriculum）便是这样做的，它专门开辟"道德推理"领域，并设置一定数量的课程供学生选修。普林斯顿大学的课程体系中也有一个领域叫做"伦理思想与道德价值观"。不过，最近哈佛的通识课程建议中取消了对"道德推理"领域的学分要求，同时被取消的还包括与西方道德和政治哲学有关的课程。哈佛最终的决定还要等一段时间，但如果哈佛不再要求学生在课堂上讨论道德和伦理问题，那它将成为高等教育漠视道德教育趋势的又一个追随者。

强迫学生在课堂上思考什么是善行、什么是美德，或许并不是唯一或最佳的方式。道德推理很难在课堂上传授，因为学生们总是习惯于取悦教师、取得好成绩。当今的学生通常相信：道德问题是一定有正确答案的，就像大卫·布鲁克斯（David Brooks）在他的论文《组织中的孩子》（*The Organization Kid*）[1]中所说的，自从第一次世界大战以来，第一次有这么多的年轻人相信"宇宙是公正有序的"。如果学生足够聪明老道的话，他们一旦遇到道德问题，便会借助于所谓的"正确"的方式予以回应。在我看来，小组讨论从来不是讨论道德难题的最好方式，因为快速回答鼓励的是机械盲从和情绪化的辩论，而不是冷静、深入的思考。就像在其他学科领域一样，问一些已有"正确答案"的问题，如多元化的价值等，很可能得到的是一组安全且可靠的答案。只有当所谓的"正确答案"并不确切时，学生才会意识到他们的真实想法可能与道德原理有所出入，只有这时的道德教育才是行之有效的。然而教授们发现："道德原则不可辩驳"对年轻

---

[1] 本文发表于2001年4月的《大西洋月刊》（*Atlantic Monthly*），文章揭露了精英大学里学生只求未来成功、漠视道德的现象。——译者注

一代的影响已经根深蒂固。

我发现唯一行之有效的道德教育方式是"出其不意"地呈现道德问题,把道德教育与生活联系起来。例如,在计算机理论课上,我曾用了五分钟时间介绍计算机科学之父阿兰·图灵(Alan Turing)的悲剧性故事:图灵是一位英国人,20世纪30年代他专攻数理逻辑。在计算机科学领域他作出了开天辟地的发现,而后又在二战中帮助盟军成功破解了德国的"谜"(Enigma)密码。后来他因同性恋而被捕。他忍受了人们对他的激素治疗。他失去了从事机密工作的资格,并最终在41岁那年自杀身亡——一个天才就这样被非理性的偏见扼杀了!

随着这个简单故事的展开,教室内鸦雀无声——不是因为这个故事多么有趣或者这个道德话题多么新奇(很少有哈佛学生会认同迫害同性恋的做法),而是因为这个话题"事出蹊跷",因为我没有按照教授与学生通常理解的方式讲课。当我言归正传,开始讲解图灵的数学理论时,学生才长出了一口气。几乎每年上完这堂课后,都有一两名学生发来电子邮件,询问更多关于图灵生平的信息。一些学生继续体会着他们内心受到的冲击。还有一些学生仅仅感觉困惑:教授为什么会在这样的课堂上谈论善与恶的话题,这似乎有越俎代庖之嫌。

学生向导师提出的问题,背后往往隐藏着更深层次的问题。如果一个问题像听上去那么简单,很可能学生自己就拿定了主意了,而向老师咨询的过程不过是在消磨时间——因为学校规定学生必须接受咨询谈话。我是该选择数学课程 x 还是更难一点的数学课程 x + 1?我是该选历史还是物理?我是否应该写一篇毕业论文?我是该去暑期学校还是到美国航空航天局(NASA)做实习生?导师的工作是帮助学生学会思考他们真正希望达成怎样的目标。通常情况下,掩藏于表面之下的问题才最难以解决,而学生可能无法意识到真正问题的存在。真正的问题可能并非某学生的数学基础如何,而是一名已经考进哈佛的学生,是否愿意挑战自我、迎难而上。真正的问题可能并非帮助学生在历史和物理之间做出选择,而是如何权衡学生自己的理想与家长的期盼。真正的问题也可能与毕业论文关系不大,问题在于:如果暑假时女朋友前来坎布里奇探望,应该怎么办。

如果学生能带着自身的问题来接受咨询,等于他们已经解决了问题的一半。但事实上,这样的真诚坦率并不多见,因为学生总是不愿承认自身的不足。那些看似学习方面的问题,最终可能是由其他方面原因造成的,咨询中这类问题更加值得重视。最终,我为我的学生和他怀孕的女友提出了诸多建议,但其中无一与我预想的学习问题有关。还有一次,一名女生在期末考试后便号啕大哭起来。我猜想她可能感觉自己会不及格,我也无法马上确认她的分数如何,但如果真有必要的话,我应该至少推荐她参加暑期学校,或者通过其他方式来弥补该课程的学分。但我们的谈话很快转向了更令人压抑、烦恼的问题。原来她遭到了性侵犯,又不知道应该如何处理。

导师——即便是学术导师——最重要的工作,是帮助学生了解自我、为自己的决定承担责任,并支持学生走自己的路,不要让他人的期待主宰自己的思想。罗杰斯的患者中心主义疗法(Rogerian therapy)[①]有时是相当有效的咨询技巧——将患者含混不清的想法转换为清晰的问题。咨询者所做的仅仅是感同身受地倾听患者的陈述,并通过追问的方式,帮助患者澄清自己问题的症结。

"同等对待所有学生"的呼吁,使遇到问题的学生和看出问题的教师难以直面交流。由于社会传统的影响,教授尽量避免关注学生的私人问题,哪怕学生已经泪流满面。而那些本来就不愿介入学生个人生活的教师,正好找到了回避的借口——不应当"侵犯学生隐私"或者应当交由专业人士处理。就像过去哈佛的一位牧师彼得·戈麦斯(Peter Gomes)所言:对待学生最安全的态度就是把他们当作书呆子。学生的心理健康状态日益堪忧,学校管理部门不得不作出姿态,让教师关注学生的情感世界。但是这一姿态本身就表现出师生之间的巨大隔阂。每年,所有哈佛教师都会收到一个小册子,里面解释道,学生"表现出无助的言语"以及"时常落泪",便可能是"学生处于痛苦之中的危险信号",这时教授应该与学生进行交流,情况严重的话,应该敦促学生去寻求专业救助。

给予学生建议,不仅要求指导教师对未成年人心理变化有直觉的把握,还要求教师能承担道德义务、具备责任感。如果教授的眼光无法超越自身的学科领域,不能回答隐藏于表象之下更大的问题,学生就会察言观色,以后遇到更大的问题时很可能就闭口不提了。

学生咨询总会遇到道德方面的问题,教师群体的多元化就是其中一个老生常谈的

[①] 卡尔·罗杰斯(Carl R. Rogers, 1902—1987),美国人本主义心理学家和心理治疗家。他创立了一种人本主义心理治疗体系——被称为患者中心疗法,它主张咨询员要有真诚关怀患者的感情,通过认真的"倾听"达到真正的理解,在真诚和谐的关系中启发患者运用自我指导能力,促进本身内在的健康成长。——译者注

话题。一百年前,一位院长就对学生选课的问题头疼不已:导师到底应该为自己的学科招募人才,还是应该保持绝对中立? 近二十年来,每一位学术导师在向女生和少数民族学生提供咨询时,也遇到了同样的问题。教授们都强烈地意识到,教师群体构成的多元化不如学生群体。如果有更多的女性、黑人和西班牙裔学生加入教授队伍,那将对学校乃至整个社会产生积极而深远的影响。律师行业和商业界也存在类似的劳动力构成单一的问题,但与攻读漫长的博士学位相比,法律和商界能为这些才华横溢、性别和种族背景多样的学生提供更好的机会,更快地偿还教育贷款、并有能力供自己的弟妹上大学。面对这样的情况,我们教师是否应该站出来,劝说这些优秀学生留下来在大学工作呢? 如果我们退避三舍,那么还要等待多少代人我们才能看到教师群体能像如今的学生群体一样,实现性别、种族的多样化呢? 导师给某名学生提供的符合她个人利益的最佳建议,或许与社会进步和大学的教育目标不符合。我本人总是从学生利益的角度向学生提出建议,但我也知道其他教授在咨询时会综合考虑其他因素。

学校的做法实在令人费解:难道教授还需要宣传册子来告诉他们,学生哭泣就表明其处于痛苦状态,急需接受专业治疗?

只有当大学在任命教授时,更多地关注教师的性格、德行和智慧时,我们才可以期望教授成为优秀的指导教师。说得更直接一点就是:如果我们真的想拉近师生关系,而不仅仅只是给学生以学术上的指导,那我们就应当向学生及其家长承认,我们在这一点上做得并不好。

和普通大众一样,教授也有人性的弱点和缺陷。酗酒、对未成年人的不当性行为、乱发脾气、心理崩溃——普通大众有的问题,教授也有。所不同的是,教授的这些问题会对学生造成更大的负面影响。与他们朝夕相处的学生不过才十八九岁,按年龄算已经是成年了,但还不够成熟。他们还先入为主地认为教授都是智者。有鉴于此,大学在聘任教授时必须特别慎重,他们将影响千百学生的一生。作为院长,我的一个特别重要的任务,便是遴选出合格的"宿舍主管"。如果一名教授或其配偶曾言行失当,我需要谨慎地判定他是否有资格出任"宿舍主管"——这是一个既要与学生朝夕相处,又要抛头露面的职位。

教师人格的重要性正在获得越来越多的关注。最近,马萨诸塞州一法院判定,指导教师(包括宿舍主管)应对学生的自杀负个人责任。这一冷酷的判决可能使大学不敢任命那些缺乏实践经验的教师负责学生的日常生活管理。

当今,大学在遴选教授时,很少从建立良好的师生关系的角度,寻找品德优秀的人。要改变这一现实,难度颇大。在今天,没人会认为离婚是丑闻,但如果经历过三四次离婚呢?这是不是意味着某些人的生活不够协调,他们的能力不足以给大学生们以睿智的指导呢?如果某些人对自己孩子进行心理虐待呢?这些行为还够不上犯罪,在每个社会阶层的人身上都可能发生。但家长送孩子上大学,就是期望指导教师慈蔼可亲、品格高尚,能给孩子以良好的启迪。大学不应该传递出这样的信息:大学教师与家长一样都只是普通人。

路易斯·莫纳德(Louis Menand)在强调教授以身作则的重要性时,为我们重温了约翰·杜威的哲学思想。

> 杜威认为,人的学习是社会性的。如同每一位进步主义幼儿园的园长告诉你的:他们是在做中学。杜威认为教室就是实验室,学生尝试参与各种相互关联的活动。反观美国的高等教育,却没有遵照这样的理念,没有有意识地设计正式的教学结构。培养学生好奇心、同情心、原则感和独立性的唯一方法,是让他们试着去体验好奇、体验同情、体验原则和自我独立。对我们教师来说,真正的道德教育不在于我们教了什么,而是我们怎样教。我们自己才是学生身边的教科书。

在分析候选人的推荐信,调查推荐人是否诚实、公正之前,我希望每个教师招聘委员会都能先阅读以上这段箴言。遗憾的是,在教师聘任工作中,我们很少看到这样的智慧。

所有研究型大学关于教授资格的规定大同小异。按照哈佛的政策,教师的聘任和晋升需考虑三个方面的因素:教学、科研和作为学术公民的义务,后者是指教师参与大学各种委员会以及校外各种专业社团的情况。但良好的品行并不在考虑之列。事实上,如果在聘任或晋升会议上讨论候选人的品行问题,很可能是种违规、甚至违法的行为,因为学校并未事先告知候选人,学校要使用这一"新标准"。不过,聘任委员会还是会考察候选人在专业领域内的行为。剽窃同行的观点、让研究生过度为自己工作、课堂教学让人昏昏入睡,这些都是合格教授不应该有的错误。但对于候选人是否偷漏邮资、虐待儿童或者与学生上床,委员会则不予理会。

这样的制度显然不合理,但谁又能找到更合理的制度呢?如果将"人格测验"作为教授聘任或晋升的条件之一，将带来两个问题。

首先，一些教授虽然在教学和研究上能力出色，但在做人方面并不值得称道。而在过去，只要教授能将个人生活与学术生活截然分开，就不会对他的工作产生太大影响。第二，20世纪的历史告诉我们：如果因为某个人的身份不为社会接受，就认为其品性不适合于大学环境，那么这种推断是危险的。人们曾一度认为女性不合适在大学任教。在教师平等问题上，哈佛的做法尤其保守。虽然当时哈佛有几位女性获得终身任教资格，但教师俱乐部仍不允许她们从前门进入。即使是一代英杰詹姆斯·布赖恩特·科南特，也曾认为"大量普通和优秀的犹太人涌入自然科学工作岗位……会带来许多危害"。在这方面，理想主义者洛厄尔的偏执态度更是有过之而无不及。与我同时代的同性恋教授认为，有必要在获得终身任教资格前，对性取向①方面的信息保密。当然，这已经比过去前进了一步——过去，同性恋的教师和学生需要将其当作终身的秘密。

在接纳"社会禁忌"方面，大学总是走在时代的前列。但是，哈佛带有污点的历史，让人怀疑任何这所学校所做出的主观臆断。如果将"良好品德"作为选拔教师的标准之一，我们将很难保证：是否有人会借此在不知不觉中将不受欢迎的学者排斥在学术圈之外。在回顾历史时，我们不希望后来人遗憾地发现，一位才华横溢的学者的职业生涯被我们葬送，而原因竟然是：他们不是"我们中的一员"。

至少从校方传达的信息看，哈佛在"目不斜视"地恪守聘任教授的原则：教学、科研和作为学术公民的义务。作为一名教授，没有人要求我去关注同事的个人生活是否检点，即使他是一个"坏人"也不用我操心。德里克·博克清晰地阐述了这一现象：

> 在很大程度上，大学已经放弃了以道德标准选拔教授的做法。因此，无论大学如何信誓旦旦地强调道德标准的重要性，都无法左右学校里成年人的行为了，而他们对学生的人生却有着如此巨大的影响。

我的亲身体验也印证了这一描述。在一次又一次的教授聘任和晋职会议上，一旦有人提及候选人品德高尚之类的话题，就会被认为在给学术能力低下找借口。而若有人质疑候选人的品行，则被认为此事与真正的学术能力无关。

---

① 个体对特定的性别对象，如异性、同性或男女两性，产生性吸引或迷恋的倾向。——译者注

只要下定决心,大学就能改变这种局面。要让教师成为年轻学生的学习典范,仅从聘任程序着手是不够的,还需要有一个坚定支持改革的领导班子。但现实中,学校重视学术能力甚于道德品行。教授一旦获得了终身任教资格后,除非"严重行为不端或玩忽职守",一般不会被撤消资格。学校几乎不可能因为品德方面的缺陷,而撤消终身教授资格。但是,在作出聘任或晋职的决定前,学校应该考查任何可能预示候选人品德的行为。我们应该相信自己有能力识别良莠。在追求学术卓越的同时,我们也不应放弃"身正为范"的理想。

然而,如何实现这样的理想还是一个未知数。1938年,《深红报》的一幅漫画曾讽刺了哈佛大学的聘任制度,虽然有些极端,却道出了理想与现实之间的反差。"聘任政策最终变成了人品和头脑间的制衡,而后者的重要性总超过前者。因此,一个天才无论多令人生厌,也能进入哈佛;而一个平庸之辈,除非有非凡的人格魅力,否则休想进哈佛。"虽然人品不能替代学术能力,但人品至少应该成为聘任大学教师时考虑的因素之一。

如果大学在聘任教师时,找不到合适的方法考察其品行,那么就不能期望师生之间有良好的交流。果真如此,我们最好还是坦率地承认:学生可能在听大课或者研讨会上,领略到优秀教授的风采,但别指望接受他们的咨询。一位在校外负责众多科研项目的著名教授曾告诉《纽约时报》:"我在哈佛有一间办公室,但我从来没有使用过。"围绕选修制,基本的师生互动关系似乎尚未建立起来:一方面,学生拥有选课自由;另一方面,教授也有责任引导学生更好地行使选择的自由权。

尽管没有制度的保障,但大学聘任的多数教师还是对自己肩负的教育重任有全面的认识——他们的生活方式和追求的事业受到学生的景仰和尊重。怎么会这样呢?首先,正如德里克·博克指出的,我们可以依靠平均法则(the law of averages)①:"所幸的是,大多数教授的确能做到为人正直、认真负责、乐于助人。"例如,道格拉斯·米尔顿(Douglas Melton)冒着断送学术生涯的危险,将整个研究项目的触角伸向联邦拨款制度禁止的领域——利用新胚胎干细胞链来治疗糖尿病。在美国宗教日益自以为是的今天,戴安娜·埃克(Diana Eck)致力于证明美国宗教的多元化传统,并努力地推进整个世界的宗教多元化。即便在印尼演讲时,面临伊斯兰教令反宗教多元化的危险

---

① 根据这一法则,事件发生次数的增加,将使各种可能性出现概率的均衡化。比如,根据平均法则,如果本周一直在下雨,那么我们必将迎来一个晴天。——译者注

也毫无惧色。后来她成为哈佛大学的一名宿舍主管，又收养了四个失去双亲的孩子，孩子的父母都在东欧的种族战争中丧生了。这一举动充分表明了她坚持社群主义思想（communitarian ideals）的坚定信念。

尽管大学里各系并没有将个人品质作为聘任的考虑因素，哈佛还是幸运地拥有如此众多品德优秀的教授。许多顶级教授似乎都不是从大学的"温室"中长大；没有了深刻的学术渊源，他们反而更能为人处世。或许他们能更清晰地认识到高等教育在改变人生道路中的作用，他们不会忘记大多数同在象牙塔内的学生，都来自与学术无缘的世界，毕业后这些学生将重返那里。

就像头发染色剂一样，这些价值观念并不影响到实际的聘任过程。大学之所以仍能聘请到品德优秀的教师，唯一的原因是，在选拔过程中，负责评判的教授有时会撇开科研、教学、社会服务三大标准，悄悄地偏向那些他们认为品德优秀的候选人。

在聘任教师过程中，学校通常会邀请候选人先来校参观，并汇报各自的研究工作。之后，几位教授会请候选人外出就餐，继续就其研究报告中的真知灼见及其意义作深入探讨。就餐时，我更希望了解候选人的一些兴趣爱好、成长背景以及他们在高中暑假时都做些什么。关于年幼时爱好方面的问题，我希望听到如戴安娜·埃克在其《邂逅上帝》（*Encountering God*）一书中提到的那样："打火药孔，爆破，和混凝土。"一个人如果从孩提开始，毕生都致力于学术追求，他很难在性格尚未成熟的学生面前保持谦逊和宽容的态度，也就很难成为学生的良师益友。但事实上，一些顶尖大学的学术竞争非常激烈，很多人都把赢得学术竞争当作人生的最终追求。

能遇到一位健谈开朗、富有智慧的指导教师，对学生来说是一件幸事，因为没有那么多的教授能经常和学生交往。在反思教师指导工作时，博克认为，大学可以找到一种加强师资队伍水平的方法。他指出："在为行政院长、运动队教练、宿舍主管等涉及学生工作的岗位招聘人员时，可以重点考察其人品。"

的确，对体育教练的职责一般有这样的规定："帮助（学生运动员）全面发展作为个体和运动员的潜能。"这正是足球教练能给予每位学生良好指导的原因；和其他学系不同，体育系在招聘教练时，把候选人的人品、道德以及指导年轻人生活的能力等因素都考虑在内了。

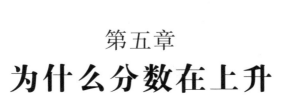

第五章
为什么分数在上升
——一出"没有反角的大戏"

当前教师在给学生评分时,A 和 B 给得太轻率了——质量并非很高的课业也能获得 A,略高出中等水平就能获得 B。

——《哈佛大学1894年报告》

《哈佛静悄悄的秘密:分数贬值》——这是 2001 年夏天某个周日《波士顿环球报》上的报道。第二天的报道是《哈佛荣誉学位沦落至中等水平》。这两篇报道指出,在 2000—2001 学年,所有哈佛学生的成绩中有 51% 是 A 或 A-。2001 年 6 月毕业的这一届学生中,有 91% 获得了"毕业荣誉"。①

在我任院长的八年里,让哈佛遭致最多非难的,莫过于学生的分数和"毕业荣誉"问题了。"可笑啊,"耶鲁的一位院长说,"我是说真的,真的。""难以置信啊。"这是康奈尔一位副院长的感叹。来自哈佛内部的批评就更加直接。"在一所健康的大学里,分数贬值算不上什么大问题,"哈维·曼斯菲尔德(Harvey Mansfield)几个月前就发表了观点,"然而一旦这种不良势头成为家常便饭,人们就会另眼相看了。"萨默斯校长说自己"非常关注荣誉学位贬值和分数贬值的问题",还向教授们表示了自己的担忧:哈佛的评分标准过于宽松了。他劝诫学生:更严格的评分将对他们有好处——萨默斯专门撰文指出,哈佛评分过松的问题,学校需要"重视这一问题,不能让学生的利益受损"。

经过一年的自我评估,哈佛文理学院于次年春郑重其事地出台了一份报告,之后教授们进行了投票表决,还召开了新闻发布会。哈佛开始庆贺自己起码就这一重要问题做了点什么。等到下次有关分数的报告面世时,就可以宣布分数回落一点了。

但是到了第二年,分数又再次升高了,而且达到了前所未有的高度。第三年,分数还在攀升。

哈佛并不是唯一因评分问题而遭致批评讽刺的大学。面对分数贬值的指责,许多大学抱有相似的心态——在研究"分数贬值"问题的同时,大学希望在研究结束时,人们已经失去了关注这一问题的兴趣,到时候大学只需提出更多的劝诫、原则和承诺,而不必付诸具体的行动。2002 年,布朗大学报告了其关于分数贬值问题的大型研究。2004 年,普林斯顿院长南茜·墨基尔(Nancy Malkiel)劝说教授们执行"评分指南"(guideline),以限制 A 等分数的数量。无数的网站与书籍都在谴责大学越来越高的分

---

① 西方大学一般会对本科毕业生的学术表现作出区分,其方式就是向部分优秀毕业生授予"毕业荣誉"。哈佛大学的荣誉学位分为三个档次——"最高级优等生荣誉"(summa cum laude)、"高级优等生荣誉"(magna cum laude)和"优等生荣誉"(cum laude)。——译者注

数,而最严厉的攻击则指向了那些最突出的研究型大学。

顶尖大学的评分方式之所以受外界关注,是因为高分被看作学术成就卓越的具体表现。无论是个别学生的分数,还是一所学校学生的所有分数,都显示了人们正疯狂追求学术卓越。人们根据分数很容易对学术标准作出判断,分数升高便是学术标准下滑的标志。评论家们喜欢夸大学术标准下滑的证据,这样他们就可以数落各种社会因素了。在他们看来,社会将迅速没落,而优秀大学则是最先沉沦的。

《波士顿环球报》的系列报道之后,全国其他媒体迅速加入了抨击哈佛的行列。《纽约时报》写道:"长期以来,哈佛在各学术领域独领风骚,现在又引领分数贬值潮流了。"《今日美国》称:"50%的学生都能获得 A 等,哈佛遇到大麻烦了。"一些专栏作者措辞更加严厉——有一位作者"恭喜"萨默斯要面对"哈佛课堂中'腐烂'的分数贬值现象了"。另一位作者在罗列了哈佛 A 等分数的百分比后,称"你决不能对这种问题置之不理"。

一些人反驳说,分数的提高是学生整体素质提高的必然结果。但其他人反击道,无论这是否属实,学校也应该就此做些什么。文理学院受到刺激后采取了一些措施,于 2001 年秋展开了对评分和荣誉学位授予状况的评估,次年春便出台了一份相关报告。2001 年最后一次全体教师大会上,教授们投票表决要提高标准。哈佛的平均分数将不再独树一帜地按 15 分制计算,而改为大多数美国高校使用的 4 分制。此外,"毕业荣誉"的授予数量将限制在班级人数的 50% 左右。这次会议后,当年哈佛再也没有展开全体教师会议,在未来三年逐步提高学生评定标准的要求就此决定。

会后次日,《波士顿环球报》首先回顾了前一年秋天该报的相关报道,随后指出,哈佛"已决心给学生更多的 B 等分数"。《纽约时报》则报道,哈佛教授已投票决定"让 A 等分数重新代表优异的成绩"。但好景不长,不久后就有报道说,哈佛教师对分数采取行动的决心与实际的距离,如同新加坡和澳大利亚一样遥远。与此同时,教授们继续着老路——至少一部分教授是松了口气,他们认为批评的热浪已经散去,原先高分的重要性事实上并未改变多少。

很少有人注意到,改变 A 和 B 的数量值与教授如何打分其实毫无关系,限制获得"毕业荣誉"的学生人数,也不会使教师在评分时减少获得 A 和 B 的数量。事实上,哈佛的改革并未对分数产生影响。2001—2002 学年分数的下降其实发生在教授会投票之前。讨论一下这个问题的严重性,只是让教授们的评判受到了些许影响。而次年的分数回升,表明课程评估的成就消失殆尽。校长再次对此表示了担忧,但在对本科教育的一次全面评估中,评分问题仅仅成为了一个脚注,在评估委员会提交的60页报告中鲜有提及。

分数贬值现象并非20世纪末世风日下的产物。有人说分数贬值是因越南战争或招收黑人学生而引起的,但这种说法缺乏根据。当前的评分方式并不能拉响这样的警报:在经历了几个世纪的客观评价后,大学终于向"消费主义"(consumerism)投降了——给学生想要的分数,而不是他们应得的分数。

事实上,分数不断上涨的现象从分数诞生的那一天起就开始了。图5.1显示的是哈佛学生进入"院长名单"(Dean's List)①的比例,从20世纪20年代开始直至21世纪初这份名单被取消。这幅图能够形象地说明过去80年间哈佛大学学生分数的变化轨迹(图中1966年和1967年间有一个空隙,这是因为当时对进入"院长名单"的计算公式作了微调。因此严格来讲,该图的左右两个变化趋势不可比较)。

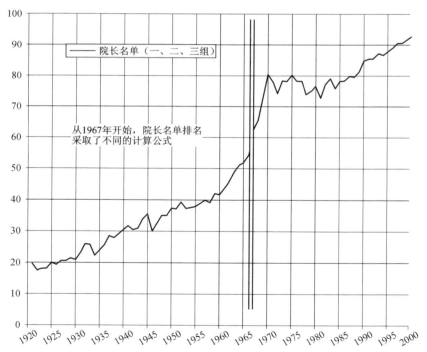

图5.1　1920—2000年列入哈佛"院长名单"学生的比例(%)

资料来源:转引自哈瑞·刘易斯:《分数贬值的种族理论》(*The Racial Theory of Grade Inflation*),《深红报》,2001年4月23日。数据源自哈佛大学的公报。

---

① 即优秀学生榜。——译者注

1969—1970 学年进入"院长名单"的学生数量急剧上升（1970 年春天哈佛动乱后，期末考试变成非强制性参加）①。但之后的 15 年评分相对稳定。1968 年之后 30 年分数上升的速率，与 1968 年之前的 30 年几乎一致（以 1968—1969 学年为分界线，将前后 30 年的数据分别作一条直线连接其首尾，两条直线的斜率是完全一致的）。

1970 至 1985 年的 15 年间分数波动不大，这推翻了保守派评论家所持有的说法——他们认为，分数贬值是因为大学招收黑人学生造成的。哈佛大量招收黑人学生，其实始于 1970 年，而根据记录，1970 年正是唯一的分数持续稳定时期的开始。

图中所示的整个时期，乃至之前的时期，教授、院长、校长以及大众评论家都在强调分数贬值问题的严重性——只有个别时候，他们觉得分数提高是因为学生整体素质提高的缘故。哈佛分数贬值现象的历史说明：关于分数贬值危言耸听的理论值得怀疑。

◆ 分数总在上升，变化的只是"故事情节" ◆

2002 年关于分数贬值的争议出现之后，哈佛文理学院所以任其发展，其中一个原因是"倦怠"——关于分数贬值的问题，我们最近听得太多了。1996 年 6 月，哈佛使用与前一学年同样的平均成绩作为划分线，结果共有 115 名学生获得了"最高级优等生毕业荣誉"，这个数字比前一学年增加了 36 人。"A 等分数与以前相比贬值了"，前本科教育部主任劳伦斯·布伊尔（Laurence Buell）说道。不过这没什么大不了的。布伊尔指出："分数贬值不应该被视为教育的第一要务。"他的继任者大卫·皮尔比姆（David Pilbeam）也说："我今年没花上几个小时来担心这个问题。"

尽管如此，学院还是削减了"最高级优等生毕业荣誉"的授予数量。1997 年春，学院投票决定将"最高级优等生毕业荣誉"的数量限制在班级总人数的 5%，同时，平均成绩要保留三位小数，以区分那些成绩极高的学生。虽然对"最高级优等生毕业荣誉"作了限制，但是学院并没有限制"高级优等生毕业荣誉"和"优等生毕业荣誉"的授予数量。尽管之前《波士顿环球报》有报道说，哈佛学生毕业时有 80% 获得了这三类荣誉学位中的某一种。直到 2001—2002 学年媒体抨击哈佛的尴尬局面出现后，哈佛才对"高级优等生荣誉学位"和"优等生荣誉学位"作出了类似的比例限制。

---

① 1970 年 5 月，俄亥俄州的几名军人开枪打死了 4 名大学生，这一事件在全国的大学掀起了轩然大波。哈佛的教师们也投入到了抗议活动中，他们允许学生可以不参加期末考试，以支持那些因参加政治活动而荒疏学业的学生。——译者注

哈佛认为,限制"最高级优等生毕业荣誉"的数量(从7％削减到5％),比限制所有三类"毕业荣誉"的数量(从80％削减到50％)更加重要,因为前者是顶级学术水平的标志,获得这一学位表明该学生赢得了教授们组织的学术竞赛的最高成就。无论是处于班级第80百分位,还是第50百分位的学生,他们日后都不可能成为哈佛的教授。①我们的学术使命中有一种可以理解但不值得推崇的优越感,那就是:教授更强调剥夺排在第94百分位学生想获得"最高级优等生毕业荣誉"的机会,而不拒绝排在第25百分位学生获得"优等生毕业荣誉"的资格。如此大张旗鼓地讨论这样一个无足轻重的话题——获得"最高级优等生毕业荣誉"的学生应该占总数的5％还是7％——这印证了那句名言:"作为一种政治形式,学术政治是如此的血雨腥风,其结果又是如此的轻描淡写。"

社会评论家通常将哈佛和其他高校分数和荣誉学位贬值归咎于20世纪60年代动乱导致的价值观沦丧。1976年,保守派专栏作家乔治·威尔(George Will)批判了"从20世纪60年代中期开始在哈佛大学、瓦萨尔学院(Vassar)、阿默斯特学院(Amherst)和弗吉尼亚大学出现的惊人的分数贬值现象"。他评论道:"学术生活变得类似于渡渡鸟在奇境里向爱丽思解释的'会议式赛跑'(Caucus-race):'每人都赢了,而且都有奖品。'"②威尔认为分数贬值有三个方面根源:其一是"赞助性行动"(affirmative action)。他指出,高校招收了不合格的少数民族学生,又必须让他们及格,并且确保他们不中途辍学。其二是"消费主义",各院系为了满足因更大预算额而导致的招生需求,放松了评分标准。其三,也是最重要的,是与"精英主义"对立的"平均主义"思想(egalitarian passion)。威尔不无历史沧桑感地指出,大学校园里关于这一现象的讨论"可能是反对奇怪的平等主义的首波浪潮,而正是平等主义促成了'分数贬值'"。

但是威尔这一辩论式的解释,与分数贬值在历史时间上是不符的。1966年,当所谓20世纪60年代的道德沦丧刚开始不久,哈佛某办公室就已经开始研究分数贬值问题了。当时担忧的是"评分实践过松,有分数贬值现象出现,应该回到正常状态"。

或许分数上升的趋势开始于更早的时候。20世纪50年代通常被认为是学术界的黄金时期,但其实分数从那时就开始上升了。区别在于,当时分数的提升被视为值得庆祝的理由,它表明学生更加出色了,而不是标准下滑了。"每个班级中极其聪慧、

---

① 美国教育制度中常用"百分位"来评价学生的相对学业水平,比如,处于第80百分位,表示该学生的学业水平超过总体中80％的学生。——译者注
② 见《爱丽思历险记》第三章的内容。——译者注

学习兴趣浓厚的学生比例绝对比哈佛历史上任何时期都高。"1954 年内森·普西校长(Nathan Pussy)欢欣鼓舞地说道。"值得哈佛毕业生骄傲的是,哈佛去年有 40% 的本科生进入了'院长名单'。"当获得荣誉学位的学生超过 40% 时,他的态度也是乐观的:"毕业荣誉数量的增加鼓舞人心,这证明无论学生还是教授,都重新对学术产生了兴趣,而这种兴趣曾在战争时期一度被遗忘。"1951 年,当时的哈佛学院院长就努力去理解分数上升的原因,从那时起,就已经有了对分数贬值问题的关注。他认为,也许是因为害怕被征召入军,学生的学习更加努力了。"有人甚至提出,哈佛教师的评分变松了,标准在下滑。但有一件事是肯定的:哈佛学生正努力学习,并展示出了令人称道的能力。他们处乱不惊,顶住了压力"。

事实上在 20 世纪,每隔十年,哈佛就有关于分数上升的报告出现。院长、校长及评论家在解释这一现象时,都是从符合自己利益的角度解释这一问题的。1933 年,哈佛学院院长骄傲地指出,进入"院长名单"的学生比例创了新高。他把这一情况归因为"本科生在学业上比以前更加认真了。"

但是在 20 世纪初,洛厄尔校长对评分的态度却绝非乐观。他认为,无处不在的证据表明,埃里奥特的选修制使学生蜂拥到了最简单的课程。一些教授的评分让人难以忍受。

1910 年,桑代克(E. Thorndike)《教育心理学》的出版,标志着教育统计学的诞生。洛厄尔抨击了那些"轻而易举"的课程,他向教师施压,让他们的评分接近自己计算的一条分数曲线(图 5.2),即所谓的"正态图像",并解释道:"你会发现[你课程的分数]高于正态分布的情况——根据我的经验,这意味着你的课程过于容易了。我知道你的课程很有价值,但我想,如果你的评分能更接近平均状态,你的课程将变得更好。"

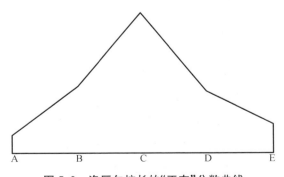

图 5.2　洛厄尔校长的"正态"分数曲线

和现在的情形一样，当时的教授也抵制学校对他们评分上的监督。他们典型的辩解方式，要么是说他们的课程与众不同，要么是说他们的学生有特殊情况。有一位教授将选修他课程的83名学生的成绩，与他们其他课程的成绩一一比较，而后反问道："难道这还不能证明我们的学生的抱怨也有合理的时候？我的评分太低了，而不是太高了。我一次次分析自己的评分，实在看不出怎样才能在压低学生分数的同时，又做到对他们公平。"

致力于提高标准的教育领导们，通常会选择性地使用数据并作出循环论证。1910年，洛厄尔坚持他"通过检查选课者众多的课程中的评分不公平现象，竭力维持平等的标准，其方法是将这些课程的分数，与'典型分数曲线'进行科学的比较。"但是，所有的批评都集中到那些评分过高的教授身上，但似乎没人被告知过应该多给A等分数。当被问到是怎样挑选那八门课程，从而使分数呈现出"正态图像"时，洛厄尔解释道："之所以选择这八门课程，是因为这些课程的评分看上去很正常。我排除了那些明显名声不好的容易课程。"换句话说，在计算正态曲线时，他已经排除了那些他认为评分过松的课程——这正是循环论证的一个经典案例。

在实施"指定选修课程"时，学生总是对容易的课程趋之若鹜。甚至在1909年关于"指定选修课程"的一份报告中，就有人对容易课程表示担忧，指出"一些院系偶尔会开设一些容易的课程，这是对哈佛学院的严重危害。评估委员会建议各院系改进或取消具有此类特征的课程"。如果2005年哈佛的课程改革建议得以实施，即重新采用"指定选修课程"，那么人们可以预想，将有大批学生去打听那些"送分课程"。

1894年时，教授们就已经在抱怨评分过松的现象了。当时的"提高标准委员会"（Committee on Raising the Standard）向学院提交的报告中指出："[本委员会]相信……如果对分数A、B、C、D、E重新定义，并告知每位教师，那么学院或许能够保持高分数的标准。委员会相信，当前教师在评分时，A和B给得太轻率了——质量并非很高的课业也能获得A，略高出中等水平就能获得B。"委员会还指出，如果用更开阔的视野来看待这一问题，宽松的评分还会导致哈佛的学位贬值。"提高学位标准的一个主要障碍在于：部分得过且过的学生已经习惯于用虚假的作业去获取及格成绩。这些学生理直气壮地逃避学习。获取哈佛学位所需的最低努力程度一旦人所共知的话，我们的学位将会严重贬值。"除了文字表述上的差别，这段危言耸听的话与萨默斯校长关于"高分数将使哈佛学生利益受损"的担忧如出一辙。

这就是哈佛分数贬值的历史——这也是哈佛评分的历史。字母分数最早在哈佛出现是 1886 年。仅仅过了八年，就有了第一次的官方评估报告，说"A"不再具有以前的价值了，评分体系需要改革。

分数总是在上升，人们总是对此抱怨不已，但从没有找到根治这一问题的良方。此外，即使在那些所谓的学术黄金时期，分数也并非人们想象的那么低。在哈佛，批评分数贬值的领头人哈维·曼斯菲尔德（Harvey Mansfield）教授曾写道"每个人都知道 C 才是代表平均水平的分数"。但这在历史上从未出现过——即使在 1890 年也没有出现过，那是哈佛引入字母分数后的第四年。当年的平均分数，使用常见的 4 分制计算，处于 B 和 C 之间，而四年级学生的平均分数正好是 B。

表 5.1　1950 年哈佛学生分数分布

等级	A	B	C	D	E	缺席或未完成学业
%	14.0	38.0	37.9	7.5	2.0	0.6

哈维·曼斯菲尔德教授念大一的那年（1949—1950 学年），平均分数也没有低到 C。那年秋天，哈佛超过一半的分数是 A 或 B（见表 5.1）。根据入学注册部主任的报告，曼斯菲尔德念大二那年，哈佛学院的平均分数大约是 B−。

表 5.2　2004—2005 学年哈佛学生分数分布

等级	A	A−	B+	B	B−	C+	C	C−	D+	D	D−	不及格	通过
%	23.7	25.0	20.5	13.2	5.7	2.1	1.4	0.7	0.1	0.3	0.1	0.4	7.0

表 5.2 显示的是 2004—2005 学年的分数分布情况。与过去相比，高分数确实出现得频繁很多，但过去的高分也不算少见。简而言之，历史上从来就没有出现过评分稳定的黄金时期。

◆ 分数为什么会上升 ◆

大学分数的上涨被一些评论家视为学术标准的沦丧。但是从大学之外的世界看这一问题，给出更高的分数并不一定意味着对标准的放松。"贬值"可以是由众多复杂的社会因素导致的。曾经人们可以在市场上看到 B 级鸡蛋，但后来鸡蛋业主为了迎合消费者的期望，提高了上架鸡蛋的质量标识。如今的超市中，只有 AA 级和 A 级的鸡蛋，很少有消费者注意自己买的是哪一种。同样型号的女装，在今天所对应的尺码比过去要大，因为消费者和生产者都乐意这样——以至于1983年，联邦政府放弃了对女装型号设定标准。大学里分数上升的现象，并非是"死在西方文明之井中的金丝雀"，正如更高等级的鸡蛋和更小型号的女装，也不意味着社会标准的可怕沦丧。那么，为什么学生的分数会在一个世纪内持续增长呢？答案不一而足，相关的原因有以下一些。

来自学生的压力

一直以来，当评分过高的时候，学校管理层就会出面施加压力，控制分数。然后分数就会稳定一段时间。在其他时候，压力来自于学生，他们从来都只会抱怨分数太低了，而不会认为太高了。并不是每名学生的抱怨都会让教师改变分数。即使成功改变了分数，那也不过是每年成千上万分数中的个例。但是，成千上万名学生自下而上累积的压力，远远超过了院长和校长自上而下不痛不痒的提醒。即便教师每次对学生的抱怨都不为所动，但学生的痛苦却使他们牢记在心，一学期或一学年后，教师便可能降低评分的标准。一位同行提醒我，售货员所犯的错误有两种：多收了钱和少收了钱。但只有多收钱的会受到惩罚，因为这时顾客会上门抱怨。对教授而言，如果他不和学生建立良好的关系，也会遭受"惩罚"。当然这里的"惩罚"概念比较模糊。

如果要保持评分的稳定，师生之间的交流就可能受到影响。为了让学生开心而改变分数当然是不对的，而一上来就给学生高分，以免他们有抱怨的机会，同样也不对。但是，教授们*确实*想让学生开心——不是说让每个学生总是开心，但总体而言，相对于看到不开心的学生来说，他们更希望看到开心的学生。此外，校长和院长也*期望*教授们让学生开心。如果很多学生都抱怨某位教授分数给得太低，除非在另一端有来自同事或学校领导同等持续的反向压力，这位教授很可能会逐渐调整自己的评分尺度。教授们讨厌围绕分数问题絮絮叨叨个没完，当还有更重要的事情去做的时候，他们认为争论此事毫无意义。

学生对教师的评价和终身任教资格的决定

年轻教师在学校所处的地位是脆弱的。当他们想要获得哈佛的终身任教资格时，本科生《课程评价指南》（*Course Evaluation Guide*）中对他们的评估，可能是在教学方面决定他们晋职与否的唯一指标。即使学生评价课程的时间是在得知期末成绩之前，但年轻教师希望获得学生好评的压力，仍使他们不愿被公认为打分严格的人。事实证明,学生对教师的好评,与教师给学生的高分是同步的。在评判终身任教资格时,为了减少学生对评分施加的压力,学生的评价应该被同行评估和其他形式的教学评估所取代——只要付诸更多努力,通过其他途径可以提供更有价值的信息。

学生更加优秀

尽管随着更多的高中毕业生进入大学,美国大学生的整体学术水平有所下降,但哈佛由于扩大了招生面,强调入学选拔标准,哈佛学生的学术水平反而在提高。1996年,通过分析哈佛学生在校四年成绩与入学考试成绩的相关性,哈佛大学的迪恩·K·威特拉(Dean K. Whitla)得出结论,过去十年中学生成绩提升幅度的40%,可以用他们学术水平本身的提高来解释——学术水平是用入学考试成绩测量的。我自己也曾对1988—2000年期间的数据做过分析。我的结论是,更高的入学考试成绩可以解释大学期间30%左右的成绩提升幅度。因此,学生学术水平的提高,也许只能解释大学期间分数提高幅度的三分之一左右。但是我们完全可以作出以下合理的推测:哈佛的教授们由于感受到了学生学术水平的提升,因此对自己的评分进行了调整,但这一调整却过头了——同样的事情在过去多次发生,结果都差不多。

学生学术水平的提高,或许部分导致了分数的提升,但分数提升的幅度与学生学术水平提高的幅度却不成比例。如果不做仔细的分析,院长们很容易夸大学术水平因素的重要性,甚至偏袒、同情学生。曾将哈佛的分数贬值称为"可笑"的理查德·布劳德海德(Richard Brodhead)后来成为了耶鲁大学的一名院长。当耶鲁也出现高分现象时,他却给出了不同的解释:"现在学生上课的态度更加端正了,这是导致分数上升的主要原因。"

更多小规模的课程

课程规模的缩小,也是分数提升的原因之一。关于评分实践的每项研究都表明,规模越小的课程中,学生所得的分数越高——这也许是因为师生之间了解加深的缘故。整个哈佛都在努力减少大规模讲座课程的数量,并引入更多的讨论课(seminar)和小规模的会议式课程(conference course)。我的研究表明,1988—2000年期间分数提升幅度的5%,是由于更多小规模课程出现导致的。这5%的提升幅度不在学生学术能力提升幅度的那30%之中。如果这一相关性今后仍然保持的话,我们可以预期,随着小规模课程数量的增加,学生的平均成绩将进一步提高。

更优质的教学

哈佛校园流传着一个关于克兰·布林顿(Crane Brinton)的老笑话。布林顿是一位具有传奇色彩的历史学教授，他总是欢迎体育队和社交俱乐部的学生加入自己的课程，而且评分时总是给他们A。有一年所有的学生都得了B。有一名学生战战兢兢地问他为什么，据说教授回答道："噢，我知道我过去总是给A，但我今年的教学实在太糟糕了。"

这个故事蕴涵了一个真理。优秀的教师整个学期都会努力改善学生的学业。他们给学生的论文草稿写评语，还可能是两三次草稿。他们根据学生遇到的数学难题准备解题模型，这样学生就不会重复犯错。他们随时等待着学生来访，帮助学生澄清如何思考、推理和文字表达。如果学生在学期末的成绩与开学时相比没有提升，就说明教师没有很好地完成教学任务。随着教师投入程度的提升，学生的分数也就自然提高了。教师并不是给自己打高分，尽管看上去很像是这样。

评分标准划分过细

评分标准本身也可能导致分数贬值，这是因为评分过程要求评分者把对某一质量的主观评价，放入事先设定好的分类之中，而当分类过细时，评分者就往往倾向于只使用其中的几类——在实践中评分者只使用最高的几类。正是由于这种反直觉的现象，当哈佛允许在评分中引入"＋"和"－"后（1950年开始正式得到哈佛大学的认可），它最终加剧了分数贬值的趋势。

字母分数A、B、C只是一个顺序量表，仅表明了各类别之间的顺序，而不能表明相邻类别间相差程度。这种分类方式看上去是在做具体的测量，而不仅仅是比较等级的量表。学生认为自己的成绩应该高于某一分数线，而不能低于某一分数线。评论家们则认为，各等级分数本应具有的意义与教授所理解的意义不同。

分类更多的量表会带来更精确的比较，但这也使教师对每份作业的评分主观性更强。这真的是一篇可以拿B+的论文吗，还是只能得到B？如果没有"＋"和"－"的出现，而只有A、B、C、D、E的话，这一问题恐怕就不会出现了。

几年前，我开设了一门有关计算机科学的课程，共有20名助教协助我。我发现想让他们对水平相近的作业给出相同的分数是很困难的。我的首席助教拉里·邓宁伯格(Larry Denenberg)提出了一个非常简单的办法：评分时只给0、1、2或3，而取消之前0—10分的评分方式。这样只需要评价作业是优、良、中还是差，而不用在10分制中犹豫应该给7分还是8分，所有助教的评分标准就很容易一致，每位助教自己前后的评分标准也很容易一致。只要对每个学生都做出足够的评价，为总共有300名学生的班级排出座次就决非难事，即便有20个不同的人在同时评分，使用的是只有四个等级的分数标准。

但是，这一提高评分准确性的方式之所以在我这有效，是因为所有的评分者都是同一课程的助教，而且他们采取了同样的评分标准。全校的平均成绩，来自于可能从未相互讨论过的评分者，他们只有最模糊的评分标准可共同遵循——之所以说模糊，是因为他们评分的对象可能是关于《李尔王》的论文，也可能是计算机程序设计的。

即便评分只分为五类都还是太多了，很难在评价上保持一致，这导致教师在实际评分时渐渐的只使用其中三个左右的类别。过去是A、B、C，现在则是A、A-、B+。目前的问题在于，现行使用的量表中，在评价我们不感兴趣的作业时，有很多类别可供选择（B或B以下均可），但在评价我们关注较多的作业时，可供选择的类别却只有几个（A、A-、B+）。在实际操作中，评分刻度已经变为：通过学业的学生只有"优"、"良"、"中"三类，而表示"差"的等级却有很多。

为了从学生的分数中获取更多信息，许多分数被平均起来，最终的平均成绩被计算到小数点后四五位。但真正算出的平均数，只是不同教授在不同课程中对"优"、"良"、"中"的评价。由于教授们在评价不同学生时使用各个等级的方式可能不同，因此实际上，比较平均成绩的意义并不大。这一点过去被广泛误解了。说分成三四个类别已经足够，在逻辑上似乎有问题，因为作为单个教授，我们一定能够对自己所教的学生作出更精确的区分。我们的评分表格中详细地记录着学生的分数，可以在一千多分的总分中精确到一分。到期末时，我们不愿意将这些信息扔掉。玛丽一共得到了965分，确实比得到951分的约翰优秀那么一点。但是，我们对A代表什么，B代表什么都没有形成统一的认识，就更不要提B与B+的差别是什么了。在这种情况下，将一位教授给出的A等分数与另一位教授给出的B等分数平均起来，是没有任何意义的。如果我们将分数用于全校排名，评分的一致性要比精确性重要得多。因此，那些"+"和"-"所传达的"精确"假象其实毫无益处。

人文学科的特殊性

在三大学科领域中，评分情况存在着很大区别，给分最高的是人文学科。《深红报》对2004年初提交给学院的一份报告中做了如下总结："在三大学科领域中，人文学科学生的成绩超过了社会科学和自然科学学生的成绩。人文学科的平均成绩在过去使用的 15 分制中达到了 13.05,而后两者分别只有 12.52 和 12.33。"这种差别至少引起了两方面的担忧:其一,学生对自己"擅长"于哪一学科领域会作出错误判断;其二,是否获得荣誉学位,主要看学生选择了什么课程,而不是课业完成的质量如何。我想,麻省理工学院对分数贬值的抱怨相对较少,是否因为那里的分数集中在自然科学领域呢?

  我认为,人文学科的情况有点混乱。在过去 30 年,作业及格的范围大大增加了,而对其质量的评价一直没有形成共识。这就难怪对学生作业的评判很难保持一致性,尤其是当评分是由研究生来完成的时候,这些研究生正在学习如何主观地把握自己学科的学术标准。哈维·曼斯菲尔德将我发送给他的电子邮件转发给了《波士顿环球报》,我在这封邮件中"将分数贬值的原因,部分归咎于仁慈的人文学科教授"。此后,我收到了几封来自人文学科教授的电子邮件,他们说我讲得没错。但人文学科分数的实际情况更复杂,因为即使人文学科内部已经形成了相当的共识,人文学科的分数仍然比其他学科要高。

  还有两个因素造成了人文学科评分的独特。一方面,无论来自什么领域,几乎所有教授都倾向于原谅一个因特殊原因而导致的低分数。如有学生恳求说,她的某一次作业的糟糕表现,是因为父亲刚被诊断为癌症,或因为室友酒精中毒而一夜未睡,我们往往不详加过问就排除了那一糟糕的作业成绩,在计算总成绩时只考虑其他作业的分数。我自己有一个不成文的规则,往往给一个成绩不断进步的学生较高的分数,而给成绩退步的学生较低的分数,即便两人所有作业的平均分是一样的。另一方面,人文学科可以评价的作业往往是最少的,通常只有一两篇论文,还有就是期末考试了。因此,原谅学生某个特别低分的做法,将使人文学科的平均分上升较多,甚至会超过其他学科领域在同样情况下使平均分上升的幅度,因为其他领域的总分是基于大量的"平时成绩"。这一情况的出现是非正式和印象式的,不一定需要学生的特别恳求,教师也会主动给学生好处,特别是当学生的总成绩接近某条分数线,或者有一个分数不可思议的低于其他分数的时候。

  人文学科的同行还告诉我,现在有一种将写作能力与思维能力分开评价的趋势,评分时只考虑后者而不考虑前者。为大多数论文的评阅人是助教,其中一些助教不愿仅仅因为学生的文字表达糟糕,而给一篇研究得很好的论文打低分。人文学科评价方式的这种不确定性在一段时期内增加了——这一时期里,哈佛招收了更多中学质量低下的学生,这些中学里写作课的教学质量也很糟糕。

还有一个简单的事实是,人文学科中没有哪一部分是采用客观标准的,而客观标准至少部分地存在于所有的自然科学领域的评分中,有些标准在不同学科之间是通用的。加上有些人文学科的教师对学生怀有恻隐之心,从而导致了人文学科成绩全面提高的局面。

矛盾的信号

哈佛的领导有时候责怪教授们评分过松,但有时候又说严厉的评分会让学生感到害怕。而教授们不失时机地希望表达他们对学生的同情之心,希望这一场"反高分运动"早点告一段落。

2001年秋,哈佛的本科教育部主任提醒所有教授,他们过松的评分尺度可能会"无法激励学生尽心尽力"。随着新校长和文理学院院长的继任,一份60页的评估报告于2004年出台,内容涉及本科教育的方方面面。但奇怪的是,在两年前似乎还非常关键的评分问题,在这次报告中却鲜有提及。报告仅仅提供了一个关于评分的建议——对半数的一年级课程不应该评分,理由是:让新生"选课时不必承受字母分数带来的心理负担"。尽管我们不久前被告知,哈佛的成绩单上很少出现低分,但报告还是指出,学生在一年级"可能获得的低分成绩,不应该成为他们继续学术探索的限制"。2001年,哈佛的评分系统被认为太松而无法激励学生,但现在又说太严厉,会吓着学生。从2001年以来,哈佛的评分其实是变得更加仁慈了。这就难怪教授们不会把评分问题当一回事了。我们领导人的说法前后不一,谁也不知道我们的分数是太高了还是太低了,是帮助了学生还是压制了学生。

第六章
评价只是教育手段
——为什么分数贬值问题并不重要？

哈佛学院的百分制……区分太细了，事实上比较的是一些无法辨别优劣的成绩。去年文理学院取消了百分制，代之以五个等级划分每门课程的成绩……这种等级制……消除了分数竞争，对学生来讲相对于更远大的学业目标，自己在全校的排名就不再那么重要了。

——查尔斯·威廉·埃里奥特（1886年）

人们对分数贬值问题愤愤不平，但很少有人讨论"为什么教授要评分"这一前提性问题。评论家们振振有辞地抨击"分数贬值"现象，但经过几十年的思考与讨论，人们仍未就评分的目的问题形成共识。既然没有统一的目的，坚持统一的评分标准就无从谈起。改进评分制度对提高本科教育质量是毫无帮助的。除非教授们相信，降低分数能使他们更好地完成本职工作，否则他们将关注其他更重要的教育问题，而对"分数贬值"问题继续冷眼旁观。

多年来，关于学生评价有四种说法：一是，评分可以鞭策学生更努力地学习，防止他们调皮捣蛋；二是，评分可以鉴别和奖励卓越，让最优秀的学生充分发挥潜能；三是，评分可以为学生排出座次，大学以外的世界就可以知道谁比谁更优秀；四是，评分可以促进学生学到更多知识。

这四种说法交织在一起，时而清晰时而模糊。每一种说法都有其缺陷，由于时代不同，有时缺点更为人关注，有时优点更为人青睐，有时缺点被淡忘了，但一段时间后，某种古老观念卷土重来，人们重新意识到缺点的存在。

尽管这样的遗忘与重现循环往复，但选修制的出现却极大地改变了这一局面。过去，当所有的课程都是统一的时候，对学生的成绩进行直接比较是容易的——至少在理论上是这样。一旦学生开始选择不同课程，要比较不同院系、不同教师给出的分数就几乎不可能了——在一门课程之内，分数固然有其可取之处，但比较全校范围的平均成绩则毫无价值，尤其是当分数计算到小数点后四五位，才能区分毫发之差的时候。

大多数教授逐渐把对学生评价，更多地视为一种教育手段，而不是作为对学生学业的检验。对教授而言，评分是激励学生的工具，教师可以通过适当的奖惩，让学生尽可能多地学习知识。评分的主观性，教师多采用奖赏而非惩罚手段激励学生，学生素质的实质性提高，这三者共同导致了分数的稳步攀升。

评分是教育工具，它不应该成为外界用于鉴定学生学术水平的手段，而计算平均成绩和进行全校排名，主要是为了迎合校外的需求。许多教授讨厌评分，不是因为他们不愿给学生反馈，而是因为他们知道自己给出的分数，将成为详尽但毫无意义的统计数据的一部分,这些数据毫无教育价值。要求教师进行"有意义"和"严厉"评分的做法,有悖教育原则——这是当今文化中道德主义(moralistic)复活的表现,早在"教书育人"成为大学的主要任务之前,就出现过类似的思潮。

通常有四种理论用来解释评分的重要性:鞭策学生努力学习、鉴别卓越、鉴定学生成就水平、评价即教育手段——每一种理论都有其历史和哲学渊源,每一种理论对促进教育也都有其利弊。

◇ "鞭策学习"的理论 ◇

哈佛建校后的头两个世纪,学生每天都要背诵规定的学习内容。这一制度并不是为了把缺乏历练的年轻人,打磨成社会有用之材,而主要是为了表明:学生的努力应该配得上他们所继承的精英地位。出勤是强制性的,校内纪律严明,但学术卓越并没有受到明确的推崇。偶尔举行的考试,只是为了迫使学生埋头苦学而已。根据早年的记录,安排考试"是为了让学生不虚度光阴,不给上帝和社会丢脸,并令亲朋好友放心,这样学生每年才会有进步,能力才能得到发展"。直到 1772 年才出现学术排名,之前的毕业典礼上,学生名单不是按照学习成绩而是按照社会地位排列的。随着社会的发展,从 1777 年开始,毕业典礼上每个班级的优等生都会获得点名表扬。

1823 年哈佛发生了可怕的学生骚乱。校长约西亚·昆西(Josiah Quincy)于 1825 年推行了严格的评分制度,称为"排名表"(Scale of Rank)(图 6.1)。学生从每天修习的科目中得到一定分数,缺席或行为不端者都会被扣分。统计总分的公式相当繁杂,最终计算出的总成绩看上去极为精确。以 1830 年为例,大一新生从数学科目中可以得到 1 600 分,从希腊语中可以得到 1 760 分等等。四年累计最高总分精确到 27 493 分。

这一制度考查的是学生稳定的表现,而不是学术卓越。当时的大一学生尚未成年,学院需要让他们把精力集中在学习上。1831 年,约西亚·昆西校长曾写道:"要想学生将注意力一直放在学习上,就要确保每次背诵时每个人都会被检查。而且学术排名的计算,不能基于偶尔的出色表现,而必须要看每次练习中的稳定性以及一贯和令人满意的表现。"

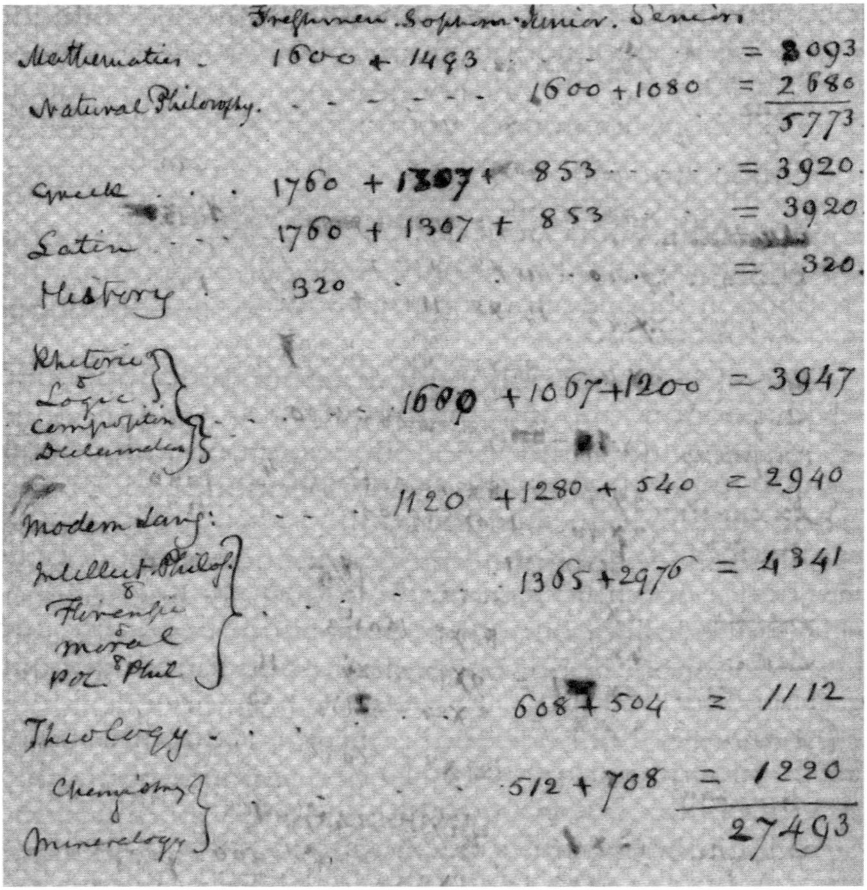

Freshmen. Sophom. Junior. Seniors
Mathematics . 1600 + 1493 = 3093
Natural Philosophy . . . . 1600 + 1080 = 2680
5773
Greek . . . 1760 + 1307 + 853 = 3920
Latin . . . 1760 + 1307 + 853 = 3920
History 320 = 320
Rhetoric & Logic composition Declamation . . . 1680 + 1067 + 1200 = 3947
Modern Lang: . . . 1120 + 1280 + 540 = 2940
Intellect. Philos. & Forensic & moral pol. & Phil. . . . 1365 + 2976 = 4341
Theology . . . 608 + 504 = 1112
Chemistry & Mineralogy . . 512 + 708 = 1220
27493

128 **图 6.1　1830 年哈佛的排名表(图中所示为四年中各科目分数)**

现代评论家有时会把“鼓励卓越”与“鞭策学习”混为一谈。哈维·曼斯菲尔德写道:“学生们之所以不肯努力学习,或者说教授们很难让学生努力学习,是因为学生知道他们获得 A 或 A－ 的几率是一半对一半。”

“鞭策学习”理论的弊端

认为评价可以鞭策学习的理论存在一个问题:学生讨厌评价——不是因为评价让
129 他们不得不努力学习,而是因为这样的评价使他们的努力变得毫无价值。毫无商量余地的考试制度,已经脱离了真正的学识。想成功就必须付出努力,但当学生对努力的意义和公平性丧失信心的时候,考试便成为了一场勾心斗角的厮杀,学生则是其中的

"暴民"。这就是 1834 年发生在哈佛的事情。当时,一名叫邓肯(Dunkin)的学生拒绝了教师的要求,他不愿再次长篇累牍地背诵希腊语专有名词。邓肯和教师各执一词,互不相让,最后演变成了一场持续一周的骚乱,而且这次事件比 1823 年的更加严重。学生向教授投掷石块,并毁坏学校的财物。最终,几乎所有的二年级学生都被开除了。类似的事情 2000 年在达特茅斯(Dartmouth)学院也发生过。当时,学生们对"计算机程序设计"课程中作业的合理性表示怀疑,因为他们发现似乎连教授自己都不会做这些作业。起初,学生以粗鲁的表现和不守规矩作为回应。然后教授告发说,有 78 名学生在某次作业中作弊,而后自己宣布辞职。达特茅斯学院最终放弃了对学生的指控,理由是学校领导无法区分谁做了什么。如果不是因为糟糕的评价制度和教师过严的要求,是不会出现 1834 和 2000 年这样出格的学生行为的。

有人坚持认为,严格要求学生天经地义。他们对"应该顾及学生对分数感受"的呼吁冷嘲热讽。曼斯菲尔德就曾对"分数贬值"批评道:

> 分数贬值的出现是因为美国教育强调自尊的理念。根据这一"理疗式"的理念,教育的目的在于让学生感到自己具备能力、充满力量。因此给学生评分,或者说给他们严格的评分,是严酷而非人道的。评分带来了压力,鼓励了竞争,破坏了和睦。它一定要给学生分出高下来。

但是,关于利用评分制度鞭策学生这一做法的弊端的记载,已有近两百年历史了。如今的评分制度已到了最糟糕的程度,与 1885 年《深红报》描述的"排名量表"相差无几。通过评分促使学生努力学习,"这鼓励了一种为分数而分数的反学术倾向,打击了为学习本身而努力的动机。学生的成长因为追求分数而受到抑制。这一制度还导致了不恰当的选课方式,抄袭也因此层出不穷"。今天,在那些需要下功夫死记硬背的课程中出现了作弊现象。这是因为学生们意识到,那些必须参加的"游戏"对他们毫无价值,他们彼此惺惺相惜,因此敢于集体作弊。

如今的大多数教授,无论他们口头怎么说,都不再以"鞭策学习"为理由来解释评分的必要性。不过也有例外的。我就曾看到有学生为了通过关键的考试,死记硬背化学公式或恐龙分类的知识,背诵的内容不多不少,刚好能让自己及格。这让我联想到 19 世纪的一些评论——1869 年有人将这一现象描述为"时断时续而不健康的产业,通常的术语是*突击迎考*(cramming for examinations)"。学生掌握一些记忆技巧,就可以应付教授的命题策略。这种应付方式取代了任何实质性的学习。这样的学生不是在学习游泳,而只是吸一大口气让自己浮在水面而已。

院长们则无时无刻不在推崇这一理论。许多年前哈佛就取消了在冬假前结束秋季课程的做法,而将考试安排在1月末进行。最近又出现了将考试时间调整到冬假前的讨论。其主要论据之一是,调整考试时间可以改善学生的心理健康。支持者的说法是,根据修改后的校历,包括考试在内的一个完整学期被安排在冬假前,这样学生就不用在假期中牵挂即将到来的考试——院长们非常乐意接受这样的说法,同意尽量减少学生为考试而担心的时间。在一个古老的喜剧中,院长们祈祷学习可以启发学生心智,学生应该更加努力;而学生们则抱怨学习是一种灾难,哈佛学院对他们不应该有那么多期盼。当然这两种心态在戏剧中都被夸张了。在今天的哈佛,院长们转换了"角色",他们将学习描绘为惩罚。某院长在和教授的一次讨论中,提出了一个更令人嗤之以鼻的说法——学生在冬假时会忘记秋季课程所学的内容,因此考试应该放在12月进行,那时学生还能记得所学的内容。如果连一位院长都认为,学生会在几周内忘记教学内容,那么,哈佛究竟认为自己提供了怎样的教育呢?果真如此,我们仅仅是学生宿舍生活的管理员,只是保证他们在获得学位前不出乱子,我们根本就不是什么教育者。

我们反对分数可以"鞭策学习"的说法,就是因为它违背了教育的原则。依靠评分来鞭策学生学习是一种糟糕的教学方式。像在哈佛这样的大学里,教师没必要向学生强调学习的重要性和价值。如果在一门课程中,教师是用低分数来威胁他们努力学习,那么这门课程的教学方式一定有问题。教授应该尽量让课程变得更有趣、好玩、精彩——或者与该学科之外的人类知识与经验更紧密地结合。如果做不到这一点,那这门课程可能只包含了教师想教授的内容,而不是学生想学习的内容——或者学生只是被迫凑够学分而已,学校并没有为他们提供有说服力的理由,告诉他们为什么一定要参加这些课程的学习。

◇ "鉴别卓越"的理论 ◇

有谁会反对卓越和追求卓越的呢?我对获得哈佛"最高级优等生毕业荣誉"深感自豪,其他人获得这样的荣誉也会感同身受[尽管我本人更看重在罗克斯伯里拉丁学校(Roxbury Latin School)获得的"最高级优等生毕业荣誉"]①。然而,作为制定评分

---

① 罗克斯伯里拉丁学校是本书作者就读的中学。——译者注

政策和策略的重要理论基础,"鉴别卓越"也会产生一些不良的副作用,几个世纪来,这些副作用多次被遗忘,又不断被人们重新认识。

18世纪中期以前,出色的学术成就在哈佛并未得到认可。第一个学术奖项叫做Detur奖,优等生可以获得爱德华·霍普金斯(Edward Hopkins)遗赠的书籍。在拉丁语中,*Detur digniori* 的意思就是"把它给予更有价值的人"。凡一年级时成绩突出的学生,将在接下来的冬天的一个庄严仪式上被授予该奖励。

从1825年开始推行"排名表",到1887年被废除,其间每年都会公布前十名学生的名单和他们的排位。历史悠久的《五年花名册》(*Quinquennial Catalogues*)记载了1935年之前所有哈佛毕业生的成绩。翻阅这些档案可以发现,查尔斯·威廉·埃里奥特校长在当时班级上排第二名,排在他之前的那位学生,后来成为了纽约城市大学的教授。尽管校方竭力避免并列情况的出现,但并列第一的情况至少还是出现了一次。

有一段时间,哈佛不仅公布优等生的名单,还要公布所有在课程中获得A等或B等分数的学生名单。其依据是:对"卓越"表示祝贺,可以鼓励所有学生争取成功。竞争可以促进所有学生的成绩都有所进步。

"鉴别卓越"的理论在现代也遭到了不少批评。曼斯菲尔德写道:"教师肯定想给极少数优秀学生高分,以使他们区别于同样排名在前四分之一的其他学生。"哈佛确保只有5%的学生可以获得"最高级优等生毕业荣誉"的做法(尽管学校要求对学生的平均成绩进行划线,以确定"最高级优等生毕业荣誉"的归属,但事实上,排名前20或后20名的学生之间的能力没有实质性的差别),足以证明教师们已经沦为繁琐评分制度的奴隶(尽管这一制度的创建是出于好意)。

"鉴别卓越"理论的弊端

弊端一:课程选择成为了一场"运筹帷幄"的游戏。

排名制度总会导致意料之外的后果。任何一个抽象的概念——在这里我指的是"学术卓越"——如果要衡量其价值,就要将其具体量化。但量化的标准一旦设定好,学生就有机会利用规则的漏洞来提高分数。评分本来是对学术水平的认可,对追求卓越的激励,现在却变成了追求分数最大化的无聊游戏。规则制定得越不周全,学生"运筹帷幄"争取高分的可能性就越大。

早在1885年就已经出现了对埃里奥特校长选修制的批评,因为有人认为选修制纵容了投机取巧的选课策略，而不是鼓励学生通过课程中的优异表现来获取 A 等分数。根据埃里奥特的说法，原有课程制度的维护者称："学生有了选课的自由后，就会倾向于选择最简单的课程（仅仅因为它们是最简单的）；或者选课时挑选最仁慈的教师，这样不必付出多少努力就可以获取高分。"埃里奥特对这一说法进行了驳斥——尽管不是很有说服力。那些仅仅为分数而学习的学生，成为了这一"学术魔鬼"的典型。进入 20 世纪，布里格斯院长还提出了"对［日后］生活毫无作用的'分数恶魔'"的说法。

没人喜欢学生仅仅为了分数而拼命。但是导致这一结果的根源，正是教授们所推崇的评分制度。应该为此负责的是教授，而不是学生。"鉴别卓越"的理论产生的不良副作用在于：它影响到了真正优秀的学生。由于"毕业荣誉"的获得是由平均成绩决定的，因此那些以获取"最高级优等生毕业荣誉"为目标的学生，越来越不愿意冒险选择自己没有把握取得优异成绩的课程。正如 1869 年一名哈佛校长所言——"某个系的课程之所以被频繁'光顾'，按照哈佛行话来说，是因为'那里的分数高于'其他系"。如果我们同意：只有在探寻未知领域过程中才能得到最大的收获，那么"鉴别卓越"的理论无疑是违背教育原则的。

弊端二："鉴别卓越"的评分制度无法激励那些明知无望达到"卓越"水平的学生。

用"卓越标准"来激励那些最优秀的学生是很好的方法。但是很明显，大多数学生无法达到"卓越"水平。对于那些没有能力获取顶级学术荣誉的学生来说，优等生的风光，说得好听一点也是"与他们无关"，说得难听一点是在疏远他们。

早在 1856 年，文理学院就意识到，以整整四年的成绩作为排名依据的做法存在着弊端。漫长的四年里有太多的分数要累计起来，以至于起初表现不佳的学生即使在后来奋起直追，要挽回原有劣势的希望也不大。

在这种情况下，学生被在低年级课程中累积的劣势拖了后腿，当时他的学习过程和结果都不甚理想。现在他"改过自新"了，却没有足够的学习动机让自己坚持下去，因为经验告诉他：先前在"排名表"上靠后的名次上升得非常缓慢，要想在班级中获得更高荣誉，决非他力所能及。

过去一个半世纪里，哈佛文理学院疏忽了一件事——授予"毕业荣誉"应该以激励学生学习为目的。2002 年，教授们把"毕业荣誉"数量限制到学生总数的一半，试图以此来保证毕业荣誉的"含金量"。然而，如果一名学生在学习了一两年后，便意识到自己毕业时不可能跻身班级前列，那么在三、四年级时，除了"但求及格"，他还有什么动力让自己更加努力呢？"学术卓越"固然可以激励学生，但当学生意识到自己无法实现卓越时，他也被剥夺了学习的动机。

随着哈佛"毕业荣誉"数量的减少，排名在后50％的学生，其努力程度和学习质量也在下降。新规定对2005届学生开始生效，但根据《深红报》的报道，从2004年秋就已经出现学生受挫于高层次学习的迹象。一些四年级学生选择了放弃完成论文，因为他们知道无论在大四的一年中获得怎样的学术成就，自己的平均成绩都不足以获得荣誉学位。一位名叫安雅·伯恩斯坦（Anya Bernstein）的教授为新标准辩护道："如果有90％以上的学生都能获得'毕业荣誉'，'毕业荣誉'本身就失去了意义。"而另一位叫作肯·中山（Ken Nakayama）的教授则报告说，未完成论文的情况，"在新规定下出现得更加频繁了"。以上两种截然相反的观点引发了一个最根本的问题：如果大学的目的在于教育而不是排名的话，那么，那些荣誉学位获得者的收获，与那些明知无法获得荣誉学位的学生所丧失的学习机会相比，究竟孰轻孰重呢？

我怀疑，那些批判"分数贬值"的人，从未提及现行的荣誉学位制度中最不公平的现象。当分数大都是A和B，而其中只有一半学生可以获得荣誉学位的时候，那些因为社会经济背景不佳而无法迅速适应大学学习的学生，想获得"毕业荣誉"就会尤其困难。一年级的分数往往比后三年的分数要低，这是因为大多数学生都需要一两个学期的时间，来适应本科阶段的学习方法。结果学生在大学四年里的平均成绩，在很大程度上要受一年级成绩的影响。那些为念大学所作准备最不充分的学生，其适应大学学习方式的过程也是最艰难的。虽然他们可以通过自己的努力，赶上比他们幸运的同学，但刚进校时他们的学习成绩并不处于同一起跑线。正是由于这个原因，哈佛"最高级优等生毕业荣誉"的规则曾一度规定，在计算平均成绩时，可以排除一年级时得到的一两个低分。但这一规定在1996年将"最高级优等生毕业荣誉"限制在学生总数5％的改革中被一并废除了。"最高级优等生毕业荣誉"限制授予比例、教师打分的不断攀升以及规则不再对低分成绩"网开一面"，这三个原因共同导致了这样的结果：如果学生在一年级时获得了一个C等分数或几个B等分数，那么他们就极难得到足够高的平均成绩，要想在毕业时获得"最高级优等生毕业荣誉"无异于痴人说梦。既然2002年哈佛对"高级优等生毕业荣誉"和"优等生毕业荣誉"也作了数量限制，一些学生的低分成绩，也将影响到他们获得这两类"毕业荣誉"的机会。

如果按是否接受了经济资助将"最高级优等生毕业荣誉"获得者进行归类，其中拿助学金的学生几乎肯定少于其应有比例。据我所知，并没有人做过类似的分析，但如果事实与我的经验相悖，我将感到非常惊讶。来自较差中学的学生，其一年级的学业明显不如来自"独立学校"(independent schools)①或优秀公立中学的学生。总体上看，父母收入更高的学生进入更好中学的机会更大。因此很可能出现这样的情况：班级中较富裕的那部分学生，毕业时更有可能拿到"毕业荣誉"。

来自弱势群体的学生仅仅在第一学期获得了一两个低分数——这些学生从糟糕的学术背景中历尽艰辛，才有机会与那些拥有更优质教育资源的同学同坐在哈佛的课堂。如果哈佛因此打击了这些学生追求卓越的积极性，那么哈佛所谓"坚持学术标准"的传统将导致可悲的后果。这种可能性引出的一个重大疑问是：整个学术荣誉激励机制所带来的好处，是否足以弥补随之产生的不公平问题？考虑到目前哈佛比以往招收了更多来自穷人家庭、有天赋和有抱负的学生，这一矛盾将更加突出。竞争"毕业荣誉"的机会，或许根本就不是鼓励卓越的重要激励因素。麻省理工学院就从不授予什么"毕业荣誉"，但其学生在毕业后仍然赢得了特别丰厚的回报。

社会经济背景的差异，还可能影响到荣誉获得者的种族分布情况。每个参加过 Detur 奖颁奖仪式的人都会发现，一年级获得高分的黑人学生实在太少了。由于种族来源与社会经济背景存在相关性，来自弱势群体的学生在一年级时更可能获低分的现象，也影响到了"毕业荣誉"在种族间的分布。随着"毕业荣誉"的授予标准变得更加严格，"毕业荣誉"种族分布不成比例的现象可能更加严重。这一现象将对少数民族学生产生消极影响，他们很快会意识到，如果在一年级学习中稍有不慎，就再也没有机会提高平均成绩，赢得"高级荣誉"了。

弊端三：衡量卓越的方式不准确，甚至具有欺骗性质。

将平均成绩作为衡量卓越的标准，存在着很多问题。但令人吃惊的是，学校竟仍旧如此推崇平均成绩。

表面看上去，平均成绩似乎是一种客观、公正的测量方式。所有学生都必须参加相同数量课程的学习，而且课程门数也足够多，因此某一位教授的评分风格不会对整个结果产生严重影响。即便如今教师在评分时，只会使用出现频率不同的四五个等级，但是把大约30门课程的成绩平均起来后，也足以有效地将1 600名四年级毕业生

---

① 这类学校的经费不是来自国家或地方的资助，而是依靠学费、馈赠以及通过捐赠投资获得的收益。在很多场合下，独立学校就是私立学校的代名词，但独立学校特别指那些经费不依靠外部机构的学校。在美国，在这类学校就读的学生只占全部学生总数的1%。——译者注

分出座次。不同档次的荣誉学位可以通过划分分数线来决定：在分数线之上的获得荣誉；分数线之下的便无缘获奖。分数线两端的学生，其成绩要到小数点后四五位方能分出伯仲。精确无误，实打实的分数，绝对的量化结果。

但是"精确"（precision）不等于"准确"（accuracy）。在选修制中，学生平均成绩是在不同课程中所得分数的平均值。而不同课程中使用的字母等级却代表着不同的含义。在埃里奥特即将卸任前，由 A·劳伦斯·洛厄尔主持的一个委员会对此状况作过很好的描述。

[学生]在同一门课程中所得分数是可以比较的，但比较的意义不大。每门课程只是四年学业中很小的一部分，在一门课程中的排名并不能有效地激励学生。不同学生选修的课程大相径庭，因此很难对两名学生作直接比较。学生不是在同一条道路上并肩赛跑，而是奔跑在不同的道路上，互不相干。

即使在评分操作受到最严格监督的时候，学校也很少尝试统一不同教授的评分标准。要形成一个统一的"计量标准"是很难想象的，尤其要让弦理论专家和浪漫诗歌专家"以相同的方式评分"，就更难实现了。在一个存在大量选修课的课程制度中，分数将不可避免地被用来比较，但它决不可能成为准确比较不同学科成绩的标尺。

事实上，即使在一门课程内，分数也是不准确的。教授典型的评分方式是，先给学生一个数字分数，再将这个数字分数转换为字母等级，数字分数在相同范围内的学生，将得到相同的字母等级。而在计算平均成绩时，则要保留到分数的小数点后四五位以体现精确性。但问题在于，字母等级本来就是为了对"精确"数字进行模糊化处理，现在却又要把模糊化的字母等级重新"精确化"。因此，计算出的结果看似精确却不准确。目前，要将平均成绩计算到小数点后五位，才能决定荣誉学位的归属。具有讽刺意味的是，这与当年"排名表"中最高分数 27 493 一样，都是精确到了五位数。排名表之所以被 A 到 E 的字母分数所取代，完全是为了使这种过细的区分结果模糊化，因为它导致了太多学生仅仅为了眼前的分数而学习，打击了那些真正追求卓越的学生的积极性。

经历了十多年的反思，哈佛从 1886 年开始引入了字母等级的评分方式，即使用宽泛的"等级"取代精确的总分作为排名的依据。但是以"等级制"取代精确的总分记录后，文理学院又逐渐认为有必要重新建立一套量化的总分计算方式，以区分学生的不同水平——一种看上去客观而精确的方式。当然，每次量化评价都是出于学术方面的考虑，比如二战时，征兵委员会使用精确的学生排行榜，目的只是为了决定征召哪些学生入伍。一直以来，精确分数之所以如此受推崇，另一个重要原因是：精确分数能满足客观标准的要求，它既可以成为学生努力奋斗的目标，又可以成为学校解释荣誉学位归属的客观依据。我们发现自己又重新回到了1885年，当时的学生也专注于"分数竞赛"，很少"潜心于更远大的学业目标"。

以平均成绩来决定毕业荣誉归属，还存在另一个问题：它只鉴别了一种形式的卓越。正如1831年充满理想色彩的昆西校长所言，平均成绩青睐的是稳定的成绩，而不是优异的成绩。以平均成绩决定"毕业荣誉"归属的方式，无法鼓励在某一方面极为突出的学生，而只青睐那些在每个领域都表现不错，但缺乏突出专长的刻苦学生。在字母等级推行十年后，文理学院就意识到了这一问题，他们改变了仅根据四年总成绩来决定荣誉学位归属的做法，认为："学生如果在某一特殊领域获得了突出的成绩，那么也应该在毕业时获得荣誉，其价值并不低于在所有科目中都一贯优秀的表现。"这一理念的目的在于"鼓励在某一特殊领域具有一定天赋的学生，他们原本已无望或没有信心取得高的排名"。但是，因为直截了当的量化制度更便于操作，又不会引起那么多争议，所以后来哈佛还是回到了老路上。这样的"毕业荣誉"授予制度延续至今，未做过大的改动。

平均成绩并非是唯一可以对学生作出比较的学术标准。瓦伦·约翰逊（Valen Johnson）在一本关于分数贬值的书中，描述了杜克大学使用更准确制度的一次失败的经历。因为学生只是在几百门课程中选修几十门，对选修同一课程学生的成绩进行直接比较的机会很少，尤其当学生来自不同专业时，直接比较的机会就更少。因此，本来富有意义的统计数据，由于其计算原理过于复杂而很难为人们所理解。"全美大学体育协会"中"橄榄球冠军联赛"（Bowl Championship Series，BCS）的排名制度也存在着同样的问题：参赛球队太多，每支球队的比赛场次又太少，以至于在全国范围内，所有球队之间不可能一一较量，甚至相隔几年碰到同一对手的几率都很小①。橄榄球迷们对"橄榄球冠军系列赛"的排名计算公式表示了怀疑，就像杜克大学的教授们对约翰逊用于替代平均成绩的深奥计算公式充满怀疑一样。简单的平均成绩只是一碗数量化

---

① 由于参赛队过多，各球队之间不可能一一交手，每支球队的对手都是随机决定的。BCS排名制度根据一套极为复杂的公式，对每支球队每场比赛的表现作出评价并排出名次。——译者注

的汤，里面盛满了不可靠的成分。高校之所以不采用统计学中更先进的评分制度，是因为它们意识到，计量方式即便再准确，其重要性也是有限的。

如果我们的目标是对卓越作出客观的评判，那就不应该由从事教学的人来评价自己学生的成绩。不应该让教授为自己的学生评分，就像田径教练没有资格在比赛中为自己的运动员计时一样。现实中之所以教授可以为学生评分，不是因为他们比其他人能更加中立、客观地作出评价，而是因为分数本就不应被视为一种重要的测量方式——这样做是对分数不恰当的使用。一位心理学教授向我描述字母评分制度时，将其称为"心理测量的噩梦，为各种测量误差和科学已探明的心理偏见敞开了大门"。人们很难指望字母等级能成为客观评价学生的计量方式。

◆ "鉴定学生成就水平"的理论 ◆

根据这一理论，我们之所以为学生评分，是因为我们在制造"产品"，而作为我们产品输送地的外部世界，期望我们区分出哪些"产品"更优秀。根据这一理论，学生就好比轿车，而分数贬值就类似于"雪佛莱"汽车打着"卡迪拉克"的牌子进行销售。有一种观点认为，即便现在的学生比过去更加优秀了，医学院也不可能招收每一位学生，花旗银行也不可能录用每一位应聘者。因此，一旦分数失去了信誉，我们的学生将最终为此付出代价。

"鉴定学生成就水平"理论的弊端

"鉴别卓越"理论的大多数缺陷，也存在于"鉴定学生成就水平"理论之中，当然，后者还有其他一些弊端。使用学生排名用来决定"毕业荣誉"归属并不可靠，同样，使用学生分数排名来决定专业学院的研究生录取资格也并不有效。而当外部世界也采用分数作为评判学生标准的时候，危害将更大。

最担心把分数作为"鉴定学生成就水平"手段的，是那些报考医学院的学生。医学院录取新生时，由于分数非常重要，哈佛的"职业服务办公室"（career service office）会印发一个小册子，告知学生每所医学院的录取率是多少，大学平均成绩与医学院升学考试（Medical College Admission Test，MCAT）分数大致需要达到什么标准。必须在某些关键考试中考出高分的压力——例如人所共知的"有机化学"——足以使一名心理脆弱的学生崩溃。"尽可能在这些科目中考出好成绩"就成为了学习的目的，这会使学生忘记思考自己是否真的希望从事医学行业的工作。我任院长期间所处理的违纪事件中，就有这么一次让人扼腕不已的经历。有一名学习成绩一贯出色的学生，已经被一所优秀的医学院录取了，但之后她却故意严重作弊。似乎只有通过这样的方式，她才能告诉父母，自己并未做好做医生的准备。

法学院在录取时，也存在类似的激烈竞争，但不存在报考医学院时必须通过的那些"路障"(road-block)课程。当然，想要攻读博士学位(Ph. D)，也需要高分数，但博士生录取时学生很少有考医学院的学生那样的焦虑情绪。学生们往往认为，如果在哈佛念本科时的分数就不高，那么念博士也不会开心。他们甚至觉得，不念博士的最坏结果，就是背负更少的债务，未来经济收入更好。

除此之外，让我惊讶的是：不管是否存在分数贬值现象，用人单位很少关注哈佛的平均成绩。他们看重的是具备特定技能的学生，这一点也许可以从相关课程的分数中看出端倪。他们肯定看重交际能力强、具有团队合作意识的学生。但是我们学校提供的数据，却是将"日本武士"的通识课程与化学主修课程平均计算后的成绩，这样的数据对用人单位来说毫无意义。很多用人单位似乎相信，考察课程成绩并非选拔哈佛学生的最好途径，他们转而使用非学术的标准。从几年前开始，哈佛商学院就强烈反对用人单位以分数作为是否录用学生的依据。商学院禁止公司在校园招聘时询问学生成绩，也禁止学生向公司透露自己的成绩。虽然2005年12月，哈佛商学院废除了这项规定，但大多数学生还是希望保留此规定。

"美国艺术与科学院"(American Academy of Arts and Sciences)最近进行的一项研究，在批评分数贬值现象的同时，也指出用人单位在考虑是否录用毕业生时并不看重大学分数。该研究报告写道："现在很少有报道说，用人单位和研究生院抱怨分数贬值会导致他们对学生缺乏足够的了解。"相反，用人单位询问学生成绩单的情况比过去少了。

实际情况是，用人单位对哈佛分数的关注程度不如哈佛自己。用人单位其实早就不大看重哈佛的分数了，他们的态度与分数是否贬值无关。一位投资科技产业的老板曾告诉我一个关于招聘策略的有趣解释：学生能在哈佛这样的学校里得到高分数，无非证明了这些学校的招生办公室当初做出的判断是正确的。在他看来，能进入哈佛和其他顶尖大学已经足以证明学生的素质，如果还能在这些学校中获得好成绩，或至少没有太多糟糕的分数，就足以证明学生不仅聪明，还能在四年中一贯努力，在学习方面没遇到多大困难。

那为什么"鉴别卓越"理论在学生中会如此流行呢?这是因为这些学生从小就被灌输了"分数代表卓越"的观念。很多被哈佛录取的学生,之前都接受了父母和学校的教诲,他们将分数看作是进入哈佛这类名校的通行证。

我经常忠告学生认真学好每一门课程——这才是最重要的,不用去担心自己会获得怎样的分数。通常每两个听过我忠告的学生中就有一位的态度会有所改变。有时候我似乎帮助他们卸下了心理包袱,就好像我的忠告正合他们的心意,他们从来没有想到能从长者口中听到这样的话。但有时候学生也会将信将疑,似乎他们唯一了解的世界法则被我打破了。

◆ "评价即教育手段"的理论 ◆

在大多数教授眼里,评分既不是鞭策学生的方法,也不是鉴别卓越的手段,更不是帮助外界鉴定学生水平的途径。给学生的平时作业和期末考试评分,仅仅是为我们的教学服务的工具罢了。我们用高分来鼓励学生,用低分来表示对学生的失望。我们让学生不及格,是希望他们能从疏忽大意的代价中学到些什么(在哈佛,如果学生不及格,很少是因为能力不足导致的)。一门课程中如果教师评分的次数过少,或者评分和反馈不及时,学生就错失了重要的教育机会。

"将评分作为教育工具"的思想意义重大。它需要学生能够理解教师的评分方式,教师不能只关心优等生或有潜力的学生,而要平等的对待所有学生。这就意味着分数的最大意义在于课程本身。也就是说,分数的意义主要在于围绕课程建立起的师生交流渠道,而不在于把分数与其他课程,或与其他学生的分数相比较,也不在于外界怎样理解分数。1886年在推行字母等级制时,埃里奥特曾这样解释道:

> 学生已经学会将一门课程不仅看作一系列的课堂教学过程,而是将其看作实现自己目标的机会——获得一种特定的训练或一门特定科目的知识……这种更开阔的精神和对学习机会更人性化的认识……应该受到合理的鼓励。百分制对分数区分过细,与真正的学习目的相比,它夸大了分数的重要性,阻碍了分数真正作用的发挥。因此,文理学院认为,一种更加简洁的学习评价制度更为适宜。

很少有人对评分理论作过类似的解释,但它却与一个更基本的道理不谋而合:学生也是人,我们不应该用任何的测量方式给他们的能力下结论。取得了卓越的学术成就固然值得庆祝,但不宜对成绩投入更多的关注,他们中很少有人日后会投身学术生涯。哈佛过去的后进生远不如现在的后进生有天赋,当时的代理校长安德鲁·普雷斯顿·皮博迪对班级排名的问题作了精辟评论,他指出:

> 每一名学生,只要他保持良好的道德品质,正常参加大学学习,每天准备功课时一丝不苟,那么就应该受到尊重和宽容。有很多学生虽然具备了一定的文化素养,但在记忆文字和细节方面有与生俱来的缺陷。具有类似情况的学生,很多是非常值得我们尊重的,他们中的一些有着过人的才华……但记忆方面的缺陷,却使他们的排名始终处于班级的末端,他们的位置维持了排名靠前学生的自尊和积极性。

皮博迪是哈佛的一位牧师,也是一位基督教道德课程的讲座教授(Plummer Professor of Christian Morals),因此,他可能先入为主地倾向于人类救赎的思想。无论如何,他在哈佛是个受人爱戴的人物,一位校友把他形容为"率直、和蔼、慷慨与爱的化身"。很明显,他不是一位评分严格的教师。"关于他的一个传奇故事是:一次,有一位学生向他询问自己的考试分数。据说和蔼的皮博迪博士回答道:'分数很高。对了,你叫什么来着?'"

哈佛之所以放弃精确的分数评价,是为了肯定其他形式评价带来的优点比分数本身更重要。1886年一份递交给哈佛监督委员会的报告提出忠告:"大学里的年轻人应该适应外部社会通行的标准。在社会上,一个人的地位是由多方面因素决定的,其中很多因素都无法反映在学校不准确的分数排名中。"

尽管大多数哈佛教授私下都同意以上观点,但哈佛的实际做法却与之背道而驰。测量是好东西,即便所测得的数值毫无意义。连教师聘任制度也受到了"数量化"趋势的影响。"被引用次数"(citation counts)——即一位教授的成果被其他论文所引用的次数——越来越受到重视。即便常人也能看出量化标准存在的问题:一位学者的研究成果被一位爱因斯坦(Albert Einstein)级的人物引用,比被一千个阿尔弗雷德·E·纽曼(Alfred E. Newman)引用更具价值。[①]

[①] 阿尔弗雷德·E·纽曼是讽刺性杂志《疯狂》中的一名白痴小孩。——译者注

某天晚上,萨默斯校长抱怨说化学课程中得 A 等分的学生太多了。他说,如果你想找一位医生,就得知道谁是最好的。对此,一位导师(tutor)反驳道,或许你根本就找不出最好的医生。对于一个特定的病人而言,决定谁是最好的医生需要考虑某些个人因素,比如医生与病人的个人关系。当萨默斯强调必须找出最好的医生时,有学生提出了一个更精辟的类比:"萨默斯校长,这就好比让你去找到一本最好的书。"

对分数贬值问题的预测与担忧,还有更多言过其实、危言耸听之处。关于分数贬值的后果问题,2001 年秋苏姗·佩德森(Susan Pederson)的批评最有代表性:"如果评分过松,学生对待学业就不会全力以赴。"偶尔学生自己也会这样承认,但是我怀疑事实是否果真如此。

学生不努力的主要原因是作业不够有趣,并且看上去不大重要。而当作业有趣的时候,即便教师不用高分奖励学生,也不用低分惩罚学生,在高选拔性的大学里,学生仍然会认真学习的。

例如,我在自己课堂的每个问题集(problem sets)中,都会放进一道"挑战题"(challenge problem),挑战题的分值在 100 分总分中只占 1 分,一般认为,学生在完成其他题目前,是不会做这道题的。但是,学生们却花了大量的时间来完成挑战题。我的策略是,把这些题目设计得看似容易解决,让它们有吸引力。在第一次尝试失败后,学生不会轻易放弃。而这些题目回答结果对学生最后的分数几乎无关紧要。我还发现,学生在自行设计的自由式练习中所学的知识,比在任何其他指定练习中所学的知识要多得多。采用自由式学习方式时,虽然不同学生在学完同一门课程后,掌握知识的程度可能不一样,但是与学习那些乏味的知识相比,大多数学生还是能够从自主学习中取得更多的收获。

也有大学教授利用分数来强迫学生学习的,让学生看不到任何分数与教育目标之间的联系。如果一名教授不能说明他所分析的问题有何重要性,不能阐述他所解释的理论意义何在,那么与之相关的课后作业和学期论文就毫无价值。要不是评分制度有强制要求,学生是不会去完成这些作业的。即使他们完成了,也很可能走捷径——从"蒙混过关"到明目张胆的作弊。学术欺骗的出现,固然与学生的自我期望过高有关,但是师生之间社会关系的破裂,会导致这一最恶劣的欺骗行为的迅速扩散:如果学生不再相信教授布置作业的合理性,看不到分数与教育有什么关系,那么他们就会以欺骗作为回应。

依靠评分来强迫学生学习是糟糕的做法,更合理的方式应该是:通过合理选择教材来吸引学生。就最糟糕的情况而言,教授甚至无法阐明其教学内容的重要性。出现这一情况有几个原因:可能该课程是必修课,因而其重要性无人过问;教学变得无聊也可能是教学内容不仅在形式上,而且在事实上确实无足轻重——仍旧是教授确立学术地位时研究的那一套;即将退休的教授可能对自己毕生的研究工作的重要性丧失信心,而一位年轻教授则可能一直坚持着自己博士论文的主题——尽管已经是该做点其他研究的时候了。在这些情况下,学生不应该成为教师失败的承受者。

如果说分数贬值现象为本科教育敲响了警钟,那么其中最应该引起重视的,应该是不同领域评分标准不一的问题——严格来讲,这并不是分数贬值的问题,而是评分不一致的问题。这一问题的棘手之处在于,自然科学中的分数往往偏低。如果大量学生仅仅因为理工科的课程评分比较严格,就极力回避这些领域的课程的话,那么从长远看,我们的社会可能会为这"评分标准不一"的问题付出沉重代价。

当然会有学生因为理科分数偏低而无法涉足自然科学领域。但最大的损失在于:学生在任何领域中都回避他们认为是冒险的课程,以确保自己的平均成绩,而不是选择学习一些新知识。解决这两个问题的终极方法是一样的:降低公众对分数和荣誉学位的重视程度。在我看来,在本科教育的所有问题中,怎样评分还算不上一个最重要的问题。

想要让分数下降,可以要求教师按照一条特定的分数分布曲线给分,比如规定教师最多只能给四分之一的学生 A 等分数,等等。1910 年哈佛曾提出过这一建议,普林斯顿大学的校领导在 2004 年采纳了这一评分制度。该学校规定,学校"期望"本科一个系的所有分数中,A 等不得超过 35%(因此如果一门课的 A 少些,另一门就可以多些)。高级独立课程(upper-level independent-work courses)的限制则宽松一些,为 55%。

这些限制看上去并不过分,似乎也无人反对。课业同样优秀的学生比例不会超过 35%,难道不是吗?但是这样的配额(quota)和配给制(rationing system)却存在逻辑上的漏洞。正如一封读者来信所言,这暗示存在一种"知识守恒"——在一群学生中存在恒定数量的知识。根据这一理论,如果一名学生掌握的知识增多了,就意味着另一名学生掌握的知识减少了。这样的评分方式导致了一种趋势——分数将变为学生们竞争的稀缺资源。而这种趋势正是很多教授不愿意使用分数"曲线"的原因。教师很难正视学生眼睛说出这样的话:"是的,如果你去年选这门课,你会得到 A－。这也是你室友去年得到的分数,你们的表现都很不错。但是今年情况不一样了,住在你对面的那四个同学也选了这门课,我已经把高分给他们了。你本应该去年就选这门课,要么等到明年再选,这样就可以避开这么多聪明人了。"当班级中有更多聪明学生时,每个人都会学到更多东西。但是在分数曲线分布的制度中,却出现了违背这一常理的现象:随着学生整体素质的提升,个别学生的分数反而下降。

这个例子引出了一个关键性问题——评分是否应该以比较为基础,通过竞争的方式,将高分作为稀缺资源分配给固定比例的学生,因而班级不同时,一个学生分数的意义也将发生变化?抑或高分代表的是既定的绝对质量标准,因而一个学生的课业质量与其他学生的表现优劣无关?几乎所有关于高分的批评,至少暗中是围绕"相对标准"(comparative standard)的,而几乎所有关于教授应该如何评分的描述,都是围绕"绝对标准"(absolute standard)的。权威人士和评论家们喜欢"相对模式",而大学内部的人——无论是打分的教授,还是接受分数的学生——都认为只有"绝对模式"在逻辑上是成立的。

我们的评分制度虽然缺乏科学客观性,但通常这并无大碍,因为评分制度的主要目的是教育,而不是测量。目前某些学科领域为了激励学生,所给分数居高不下。这并不意味着整个制度的功能完全失调了,而只意味着这些学科领域需要展开自我批评,探讨有关评分目的和评分实践的问题。

抑制分数上升最有效的方法,便是让各院系认真讨论 A、B、C 等级到底代表怎样的学业水平——一位同事称这一过程为"调养"(therapy),而不是强制规定(regulation)。在 2001—2002 学年中,整个文理学院范围内的大讨论稍微压制了当年的分数上升的势头,但随着讨论的结束,压制的效果也消失了。然而,这样的讨论从未在院系层面上开展过。即便当媒体开始监督我们的评分工作,院长不断提醒我们出现问题的时候,各院系也未举行过类似的讨论。在一个特别强调本科教育的院系里呆了将近 30 年,我也想不起曾经参加过任何试图协调评分实践的教授会议。要使院系层面的讨论具体化,教授间就必须有所交流,这就必须打破学术行规中的一个神圣法则:每位哈佛教授都不会批评别人的教学或评分方式。我们或许可以接受学生评价我们的课程,但却不习惯于让同事做相同的事情。

然而,让同事考察我们的评分方式是件好事。如果我们能像 1910 年后不久洛厄尔所尝试的那样,让院长提供教学反馈,效果可能更好一些。要想发现不同学术领域中评分标准的区别，便需要在各种观点与标准之间进行全面和广泛的交流，尽管想让物理学家和文学评论家在 B 等或 C 等分数的意义上达成一致，会是一件费力不讨好的事——而且一旦这样做了，没过几年又要重来一次，因为实际操作会发生变化，同时还有新的教师入职。另一方面，既然大多数教授的担心集中在 A 等分数的评定上，那么教授们可以共同努力，抵制 A 等分数的数量增加，而 B 等或 C 等分数则由教授自行掌握——这将是改革起步的一套易行方案。

我们必须牢记，评分不是测量，也决不可能成为一门精确的科学。评分是教学的一部分，既然是一项人类活动，必定会带有人类评判活动固有的所有缺陷。一位著名的英国学者曾同我谈到了他女儿的经历。他女儿是英国某名牌大学的学生。我问老师是如何评价他女儿作业的，他回答说，老师的反馈很少。整个评价制度还是以期末考试为主。他女儿也能通过作业获得一些评语和分数，但她和父亲都很失望，因为那些评语都是"高度非人性化"的。"高度非人性化"是什么意思？他是想说，女儿的论文不知道被送到哪里，由一位学生不认识的人来评阅，这个评阅者既没教过学生，也不了解学生。我注意到，他所谓的"非人性化"也可以被称为"客观性"（objective）。但在他心目中，这一制度并不因为"客观"而变得更好。他希望女儿能够获得一定程度的师生互动，这在美国的教育系统中至少偶尔还会出现——美国的教师有时还与学生交往，并亲自评价他们的作业，尽管教师在评分时有主观偏见。

总而言之，对评分的问题应该有正确的态度。我们没有理由认为，改善评分工作将切实提高我们的教育质量，应该将重点放在其他方面的改革上：改善导师制、缩小课程规模、提高教学的有效性、开发更能启迪学生心智的课程。大学只有将精力放在这些目标上，才能收获丰厚的教育回报。

第七章
独立、责任感、性侵犯问题
——大学生道德发展的终结

最强有力的大学德育形式,就是将教育与学生日常行为联系起来,与行为给他人造成的后果联系起来,与个人生活的长远意义联系起来。

——小约翰·福克斯(John B. Fox Jr.)(1981年)

人们心中有一个古老的观念:大学就是一个把孩子培养成人的地方。特别在寄宿制大学里,学生进入大学就意味着他们从此离开了父母的呵护。大学里的规章制度对于学校来说是维持秩序的手段,而对于学生来说则是从家庭控制走向个人独立的行为规范。大学向学生提供良好行为的典范,逐步告诉学生他们被寄予的期望,并对触犯规范的学生课以纪律惩处。通过这些方式,大学帮助学生树立对生活及其行为后果的责任心。然而这些教育方式正在远离如今的大学。因为我们试图取悦学生,我们说不得他们的错误。因为学生只看到眼前的需求,而我们总是有求必应。我们没有告诫他们抬头望望长远的目标,因为学生及其家长期盼自己身上毫无瑕疵,而我们没有让他们为自己的错误负责。结果大学维护的是学生的孩子气,却未能真正帮助他们成长。

我们的失职导致学生的性格和道德不能健康发展。这种失职有时是愚蠢和可笑的,而有时则贻害无穷。当学生不按时上交作业时,哈佛的学生通常借口生病,而不会说是把作业给忘了。而哈佛对生病这样的借口总是网开一面。还是这帮学生,他们不愿意乘8分钟的地铁到波士顿市中心去看演出,非要学校花巨资在坎布里奇举办音乐会——哈佛非要在离繁华市区近在咫尺的校园建立所谓的"社会生活圈"。另外,学校也没有让学生为自己真正的不幸承担责任。当男女学生因一时冲动而发生性关系时,哈佛总是袒护学生,认为他们是受害人,而不是帮助他们深入思考如何避免类似事情再次发生。

在还没有电话和便捷交通工具的年代里,如果家住得离学校很远,家长把孩子送到大学里,就只能听任他在那里折腾了。在大学里,学生是为了获得身心的发展。18世纪一位家长希望他的孩子成为"有学养和美德的青年"。而到了19世纪中期,大学入学年龄从15岁提高到18岁,他们已经羽翼丰满,可以脱离父母独立生活了。刻板的规章制度在学生那里收效甚微,于是被更加简单的规范和更具人性化的教育目标替代。埃里奥特把这种松绑与选修课程的目标结合起来。学生有了选择自己课程的自由,同时也有了在个人生活上犯错误的"自由"。大学成了学生的庇护所,不管是学习上还是生活上的错误,都是不严重的、可教育的。埃里奥特认为:

18至22岁正是年轻人养成在自由环境里自我控制习惯的年纪。应该允许他们在受到良好监护的校园环境里体验自由和责任感。他们的错误可以纠正,他们的过失可以挽救,他们能随时得到原谅。对他们来说,悔过自新总为时不晚。

如今人们已经不再这样看待大学了。大学成为了追求卓越和消费主义这一对矛盾冲突的牺牲品。家长不再希望孩子的缺点得到纠正,他们希望文过饰非。来到哈佛的学生还是处处依赖父母,他们也不想获得独立。哈佛学院热衷于取悦学生,而不是帮助他们成长。

家长、学生和大学领导都指向同一个目标——在学生由孩提时代到成人成长过程中处处设限,而非积极鼓励。但是这样下去会有什么结果呢?学生将来知道如何生活吗?知道如何在这个他们赖以生活的社会上承担责任吗?他们甚至不明白为什么要为自己的行为承担责任。学生们很少自主选择生活道路,他们也不理解他人为他们安排的生活道路。他们还没有长大,而这似乎是大家希望的结果。

哈佛和其他大学是如何从昔日的"不要相信30岁以上的人",发展到如今的"直升机式家长"(如此称谓,是因为这些大学监视着学生的一举一动)的?

有人认为这是技术进步带来的变化。迅捷和几乎免费的通讯手段,极大地改变了学生的隐私观和独立性。不久前我曾与一学生的父母共进午餐。在整个吃饭过程中,他们和儿子一共通了四次电话,两个打进,两个打出。电话内容无非是一些购买教材和平时测验之类的话题。因为儿子的电话账单都是由父母支付的,他们每个月会收到几百个电话和短信的账单。这些信息记录不但可以让他们跟踪儿子在和谁联系,而且还可以知道他的作息时间。我简直无法理解,上大学居然是这样的。而这在很多家长看起来非常自然。从孩子13岁以后,他们就一直这样管教自己的孩子。

但是信息技术仅仅满足了人们现有的需要。我还记得1995年秋季第一次与新生家长见面的情形。当时互联网还不普及。我们的见面到了自由提问阶段。家长通常会问这样的问题:"已经是11月了,怎么我女儿还没有见到他导师?""为什么学校食堂的伙食卫生那么差?"等等。最后我点名让后排一直在举手想发言的一位先生说话。他对我说:"大家的抱怨太多了。你们的工作其实已经很棒了。我真的感谢你们把那么多丰富的信息放到网上,让我远在加利福尼亚的办公室也能看到这些信息。每天我都可以查找儿子在哪里上课,课程和讲座安排是怎样的,学校建筑的具体方位在哪里。每天晚上我就给他发电子邮件,告诉他除了日常上课外,可以抽时间去参加哪些活动。这个服务实在到家,我就想感谢你们。希望你们把这件好事坚持做下去。"听完这番话,我勉强地笑了笑。但是,要是那天下午能找到哈佛大学是在哪里接入互联网的,我一定把电线从墙上拔下来!

家长监视是20世纪60年代自由化潮流后校园文化大倒退的一种表现。促成这一变化的,有学校追求学术卓越的原因,也有消费主义的原因,还有知名大学中学生经济、社会背景变化的原因。但大学本身应该为这种倒退承担最大的责任。因为大学不能(或不愿)解释他们究竟要实施怎样的教育,大学教育的顾客们便取而代之,按照自己的想法行事了。

和其他大学一样,到了20世纪70年代初,用前院长约翰·福克斯的话来说,哈佛"已经放弃了对学生日常生活的规范"。哈佛学院和学生家长一样,都失去了对学生生活的权威性。虽然人们还是希望培养学生对自己行为的责任感,但无论哈佛学院、家长或学生上哈佛前就读的学校,都没有提供培养学生责任感的教育手段。

到1984年,福克斯发现了变化。源自20世纪60年代的语汇——"爱"和"关怀"——已经逐渐植入了大学的价值观中,而"规范"和"自我效能感"则被挤到一旁。福克斯注意到越来越多的人希望哈佛学院的辅导员提供更多的学生个别辅导,而这些指导原本早就应该由家长来完成的。随着美国社会离婚率的上升,家庭关系变得异常复杂。当父母再婚后,家庭内部的矛盾困扰着学生。学生们希望大学能成为中立的家庭关系调解人。而那些爱心满满的家长则力图向新的家庭成员表达自己对他们无限的关爱。

一位见证了数代大学生成长的儿科医生认为,大学生的依赖性快速增长的历史,可以追溯到第一代在"日托中心"(daycare center)长大的孩子。这位医生认为,与家庭环境相比,日托中心拥有一套更加制度化的手段,有效地规范孩子的行为,并按照规矩解决孩子之间的矛盾。这种早期教育的影响将一直延续到孩子日后的学校生活。许多在日托环境下长大的孩子,不会通过求助权威人物处理个人矛盾。另一方面,对于依赖性很强的大学生来说,他们从小是在被人安排和计划好的环境里长大的,在自主解决问题方面,他们缺乏经验。如果没有大人指点,他们甚至不能自己找乐子。

20世纪80年代中期的很多教授,在60年代还是大学生,现在他们已经成为大学的中坚力量了。作为教授,他们经历了那个年代大学价值的混乱和破灭。如今他们在大学任教，就像当上了餐厅的厨师；而过去在大学里读书，他们更像是在餐厅用餐的顾客，只觉得做厨师是一件很时尚的工作。现在你在"掌勺"时，当然不会忘记旧日的情怀，而现在的顾客可不关心你那个年代餐厅是什么模样。我们很悲哀地看到，当教授们、院长们和校长们一本正经地向现在的大学生宣传自由、灵活性和选择权（而不是规则、标准）这些思想的时候，显然他们没有意识到，这只是他们自己学生时代——20世纪60年代观念的老调重弹。那些从来没有走出过象牙塔的教授们，却批评学生的职业主义，还说他们缺乏革命热情，这实在让人汗颜！对60年代思想唱和的现象，在哈佛大学的领导人的讲话中体现得更加淋漓尽致。萨默斯校长在就职演说中说："我们最悠久的传统就是我们永远年轻。"这话分明就是20世纪60年代的产物。他又说，我们的教育目标是要"保证学习成为大学教育的核心内容"。这又表明他在提防20世纪60年代学术标准崩溃的局面再次出现。

大多数家庭对哈佛教育的期望非常现实。对于那些一次付清学费（2005—2006年的学费为41 675美元）的家庭来说，自然希望大学视他们为顾客，而非寺院里的僧侣。他们不是因为受到某种恩惠才来到这里的。虽然很多家庭渴望孩子进入哈佛大学，他们一直为孩子顺利入学到处求情，当他们发现自己对大学教育不中意时，自然会拒绝接受大学高高在上的说教。一个极端的例子，可以说明家长对孩子教育大包大揽的现象。几年前，一位母亲帮助孩子搬进了新生宿舍，他的室友已经入住，看到该男生"骇人"的长发绺，这位母亲拿出几千美元给那位男生，让他搬出了房间。我估计，这位母亲在想：既然我花了那么高的学费送孩子到哈佛，再多花几千美元换得一个好的居住条件，又何尝不可呢？

家庭经济条件很差的新生在住宿方面的态度则不同。他们的家庭为把孩子送到哈佛已经付出了沉重的经济代价。即使最贫困的学生不用向哈佛交纳一分钱，他们也需要通过打工向家里寄钱。来自富裕家庭的学生把哈佛看作是消费天堂，而低收入家庭的孩子则将哈佛视为救生船——通过那里的教育，他们可以摆脱经济困境，而这正是全家最关心的事情。对于他们来说，能在哈佛读书，未来职业以及随之而来的一切好处都有了保障。

当然，这两种对大学教育的经济价值观都无可厚非。事实上，两者都有其合理性。而且这些观点并不完全说明学生与大学的关系。如果大学本身不能向学生提供更远大的教育目标，那么家长和学生用消费者的立场看待本科教育，也就无可指责了。如果哈佛大学希望哈佛学院仅仅保证让学生开心，让他们为所欲为，学生和家长会理所当然地认为学校有责任提供他们希望的大学教育。

2005年3月29日的《波士顿环球报》报道说，在所有"资助高等教育协会"（COFHE）的31所私立院校成员中①，哈佛学生对自己大学经历的满意度是相当低的。该信息来自哈佛一份内部备忘录。原本这是保密材料，后来被人泄露给报社了。这样看来，哈佛校方对学生不满哈佛教育一事是知情的。

为了回应此事，哈佛官方表示已经意识到学生的不满，并采取相应的对策了。事实上，整个哈佛学院的工作一直都是在学生不满的报道推动下进行的。哈佛学院院长格罗斯解释说："过去三年我们的工作重点就在于此。"

他说的这项工作可以追溯到2002年。当时科比院长提出学生选择自由是课程改革的重要目标。哈佛教师的行为也受到了哈佛领导人自由号角的指引。学生的学习越随心所欲，教授的教学也就越随心所欲。学生的必修课越少，教授也就越不用给学生教那些他们不愿意却非学不可的知识。自由是有条件的，真正的自由并非不计后果的随心所欲。自由是选择和责任、个人需要和社会需要之间的一种平衡。今天制订哈佛学院教学计划的人，口口声声说"自由"、"灵活性"、"机会"，但他们忘记了自由的根本所在。这些人的目标仅仅是为了提升哈佛在学生调查中的满意度。

◇ 卓越与消费者文化 ◇

哈佛学生习惯于养尊处优。很多学生忘记了自己能够走到今天这一步，是因为他们父母"大棒加胡萝卜"双管齐下的结果。家长和学生都习惯于追逐现实和眼前的目标。由于教育过程缺乏长远打算，当大学演变成"购物天堂"时，也就无人指责了。

我不赞成让学生过一种"衣来伸手、饭来张口"的生活。精心培育的、舒适的人文环境可以熏陶人的心灵世界。问题在于：学校过分注重物质条件、聚会、校园音乐会等，只能使学生的眼光更加短浅。当大学更多地谈论社交、消遣方面的事情，而少有涉及本科教育追求卓越的时候，学校实际上是在怂恿学生对学校生活更加挑三拣四。同时教师也因此不顾学生的利益，因为学校管理人员都是如此"不遗余力"地在误导学生。

---

① 这31所大学是"资助高等教育协会"的成员，包括常春藤联盟所有八所学校，另外还有一些顶尖研究大学，例如麻省理工学院和斯坦福大学，以及一些著名的文科学院，例如安赫斯特学院（Amherst College）和威斯莉学院（Wellesley College）。——译者注

没有料想到的是，我在任院长时，哈佛学院如此关心学生之间的社会交往。我很惊讶家长和学生如此希望哈佛学院规范学生的课余生活，同时又不希望对学生的行为举止加以评说。我还惊讶于自己扮演的角色——一方面我要像其他院长那样严格监督学生关于性问题的言论，另一方面，还要破天荒地在《深红报》上发表有关爱情的文章。

我清晰地记得 1964 年上大学时，父母亲把我独自一人留在哈佛校园的情形。那时我想：这下至少可以摆脱父母的监视了。我还记得当时我们是如何抵制校方对学生个人生活的看管。我从来不曾设想，现在的哈佛学生还需要教师来帮助制订详细的个人行为守则，然后由院长贯彻这些守则，以规范他们的课余生活。

在学生酗酒的问题上，我们可以更清晰地发现大学教育目标与满足消费者需求之间的矛盾。在酗酒问题上，社会上的人们普遍反对对学生有求必应。酗酒的学生在很多大学都是寻衅滋事的源头，哈佛也不例外。许多课余生活中的行为不端——打架、破坏财物、性侵犯——都是由酗酒引起的。哈佛对私营的"最后的俱乐部"（Final Clubs）①不加管制，那里的酗酒现象也最为严重，意外死亡事件也时有发生。当地酒吧和餐馆权衡了利弊得失，最终还是对未成年哈佛学生的酗酒行为采取听之任之的态度。坎布里奇的警察觉得有更重大的治安问题需要去处理，他们不愿意打破有钱的哈佛学生和纳税的当地商家之间的这种"默契关系"。但大学承担的风险就大了。因为媒体和地方政客们喜欢拿哈佛说事儿，而哈佛需要保持与这座城市的良好关系。所以哈佛不鼓励未成年学生在校内聚会上喝酒，至于在宿舍悄悄地关起门来喝酒，学校就管不着了。

另一方面，如今"没有酒精的聚会"被学生看作"缺乏社交生活"。当较严重的酗酒情况被发现后，学生干部总是竭力为其辩护，像是受到了什么委屈一样。在做院长时，有一次当我宣布哈佛橄榄球赛场上只允许携带听装或瓶装饮料，而不准带整箱酒的时候，差一点引发学生骚乱。即使我禁止在"纪念教堂"（Memorial Church）②使用十字

---

① 这些历史悠久的男生俱乐部原先是和哈佛学院行政部门协作对其活动进行管理的。1980 年代，因俱乐部拒收女生，校方终止了与这些俱乐部的合作关系。猫头鹰俱乐部（Owl Club）为其中的一家男生俱乐部。2006 年初参议员泰德·肯尼迪（Ted Kennedy）发表声明，称自己与猫头鹰俱乐部没有关系。当时最高法院正就萨缪尔·阿里托（Samuel Alito）与男生俱乐部的背景问题召开听证会。肯尼迪参议员曾抨击阿里托参与了普林斯顿大学的一家男生组织。"最后的俱乐部"一词与期末考试（final examination）无关。过去有一些"预备俱乐部"（Waiting Clubs），学生加入这样的组织是为日后进入门槛更高的"最后的俱乐部"做准备的。——作者注
② 位于哈佛校园的一座教堂，第二次世界大战后，哈佛大学为纪念在大战中去世的校友而建。——译者注

架,引起的争论也至多这样了。

155　　　大家被学生的抱怨搞得人心惶惶。2005年哈佛决定增设立一个院长助理的职位,专门负责学生事务,还开设了一个酒吧。事实上,这项命令来自校方,而非院方。副院长这样解释:"比尔·科比院长希望开设一家酒吧,我们得试一下。"

　　为学生提供娱乐和饮酒机会,是学校管理者安抚学生的一个传统。但是这些高层管理者也不至于和坎布里奇当地的酒吧过不去吧。拥有250亿美元捐赠的哈佛,完全有资格与周围的商家竞争。刚开放的哈佛"酒吧之夜"(Pub Night)提出自己不会低价竞争。毕竟啤酒还是值几个钱。

　　然而,未成年人饮酒是非法的。为了拼命讨好学生,哈佛几乎在向学生宣布,只要不被逮到,饮酒是可以的——这有点像对乱穿马路的规定。学校官员决定将酒吧开在新生宿舍之间,与"学生宿舍"(Houses)保持一定距离——一年级后,学生就从新生宿舍搬到"学生宿舍"。学校甚至将"酒吧之夜"的内容印在新生的活动日程表上,并规定只有年满21岁的学生才能获准买酒。每年只有一两名新生是年满21岁的,其他阅读新生活动日程表的1 648名新生都是未成年学生。新生手册小心翼翼地提醒学生"采取适当措施,防止未成年宾客携带酒精饮料参加聚会"。但是学校的真实意图已经在新生活动日程表中有所暗示了。学校对待饮酒问题的态度如此含糊不清,学生不知道应该是遵守学校的禁令呢,还是顺从学校的安排。

　　哈佛学生已经习惯以卓越自居。哈佛学生的家长知道(或者他们认为自己知道)是什么造就了学生今天的成就。这些学生不应该有明显的缺点,任何有记载的成绩都是高得不能再高了。而关于他们的个人信息,则应该严格控制——公布或不公布这些信息,取决于对学校是否有利。哈佛的招生办公室经常因为家长式的包庇作风而备受指责,但熟悉哈佛学生的人都知道,招生办其实也被蒙在鼓里,对学生的缺点一无所

156 知。中学里的辅导员迫于家长的压力,通常在学生申请大学时为他们"粉饰太平",掩盖学生的缺点。这也给大学带来了连锁反应——大学如法炮制,巧妙地记录学生的表现和成绩,以便帮助学生将来顺利就业。

　　不管谁是始作俑者,家长期望孩子在成长道路上一直都是完美无瑕的。这一想法弱化了大学更远大的教育目标。如果哈佛的教育目标就是在于保证学生毕业时与入学时一样优秀——只是学历高了一个层次,那么在教育过程中,伤害和失望总在所难

免。在新生入学的第一周,我通常会请家长们准备接受这样一个事实:总有一半的新生在他们毕业时名次将排列班级的后一半行列。对此,他们当时都笑了。但当拿到孩子第一份大学成绩单的时候,他们或许就笑不出来了。

学生一直在喋喋不休地抱怨成绩评分情况。过去是这样,现在可能更甚。但他们的抱怨没有多少新意。与过去相比,真正区别在于:现在的学生家长经常打电话给教授,询问孩子的成绩。有时他们会代表自己的孩子要求评分严格一些,有时他们希望为孩子的成绩寻找一些借口和解释——如果学生有这方面的情况,本应该由学生自己来说才是。一份得 B+ 的考卷是否应该判 A-,通常演变成一场家庭争论。这不禁让教授们顿生无奈和疑惑:这其中究竟谁的隐私应该得到尊重!处理这类问题本来都有正确的、有章可循的途径——既可以保护学生的尊严,又可以帮助他们学会如何为自己的事情负责。但是这些正确的方法很可能导致学生和家长的不快。他们会因此而向学校高层提出申诉。

如果说家长干预教授的评分是令人厌倦和悲哀的事情,那么为了追求一份完美的成绩单而"操控"学生的情感生活,则是带有破坏性的。大学入学申请书把孩子描绘得完美无缺,最后却可能给他本人带来真正的麻烦。如果孩子的不良行为是由心理原因引起的,家长就会威胁学校和教师不许透露这方面的信息。家长们认为,心理疾病之类的问题不应该影响到大学的录取,这方面的信息也不应该出现在申请大学的过程中。

家长不相信大学招生办公室会对学生严重的情绪波动问题视而不见,于是他们无远弗届、想方设法地探明自己孩子脆弱的一面确实没有被人知晓——即使掩盖情绪问题会导致孩子失去治疗的机会他们也在所不惜。即使孩子已经笃定被哈佛录取了,家长也不愿意在给哈佛大学的回执信中提及孩子此类问题。有一位学生在入学前曾经患过精神分裂症。当一位负责此事的院长给家长打电话时,家长回答道:"我们本想给她一个机会,可以重新开始。"另一名学生在被送到哈佛几个小时后,就精神崩溃了。该学生家长在回家路上通过手机说了这样的话:"我们也一直不知道拿她怎么办。你们录取了她——她的问题应该由你们来解决。"

最让人感到悲哀的是:父母总是希望为孩子争得好处,却破坏了孩子通过自己行动获得发展的机会。一名学生交了一篇抄袭来的作业,他的借口和通常的"我错把笔记当作业交了"有所不同。这位学生说,自己有书写上的身体残障,当时肯定是打字员错把他的笔记当作真正的作业打印出来了。这位学生也没有仔细核对就提交了打印稿。而对于这位打字员，我们只知其名、不知其姓。事后这位打字员突然从地球上消失了。原本是帮助这位残疾学生的制度，现在反而害了他！这位学生的家长信誓旦旦对我们说：如果孩子被发现有抄袭行为，就说明学校对他的残疾照顾不够，他们将哈佛学院告上法庭。在这个过程中，学生亲手上交了自己署名的作业，教授接受了这份作业，而这份作业又是别人的成果，这一切竟都不是学生自己的过错。

在这名年轻人逃避责任的过程中，有很多是非曲直。而我在猜想他从这一经历中究竟学到了什么。家庭和学校或许已经教育了他如何充分利用这一制度，但他们是否同时对他进行了品德方面的教育呢？

在课余时间，学生本应该通过试误的方式学习处世之道。但家长还是希望哈佛学院娇惯学生。在我第一任院长期间，一女生家长打电话，就她女儿所在学生宿舍组织舞会一事向我投诉。母亲认为这件事情无法忍受，因为哈佛让她女儿穿晚礼服才能出席舞会。

听后，我脑海里闪现的第一个念头是："母亲居然为女儿的礼服一事而专门向院长打电话，这是多么荒诞的事。"如果我母亲给院长打电话说我没有衣服穿了，我肯定在一年内不和母亲说话。我本想告诉她："霍夫林（Hovering）太太，请不要责怪我。我不负责舞会之类的事情——它们是学生宿舍委员会组织的。但我做学生年代，就已经通过反抗终止了学生餐厅里要衣冠楚楚的规矩。如果你女儿不想在舞会穿戴太正式，可以让她去找组织这个舞会的人。"

我没有说出这番话。或许这位学生真的没钱买衣服，又怕在同学面前显露窘相。或许我对那位母亲太苛刻了，毕竟她的事情不归我管，我只管她的女儿。也许她的女儿也像我一样感到尴尬，而我应该帮助她做她母亲的思想工作。

后来我慢慢地看清楚了，我遇到的这对母女的经历只是此类问题的一个缩影。或许女儿给母亲打电话问应该怎么办，母亲答应来处理这事，就像她一直照顾女儿的那样——从幼儿园一直到现在。女儿或许不知道如何在别人面前开口，她甚至不知道如何求助于其他同学，因为她害怕暴露自己的无能。学校应该解决她的问题，而母亲应该站在家长的立场上参与解决这一问题。

◆ 纪律与教育的分离 ◆

如果孩子被看作是完美无缺的，或者认为至少应该在别人心目中保持完美无缺的形象，那么对于学生个体发展来说，最好的办法就是：在坎布里奇四年大学生活里，不在学生身上"添加"任何缺点，或者不去发现任何缺点。按照卢梭关于青少年成长的观点，大学新生还处于"前成人阶段"（pre-adults）。更何况，学生及其家长知道毕业时学生应该成为什么样的人。个人早先的素质和规划对孩子的未来有决定性的影响。根据事先的规划，本科生毕业后可能到法学院或医学院读研究生，或成为银行投资家。但一名医学院的学生不可能成为出类拔萃的小说家，甚至成不了像样的小说家。大学教育的目的不是在于发现人才，也不是为了对学生进行彻底的自我塑造。大学只是按照设计好的方案按图索骥。

既然学生进大学时是完美无缺的，他们在毕业时也应该是完好如初。他们的毕业成绩单应该如入学时那样齐整，不同的是他们获得了更高的学位。如果你发现教育过程中学生有任何问题，那肯定是你看错了，或者你怀着不公正和邪恶之心在看学生。学生不用为自己的行为承担任何责任，他们把责任推卸到别人身上。谁要是迫使学生从他们自身找自己错误行为的根源，必将遇到顽强的阻力。在这样的情形下，人格和道德教育寸步难行。

家长对学校教育的干预并非新近的现象。19世纪下半叶李巴伦·布里格斯在任哈佛学院院长时曾抱怨说：

> 规模较大学院的院长……不久可以发现，家长事实上应该为孩子缺点承担的责任比他们及他们的儿子想象的要多……一位院长在谈到一起可怕的纪律事件时说："今天我和琼斯（Jones）的父亲交谈了一个小时。与其父亲见面后，我对他的儿子有了更清晰的认识。"这样的经历在年复一年地发生。只要与父母亲交谈上三五分钟，就可以发现学生学业失败或行为不端的主要原因所在了。此时学生工作人员的内心充满了对学生的无限怜悯之心……一位父亲这样说："我告诉孩子，我不相信他会犯错误。但一旦犯了错误，他也不应该大肆宣扬。他应该悄悄地、体面地处理这些事情。"

那些习惯于"粉饰"学生中学成绩的家长，也会在孩子上大学阶段做同样的事情。我失望地看到与我同辈的人，居然不相信孩子诚实的天性。在我负责哈佛纪律委员会工作期间，一名学生被发现篡改了已经批改好的考卷，他要求老师重新评分。为防患于未然，在交给学生前，这位教授把已经批改好的作业复印了一份。于是这位学生的欺骗行为被发现了。但几天以后,学生拿来父亲的一封信,说是当时他父亲突发奇想,修改了儿子卷子上的答案。我们愿意相信,当时父亲这样做时,儿子不在场,他没有意识到儿子会拿这份卷子要求老师重批。他用的笔迹和儿子的难以分辨,也没有告诉儿子他给卷子做了手脚。这件事让我的心灵跨越时空与布里格斯院长产生了共鸣。

错误不全在哈佛学生的家长的消费者文化,哈佛大学本身也在心甘情愿地放弃在学生心灵塑造过程中的责任。哈佛想保证学生的安全和健康,但这种想法妨碍了大学追求更远大的教育目标。哈佛没有提出一个与"培养健全人"相对应的"培养好人"的理想。

自 19 世纪末至今,哈佛一直有一套特别的学生纪律管理制度,哈佛学院成立了"行政委员会"(Administrative Board of Harvard College),负责整个学院的学生行政事务——注册报到、作业抄袭、打架等。委员会成员包括与学生生活在一起的年轻的副院长们和若干名资深主管及教授。学生通常把这个委员会视作"法庭",因为如果他们严重违反纪律,将受到委员会的审判和处罚。然而在哈佛历史的大部分时间里,哈佛学院行政委员会俨然是哈佛实施道德教育的机构,哈佛学院可以充分利用这一机构的优势:如果学生说谎、作弊或以暴力解决争端,当这些行为出现在日后的人生道路上时,其后果将更加严重。而现在,在大学里学生可以迷途知返、不至于重蹈覆辙。学校可以让学生停下来想一想自己行为的后果,更让他们想一想自己行为所体现的人品和身份。

从这一角度看,学院的纪律制度的意义不仅在于时不时地惩罚学生。在用纪律制度处理学生问题时,学校要保证学生能在相对安全的校园环境里获得最大的教益。纪律制度不是要把那些"不良分子"清除出去(虽然有时确实需要这样做)。几乎所有的哈佛学生毕业后都将成为对社会有贡献的人。正如 1981 年约翰·福克斯院长所说,学院行政委员会是"学校教育工作的有机组成部分"。它已经成为学校强有力的教育工具,而不是像刑事程序那样充满了敌意。虽然有足够证据表明他们触犯了基本的行为准则,但受到委员会处分的学生并不是学院的敌人。在委员会的眼里,这些学生就是未来的国会议员、公司主管、教师、医生、律师。哈佛希望这些人在学生时代能够通过锤炼,为自己的行为后果和影响承担责任。这样有朝一日,他们手握大权时就可以免于犯下可怕的错误。

福克斯院长解释说，学院行政委员会体现了在学院纪律制度方面的基本教育理念：

第一，任何被哈佛录取的学生都是哈佛的一分子。在其他大学，纪律或学术规范主要被用来判定一个学生是否有资格继续在大学读书，是否应该被开除或是否不准许其毕业。而在哈佛，我们把接受委员会处分的学生看作是需要帮助的——我们需要帮助他们如期获得学位，委员会的根本任务就是教育学生，帮助他们完成学业。

第二，学生可以一贯地对自己的行为表现出诚实和正直的态度，并且只要提出要求，他们可以为自己的行为做出合理的解释。我们提出"学生是诚实的"的假设，可以帮助学生理解，只有通过诚实劳动获得的成果才是有意义的。

第三，委员会肩负广泛的教育重任。有人认为委员会的日常工作就是进行道德教育。显然，委员会的目标不只是灌输一条条道德观念，委员会更注重重申学校一般的强制性制度、程序和规则。在这一过程中，我们渗透不同的道德价值观和目标。我们希望通过这一过程，学生能学会诚实、守信这样一些基本的道德观念……最强有力的大学德育形式，就是将教育与学生日常行为联系起来，与行为给他人造成的后果联系起来，与个人生活的长远意义联系起来。

在如今的消费者文化中，大学的任务就是让学生开心，而不是给他们以良好的教育。这已威胁到了纪律制度育人的传统思想。仅仅根据学生的快乐程度，以及关于不快乐的报道的影响面来决定如何教育学生是容易的，但确定他们究竟需要学习什么则困难得多。哈佛学院行政委员会总在竭力探究学生行为产生的源头、他们过去所接受的教育、家庭成长史、过去的行为等，这些信息都有助于委员会决定学生需要学习什么、如何学习效果最好。但是委员会成员手头有那么多的信息，有些信息很容易被误用，成为学生犯错误的借口，导致一些潜在问题不能得到解决。比如，一名中国学生可能为自己抄袭作业的行为辩解说：这样的现象在中国校园文化中是很普遍的；一名《深红报》编辑因渎职而受到的惩处，可能比犯有同样错误的其他学生要轻，因为舆论的压力迫使校方做出妥协。当诸多眼前因素起主导作用的时候，很多大学生触犯纪律的行为，最后演变成"没有受害人的犯罪"（victimless crimes）。

哈佛大学在学生面前丧失道德权威性，还体现在其他方面——虽然它以"高明"的手段应对学生中出现的问题,却不能用同样的方式解决教师中出现的渎职问题。1997年,联邦政府指控哈佛大学及某些个人有欺诈行为,这其中牵涉到著名经济学教授安德烈·施莱费尔(Andrei Shleifer)。安德烈·施莱费尔及其他一些人曾担任俄罗斯政府的资本主义经济顾问,美国政府和哈佛大学共同签署了这份合同。联邦政府认定安德烈·施莱费尔等在其中不恰当地使用了私人投资。历经数年,这项指控一直争执不下。但是在 2004 年,一位联邦法官下达了决定:事实上安德烈·施莱费尔一直在密谋欺骗政府。2005 年 8 月,就在面临被处罚的时候,这些被告提出了一项声明:不承认任何指控,却同意支付美国政府 3000 多万美元,其中哈佛大学支付 2650 万,安德烈·施莱费尔本人支付 200 万。

哈佛大学本来可以更快捷地处理这一事件。著名经济学专栏作家大卫·沃什(David Warsh)把去年①这一事件的拖延,与萨默斯和事件中心人物的私交联系起来。《深红报》报道说,当萨默斯来到坎布里奇面试哈佛校长职务时,是与施莱费尔住在一起的。当事态发展越来越严重的时候,他们之间仍然保持密切的关系。萨默斯任校长期间,当对此事件的调查历经数年后,萨默斯吩咐当时的文理学院院长杰里米·诺里斯②一定要看住施莱费尔,不要让他在风头正紧的时候离开哈佛。据报道,在被查出在任哈佛职务期间有欺诈政府的罪责后数月,施莱费尔曾经与萨默斯一起在(犹太人的)赎罪日过完斋戒。

行政委员会倡导的公开和诚实的理念并没有体现在这一事件中——哈佛在这件事情上的经济损失是惨重的。在任校长之初,萨默斯一直采取回避的态度。当法官宣布施莱费尔罪责"纯属为个人牟利",并且施莱费尔因为这桩与政府的官司而被解职后,萨默斯才发表了唯一的一次公开声明。当有人问到,是否因个人利益冲突而导致施莱费尔滥用投资时,萨默斯暗示说,按照"俄罗斯的习俗和行为习惯",施莱费尔的举动没有什么可以指责的。"如果俄罗斯准备发展真正的私有经济,他们至少应该广泛地听取专家的意见。"把道德问题地方化的观点,颇似哈佛大学里中国学生抄袭作业的情形——将抄袭归咎于中国盛行这样的行为,所以抄袭是可以原谅的。在被问到"其行为究竟属于个人利益冲突,还是因为身为那个国家政府的顾问,他就不应该在那个国家投资"这个问题时,萨默斯并没有亮出"道德黄灯"。在回顾了自己从政经历后,他

---

① 指 2005 年。——译者注
② 哈佛大学化学教授,1991—2002 年间担任哈佛文理学院院长。2006 年任临时哈佛校长的德里克·博克重新任命他为文理学院临时院长。——译者注

说:"一个人就自己感兴趣的经济问题提出咨询意见,这不存在任何对错问题。"

直到2006年,哈佛并没有就施莱费尔事件发表任何新的看法,而施莱费尔依然稳稳地做他的哈佛教授。大卫·沃什是《波士顿环球报》的前专栏作家。他的经济评论文章一直在密切关注这一事态。当案件平息后,沃什单刀直入地责问:"为什么不坦然地承认错误? 为什么以牺牲道德来换取学术?"

近些年,哈佛教授的学术声望还受到了其他抨击。例如,法学教授查尔斯·欧格里特利(Charles Ogletree)和劳伦斯·特莱伯(Laurence Tribe)曾被指控不恰当地引用了其他作者著作中的话语。为此,这两位教授分别就自己不经意的错误表示道歉。一个大学委员会专门调查了这两人的行为,最后指出,两位教授均违反了学术道德规范,但都是不经意中犯下的错误,还够不上剽窃行为(plagiarism)。对于两位教授的行为,法学院院长(在特莱伯事件中,还包括萨默斯校长)发表了正式声明,表示这是教授犯下的严重的学术错误。

除了公开承认自己的成果有不实之处,我们看不出欧格里特利和特莱伯还受到了别的什么处罚。哈佛的做法并没有让一些评论家满意,但总体上还算合适。在欧格里特利和特莱伯案子中,所犯错误似乎与大学生"误用引文出处"一样,均不涉及更为严重的剽窃行为。人们当然不希望哈佛教授有剽窃行为,但纵观他们的认错和道歉、高规格大学委员会受权调查此事、而调查结论又与这些教授早先承认的如出一辙,凡此种种,给人这样的印象:这是一个按部就班进行的、负责任的司法程序。

施莱费尔案子则大为不同。联邦法官认定施莱费尔密谋欺骗政府,而施莱费尔拒绝承认自己犯有错误。事实上,在结案后,他声称,如果自己有足够的经济实力替自己辩护,他确信可以赢下这场官司。现在没有任何迹象表明,哈佛将对此事作出进一步的反应。文理学院职业操守委员会(the Faculty of Arts and Sciences Committee on Professional Conduct)或许可以处理此事。但这个委员会的任务仅限于调查事实,现在事实已经调查清楚,剩下的就是由文理学院科比院长根据委员会提出的指控,"采取任何适当措施"了。而科比院长没有对安德烈·施莱费尔事件发表任何声明。哈佛大学在处理人事问题方面一直底气不足。但是欧格里特利和特莱伯案件不像施莱费尔案件那样严重,前者明确了这样一个道理:院长(甚至校长)有时也会公开对教授的行为表示反对,而他们对事件做出的结论,表明学校在关心和调查此事。

在发现施莱费尔有欺诈嫌疑一年半,结案五个月后,哈佛依然保持了沉默。观察家们试图发现为何学校对施莱费尔案件和欧格里特利、特莱伯案件处理方式大相径庭。最后他们的结论是：即使学校对施莱费尔有任何举动，采取的措辞和行动也会是有保留的，与对欧格里特利和特莱伯案件的态度完全不同。不管哈佛如何为自己的长期沉默巧言辩解，施莱费尔案件都已无法走出不光彩的阴影。也许拒不承认比招供和道歉更能摆脱学校的耻辱，也许青年学术之星的身份本身就是一张保护伞[施莱费尔曾获得约翰·贝茨·克拉克经济学奖(John Bates Clark Price)，成为第一位40岁以下获得这一荣誉的经济学家，而就在获奖同时，联邦政府对他的调查也在进行中]，而那些年事已高、已过学术生涯顶峰的学者则没有这样的资本。与校长保持良好私人关系的人或许也会得到保护。

哈佛对施莱费尔事件的采取的相对主义态度，破坏了哈佛在学生心目中的道德权威。正如德里克·博克校长在1987年所说：

> 如果大学主管部门不愿意解释其政策，不愿意回应公众的批评，人们就会认为学校缺乏道义。学校形象因此变得更加不堪一击。人们将缺乏对学校行为的信任，并指责学校动机不纯。这样，任何加强学生道德教育的努力都将招致讥讽和怀疑。

哈佛行政委员会的建立是学院直接管理全部学生事务这一传统的延续。直到19世纪末，文理学院仍然在统一管理学生纪律。当时的学生和教师数量不如现在多，所以文理学院本身就是一个统管一切的委员会——在同一个学院会议上，既可以讨论某学生发出的音乐声响太大的事情，也可以讨论重大的教育政策问题。

1890年10月21日，哈佛对管理机构进行了调整。分散的哈佛学院和研究生院得以整合。与此同时，董事会改写了学校章程，规定"文理学院可以向由学院教授组成的行政委员会授权，处理日常行政和纪律事务"。而事实上，文理学院确实把所有与学生纪律有关的事务交给了行政委员会，但是行政委员会"必须保证，除非有学院三分之二以上教授投票通过，否则学生不能被开除出学校"。

理论上讲，行政委员会是文理学院的下属机构，但教授们投入到学院事务的精力已越来越少。偶尔他们会被召集在一起就某一名学生的违纪情况进行投票表决。因为不能仅仅凭借过去的工作经验做出判断，于是他们首先要建立一个"理论框架"作为评判的依据。

自从 1953 年开始，直接负责学生事务的是居住在学生宿舍里的主管（deans）。以前，哈佛要求这些主管必须具有博士学位和相当的学术声望，这样他们便可以在自己的专业领域里为各系的学生提供辅导。福克斯指出，他"想尽办法让那些学者担任这些学生事务的主管"。

自从 2003 年我离开哈佛学院院长岗位后，那里的机构成员发生了很大的变化。哈佛学院院长认为自己肩上的责任太重，于是把很大一部分工作交由一位副院长管理——此人获得过商科学位，曾管理过一所商学院。同时引进了一名负责学生寄宿生活的副院长，以监督新生和学生宿舍主管的工作，这位副院长原先也在一所大学负责学生社团工作。一些经验丰富、具有博士学位的学院行政主管离开了哈佛，投奔到其他大学任高级职务。2005 年，就在哈佛招聘一名学生辅导主管的时候，两名长期在哈佛学院工作的领导转而去其他学院负责学生辅导事务了。哈佛学院招聘到的学生辅导主管曾担任一家私营企业的教育顾问，其大学工作经验不及离岗的那两位哈佛学院的领导。

最近哈佛的一项不为人关注却意义深远的变革是：放弃了对学生宿舍主管必须具有博士学位的要求。他们不一定需要有学者身份给学生指点迷津，以便在大学获得一席之地。学生工作经验成为出任宿舍主管的条件之一。一位教授这样解释所发生的变化：在未来，"学生福利、种族问题"方面的经验，将成为学生主管合格与否的标准。言下之意，现在还没有足够数量的博士可以胜任这些学生事务，而从哈佛学院的新发展思想来看，与教师或学者一样，"学生事务"方面的专业人员同样可以出色地为学生提供指导。

现在哈佛已经发展到了这样的地步：第一位"娱乐沙皇"（fun czar）[①]被提拔到一个规划校园酒吧发展的岗位上，取代他原先职务的是一名新的"娱乐沙皇"。2005—2006 学年开始时安排的活动是"哈佛庆典"（Harvard State Fair），而结束的活动则包括"美食嘉年华"、"蓝草乐队"（bluegrass band）演出、铁牛比赛（a mechanical bull）、游戏、吃馅饼比赛、灌篮游戏（dunk tank）。继"娱乐沙皇"后，学校又任命了一位新的"酒沙皇"。哈佛大学的管理层开始是为了实践萨默斯提出的承诺："我们将进一步解决教育的核心问题——增进教师与学生之间的接触。"而现在的结果是：非学术性的官僚制度

[①] "娱乐沙皇"是哈佛从 2005 年初开始任命的专门负责"建立学生社区精神、帮助学生缓解学业压力"的行政职务。第一任"娱乐沙皇"是一位刚从哈佛学院毕业不久的年轻人。——译者注

在管理和取悦学生！那位儿科医生曾经担心，当年的日托中心是否应该为如今大学生的依赖心理负责，现在她应该可以有所醒悟了：哈佛新的学生管理方式继承了日托中心的衣钵。

◆ 哈佛校园的性侵犯问题 ◆

在大学生的"日托教育模式"中存在一个盲区。当有学生被指控犯有性侵犯罪的时候，哈佛学院的处理方式并不能让大家满意。性侵犯案件中并非没有受害人，社会上有很多人对此类事件颇有兴趣，司法介入也时有发生。在处理这类案件时，哈佛明显暴露出其教育上的败笔。学校没有利用这些机会教育学生承担其责任，相反，学院在怂恿学生更加依赖成人权威，造成一种"谁都不用负责"的风气。

在20世纪70年代之前，人们似乎从来不用"性侵犯"一词来描述男女约会时所发生的性关系。因为缺乏目击证人，也没有造成重大人身伤害，所以女性通常无力回击这样的"暗示"：双方开始是自愿发生关系的，但后来女方后悔了；或者女方勾引男方，以图报复或勒索钱财。如果男女双方是自愿在一起的，社会上的人们对此后发生在女方身上的事情不感兴趣了。妇女运动极大地改变了关于责任的话语。在大学校园里，性侵犯时有发生，于是人们开始用一种更进步的观点看待性侵犯问题。在兼顾政治和教育原则的前提下，大学在许多问题上成功地应对了社会公正的进步带来的挑战，在促进种族平等方面也做出了积极的努力。在性侵犯这件事情上，大学也不例外。

20世纪90年代，约会性侵犯问题受到了家长和学生管理的干预，从而朝着意料之外的方向发展了。人们同时希望大学做好几件事情：关心学生、帮助他们解决问题、不干涉他们的行为选择、对男生性侵犯女朋友的事件做出处理。人们希望在这类投诉中大学给予女生平等的成功机会。没有人希望回到旧的时代——那时女性几乎没有发言权，凡是涉及女性的问题，男性总是可以潇洒地脱离干系。

当大学试图兼顾这些要求时，它们也在为此付出代价——"女生应该在性侵害事件中承担责任"的观念被推翻了。虽然，认为女性在这类事件中应该自认倒霉的时代过去了，但现在的大学又认为女生是弱者，不能为自己遭受的不幸承担责任，学校没有让她们在性侵害中承担自己那部分的责任。和其他学院一样，哈佛学院通过模仿刑事司法制度的规定，字斟句酌地订立了自己的规章，以便为约会性侵犯案件的处理寻找理论依据。尽管出于良好的初衷，哈佛还是放弃了自身在这一问题上应承担的义务。

它没有帮助学生成长、学会为自己的生活负责。它没有保护无辜者。学校没有在人们心目中树立这样的信念：学校有能力明确犯罪的概念并惩处这样的行为。它没有教育男女学生如何保持自己行为的尊严。

在哈佛，任何涉及暴力和性的事件都会引起媒体的关注。但只是到 2002 年夏天一个偶然的机会，我才见识了媒体对此类事件报道的影响力有多大。当时，我与妻子在我们位于蒙大拿州西北角的居所度假。此地位于美国最大的一片荒地（除了夏威夷和阿拉斯加）的边缘，距离"邮包炸弹杀手"（Unabomber）①曾经隐身的地点不到一个小时的车程。有一个多礼拜我们一直没有可以搭话的人。后来我们遇见了一位鹿角工匠——我家里现在还挂着他制作的鹿角吊灯呢。我权且叫他巴克（Buck）。巴克是一位很出色的手艺人，说起过去一年鹿角行业的事情，他就能给你娓娓道来。

巴克告诉我，要找到六只可以匹配的麋鹿角有多么困难。然后，他话锋突然一转，问我："嗯，你是从哈佛来的吧？"我忘了是否说过自己的身份。但在蒙大拿的小镇上，很难有自己的秘密可言。无论如何，他一定不知道我在哈佛究竟做什么。于是我回答："是的。"接下来，我本想他会说"自己有一位远房亲戚准备报考大学"之类的话。他却说："噢，你应该为自己的大学感到自豪，你们学校现在处理性侵犯问题的方式比过去强多了。"

我倒吸了一口气："您是怎么知道这事的？"他回答："噢，昨晚我在一档叫《阿布拉姆斯（Abrams）报道》的节目中得知的。"巴克在他位于丛林的房子顶上安装了一个电视天线盘。这时我记起自己应邀参加一次电视节目（最后没有去成）。节目制作人找到了对这一问题持有不同观点的两组观众，让他们在电视上辩论。我还记得当时双方情绪高涨的场面。辩论一方的观点是："性侵犯者无处可逃"，辩论另一方是："很高兴总有聪明人能找到藏身之处"。

朋友之间性侵犯是我任院长期间面临的最大难题。每起案子总涉及太多的情感因素。初次接触当事人，总能激起我们对其无限的同情，但感情不能引导我们找到事情的真相。秘密举行的听证会可能把最私密的细节透露出去。当事的学生、他们的朋

---

① "邮包炸弹杀手"是美国联邦调查局为凯辛斯基（Ted Kaczynski）所起的外号。此人毕业于哈佛大学，后成为邮寄炸弹的恐怖分子，从 20 世纪 70 年代到 90 年代的近 20 年时间里，往大学和航空部门寄了无数炸弹，导致多人死亡和受伤。"邮包炸弹杀手"的全称是 university and airline bomber。——译者注

友或律师会把不完整的信息报告给报纸和杂志记者。关于哈佛回应的报道通常出现在全国性的电视节目中,让全世界成为"判官"。而大学依然需要坚定地保护自己的学生,让他们免于遭受公众的攻击和怀疑。与其他的学生问题不同,在性侵犯问题上,家长和学生通常更容易利用操纵和情绪化的手段,来影响哈佛对此类事件的处理过程。

这类案件之所以特别棘手,还有另外的原因。性侵犯之类的案子很可能找不到最正确的解决之道。在其他问题上,或许第三方可以出来找到公正的方案(虽然不一定完美),或许至少让双方做出妥协,这样解决问题就不至于太离谱,接下来的问题就是如何面对或安抚那些对方案有不满、有对抗情绪的人了。而性侵犯案的处理没有中间道路可以走,没有直接的"正确"答案。例如,一名哈佛学生被指控性侵犯,那么除非能证明他确实有罪,否则学校不能剥夺其受教育的权利。但是如果这样的人依旧住在学校里,一直到他的罪责被宣判,哈佛很可能会纵容一名性侵犯者在以后的数月内继续给其他学生带来危险。即使在有些情形下,学校能找到利益冲突的平衡点,但在其他时候,哈佛并不能一厢情愿地处理事情,州的法律和哈佛的制度有重叠的地方,但在解决同一个问题时,双方的规定也不尽一致。

州政府认为,起诉性侵犯案非常困难,因为除了当事人,一般没有目击证人。刑事法庭调查手段的完善,可以让我们比较容易地确认谁是罪犯。但在大学里,身份的确认通常是没有问题的,问题在于:发生性关系是否是"双方同意"的。"双方同意"概念的不确定性,已经演变成为一个政治问题,其中一些社会组织表现得更进步一些。一些大学已经尝试推进在妇女平等问题上的社会进程。这些学校超越现行法律条例,制订了本校关于性行为的规定,进一步澄清"双方同意"的概念。其中最著名的当数安提亚克学院(Antioch College)的例子。该学院 1992 年规定,从接吻到性关系,任何涉及性的行为,都必须出于自愿并征得口头同意,否则都将受到学校纪律的惩处。出于种种原因,哈佛在这方面落后于时代。但这不足为奇,在妇女教育方面,哈佛从来都在步别人的后尘。

1869 年,埃里奥特担任哈佛校长时,世界上其他地方已经在涌动妇女上大学的潮流了。但是埃里奥特觉得哈佛接纳女性学生是没有脸面的事情。他认为:"让几百名已到结婚年龄的男女学生同住一处,管理起来难度很大。我们需要安排警力维持治安,这会给学校增添额外的负担。"在埃里奥特看来,即使要讨论妇女是否有"内在能力"读大学这样的问题,也要再经过几代人在社会平等方面的发展。30年后,在威斯莉(Wellesley)女子学院院长的就职典礼上,埃里奥特更详细地阐述了自己关于妇女不适合读大学的论调。他在这次大型讲话中指出:"如果女性和男性在智力上的差别,不如他们在体能上的差别那么大,那简直是一个奇迹……大家都知道,与男性比较,女性的影响力主要体现在她们端庄的举止、细腻的情感、含蓄中透露单纯。"虽然在1899年,离哈佛校长此番居高临下的讲话已经过了一段时间,布林·玛尔女子学院(Bryn Mawr College)院长凯瑞·托马斯(Carey Thomas)依然感到愤愤不平。

因为哈佛的领导如此,这里的妇女教育起步迟缓也就不足为奇了。1872年,一群来自波士顿和坎布里奇的年轻女子开启了哈佛学院女子教育的先河,她们成了哈佛的一支"附属力量"(Annex)。根据协定,哈佛的教授向女学生复述他们给男学生上过的课程,并获得额外的报酬。这种情况在1893年拉德克里夫女子学院成立后依然在延续。我记得伟大的数学家加勒特·伯克霍夫(Garrett Birkhoff)的妻子曾经告诉我,拉德克里夫女子学院曾经是教授轻松赚外快的地方(gravy train),因为他们只要从哈佛课堂出来,走过几个街区,重复刚刚讲过的内容就行了。

一直到20世纪,妇女教育在哈佛都遭到了强烈反对。我母亲1935年在密歇根大学医学院就读,而哈佛医学院直到十年后才开始招收女生。直到1943年拉德克里夫学院的女生才有机会和男生在同一教室听课,但这并不是因为哈佛的教育思想进步了,而是出于经济条件的考虑——第二次世界大战的征兵,让哈佛的课堂空空如也。妇女在哈佛的屈尊地位一直在延续,而常春藤联盟的其他院校正在实现男女同校。1967年我妻子在拉德克里夫女子学院读二年级时注意到了一个尴尬的现象:头一年的政策已经改变了,所以她可以与男生同在一个图书馆看书——但也只是看书而已,哈佛忘记在那里建一个女洗手间。

男尊女卑的局面直到1999年才在哈佛彻底消失①。但女性是弱势群体的观念还是根深蒂固。虽然女性在积极改善自身地位,但她们依然需要获得男性的认可。教育的目标是帮助学生成长,向他们灌输为自己行为负责的思想。但美好的初衷却在妇女

---

① 就在1999年,拉德克里夫女子学院的历史正式结束。在此之前,该学院是独立的机构,根据与哈佛大学的协议,它与后者共同实施男女同校教育。拉德克里夫女子学院的文凭是由学院院长签署的,与哈佛大学颁发给男生的文凭略有差别。但在1999年,拉德克里夫女子学院并入哈佛大学,并改名为"拉德克里夫高级研究院"(the Radcliffe Institute for Advanced Studies),成为与法学院、商学院等学院平级的机构,同时,拉德克里夫女子学院院长职务和董事会也不复存在。作者曾向译者表示,1999年之所以成为哈佛女性教育的一个里程碑,是因为从此女生获得的文凭和男生完全一样了。——译者注

教育中演变为"娇惯"女性。20世纪70年代的一场运动旨在争取和保护妇女的权力和独立，而最终这场运动却教育了她们：在女性问题上，她们无力控制发生在自己身上的事情。

和其他事情一样，在处理性行为不当的过程中，责任感缺失的问题由来已久——虽然与哈佛大学本身相比，这段历史不算太长。但是还是有几件重大事件值得关注。

◆ 从一起性侵犯案到"校园性侵犯"的概念 ◆

1973年，一位来自拉德克里夫学院的研究员（也是一位哈佛大学教授的妻子）在遭到性侵犯未遂后，被残忍地杀害于哈佛广场附近的一条大街上。案发前，针对已经出现的一系列校园暴力事件，哈佛成立了专门的委员会，谋划加强安全的措施。现在遇到了这样的事件，加强校园安全更显迫切性。该委员会发现，关于哈佛校园内性侵犯的"报道力度明显不足"。哈佛卫生服务中心建立了一套设施，以治疗那些性侵害中的受害人。有人从这起案件中看到了深层次的政治意义。比如，他们认为，将来减少此类事件发生可能性的办法，在于"建立一个真正的社会和性别平等的社会"。只有极少数人的目光投向了男女同校的切身感受上。写给《深红报》的一封信是这样说的："想到有那么多的性侵犯事件每天在自己身边发生，想到有无数学生被胁迫屈从，被同伴'真切'、'蓄意'和'非法'地性侵犯了，我不寒而栗。"拉德克里夫学院"妇女教育处"在那年春天就针对女性侵害问题，组织召开了一次研讨会，邀请了法律界、医学界和警察事务专家参加，但会议的焦点是街头犯罪。

1980年秋季，哈佛学生第一次加入了"还我夜行权"（Take Back the Night）[①]的游行活动。哈佛学生在运动中打出了具有影响力的宣传口号，内容既有政治色彩，又具有现实针对性。"虽然男人已经并将继续可能对妇女实施性侵犯，但妇女没有必要无休止地忍气吞声，不能因为担心被性侵犯而放弃自己出行的自由，现在是还我们夜行权的时候了。""只有妇女拥有自由，男人才能获得解放。""我们必须伸出援手，帮助妇女认清她们毋需为性侵犯背上包袱。她们应该向公众表达自己的愤怒，积极地影响社会的变革。"但是这里抨击的性侵犯者都是指陌生人，而不是自己的同学。受害人通常会有愧疚感，因为她们觉得"当有人闯进来的时候，自己不该独自睡觉；或者不该独自

[①] 20世纪70年代开始的国际范围反对针对妇女暴力的运动。——译者注

从图书馆走回家"。拉德克里夫院长马蒂娜·霍纳（Matina Horner）拒绝为这类抗议活动出资。据报道，她不认为示威游行可以解决问题，示威游行不是最终的解决之道……这无法改变导致妇女受侵害的权力结构和人们的态度。集会组织者想出了一些实用的办法，以防止他人的袭击：使用泛光灯、加强警察巡逻、起用女性管理人员、开设女子防身术课程等。这些建议后来都在校园落实了。此后，这项游行活动每年都要举行。哈佛全面负责妇女教育后，哈佛的行政部门也开始支持这项运动。

至此，性侵犯问题差不多每四年就会被提到学校的议事日程上——有时这个问题要酝酿三年才出现，有时则是五年，但并非每年如此。不同年份提出性侵犯问题的背景各不相同，每次学校回应这一问题的角度也不一样。

但"谁应该负责，为什么而负责"的问题，是一个常说常新的话题。它随时可能浮出水面，成为人们议论的内容。一开始，性侵犯案件的责任是清楚的。当陌生人袭击妇女时，后者不需要承担任何责任。妇女和其他有关部门可以采取一些技术和政治的措施，预防事件的再次发生。但毫无疑问，最终受遣责的应该是实施性侵犯的男性。哈佛学院可以提供安全保障和相关的教育，这些都是实现妇女自主的前提。

直到 1983 年，公众才开始意识到实施性侵犯可能是受害者的熟人、朋友或恋人。哈佛全面负责拉德克里夫女生教育一年后，哈佛大学卫生服务中心于 1978 年发行了一本小册子。在 1983 年的版本中，该册子第一次引用了"熟人性侵犯"的词语，并指出此类事件通常未予披露。小册子的编者们把性侵犯称为"暴力"和"具有政治性"的。他们改变了过去人们对受害人的看法。他们称受害人为"幸存者"，意在强调"被性侵犯者在案发后不再孤立无援"。女性可以求助于司法程序，但女性是否可以从学校纪律那里获得援助，则不得而知。另一方面，因为像"熟人性侵犯"或"约会性侵犯"之类的概念从来没有出现在刑事司法制度中，马萨诸塞州在处理这类案件时，采取了和其他性侵犯案相同的方式，处罚方式也一样（包括长期监禁）。然而，这些年还没有出现过成功起诉哈佛学生的案例。

1986 年，哈佛成立了一个名为"回应"（Response）的学生互助咨询小组。三年后，该小组报告说："每天晚上她们都能接到一两个电话"，都是关于哈佛学生性侵犯和其他性攻击行为的。这些咨询人员"自己也是性侵犯或性骚扰的幸存者"。她们报告说："绝大部分打进来的电话都是关于性侵犯的……而实施性侵犯的多数都是哈佛学生。"在谈到为何求助于哈佛学院的纪律制度那么困难时，一位负责咨询的学生说："很不幸，大部分时候，案发时间相隔太久远，证据全无，因此起诉的意义不大。"艾伦·霍内特（Ellen Porter Honnet）是负责这方面事务的哈佛院长助理。她在谈到这一问题时指出："虽然人们通常会对受害方寄予同情，但两位当事人对同一事件各执一词，让我们很难判定谁对谁错。"

根据一名学生的请求，哈佛于1986年秋季开始，第一次向大学新生开设"防止性关系中的被动行为"的课程。授课教师面对约200名听课的学生说："我们中的很多人遇到性侵犯时，并没有采取果断措施。如果你对此类问题只字不提，恰好给罪犯以可乘之机。"学院有一套纪律制度，但学生和院长们都认为这些都于事无补。如果学生遇到自己无法处理的性关系问题，哈佛学院事实上是可以有所作为的。

1990年是一个分水岭。那一年的9月份，《波士顿环球报》报道说，约会性侵犯现象在哈佛及其他院校十分普遍。报道说，相关的教育和干预措施随处可见。但男生们普遍对此置若罔闻。一些负责预防工作的人士不断指出，关键问题是约会双方如何交往。布朗大学的一位女生咨询员说："我们应该教育大学生如何在性关系上进行沟通。这方面我们应该有所改善。"《波士顿环球报》在一则事件报道中强调了饮酒是约会性侵犯中的重要因素——此类事件此后层出不穷。

一名男生和女生共同参加了聚会。两人都喝得酩酊大醉，又拼命地抽烟。这名女生的同学听到她请那名男生一起到她房间去。走进房间后不久，那位女生说自己脑子里一片空白，记忆全无。接下来她能记起的事情是，发现那名男生正与她发生关系。女生一度认定，这就是约会性侵犯。而男生则说在失去记忆的这段时间里，她是同意发生性关系的。女生的同学说，她们很惊讶她将这件事情称为"性侵犯"，并且说，有很多次她们也喝醉并与男友发生了关系，而在清醒时她们是绝对不这样的。过了一段时间，那位女生决定放弃对整个事情的追究。

1990年10月26日，《深红报》关于约会性侵犯的一篇专题报道"一石激起千层浪"。当时哈佛学院院长朱厄特（L. Fred Jewett）的一席话引发了随后几天的抗议活动。针对学院行政委员会听证会上的几起性侵犯案，朱厄特说："当人喝醉酒时，他们或许无法记得自己说过同意与否的话。喝醉酒的人通常神志不清、言辞含糊，于是我们遇到了这些案子。"该院长如此表态，而历任男院长也认为，当女生无法斩钉截铁地回绝时，容易犯"迷糊"。人们指责这些言论传达出学院领导层"一贯怪罪于受害人"的态度。人们指控院长们的观点为那些被人唾弃的"似是而非"的说法提供了一个注脚。

朱厄特辩解说，他的意思被断章取义地理解了。他说自己的话与那些试图向哈佛师生澄清事情真相的活动分子的想法一致。但这样的辩解无济于事。有人打出标语，鼓动学生"攻击朱厄特"，接着发生了烛光守夜和占领大楼的事件。朱厄特书面向全哈佛师生澄清自己的立场，但造成的影响已覆水难收。朱厄特组成了一个被称为"约会性侵犯工作小组"（Date Rape Task Force）的委员会。该委员会的任务就是完善学院纪律制度，明确约会性侵犯的概念，同时加强对学院行政人员"敏感性"的培训和教育。

"约会性侵犯工作小组"的组长由霍内特院长助理和一名曾经张贴"攻击朱厄特"标语的学生共同担任。成员包括由组长选拔的13名女生和4名男生。经过一年多的精心准备，1992年2月，工作小组提交了一份建议书，把性侵犯界定为"在没有明确表示个人同意，或伴随暴力，或以身体伤害相威胁的情况下，发生的任何性行为"。这一界定符合安提亚克学院所提出规则的基本精神：除非当事人表示同意，否则性行为就是性侵犯。

这种"除非……否则所有性行为都属于性侵犯"的界定方式引起了全校范围的争议。本科生自治组织"公民自由联合会"（Civil Liberty Union）和学院行政委员会都倾向于使用"如果……就属于性侵犯"这样的表达——这有点像"公民自由联合会"曾经提出的一个法律措辞——如果不顾受害人已经表示不愿意，另一方还与之发生性行为，就属于性侵犯。但工作小组认为，这样界定会让女性承担那些在其他犯罪案件中不可能承担的负担。提出"除非……否则所有性行为都属于性侵犯"界定方式的人，希望避免责任确定中的模糊不清，以后学校诉讼的重点就不再纠缠于妇女是否愿意的问题，而是确定她所说的话是否可以帮助免除男性在其中的罪责。

哈佛顶尖的法律专家开始行动了。关于哈佛是否可以超越州政府，确立更为宽泛的关于性侵犯概念的问题，法律专家亚瑟·米勒（Arthur R. Miller）认为："哈佛大学确立与州不同的关于约会性侵犯的定义，并非没有道理。学校和州的活动环境不同。"而法学教授阿兰·德什维兹（Alan Dershowitz）的态度更为谨慎一些。他指出："有关性侵犯的法律概念一直处于变化之中，涉及的问题相当复杂。要制定相关的规章，必须邀请专业人士参加。而目前参与讨论的基本上是一些热心的业余人士。"

就这样，辩论又进行了一年。最后，"如果……就属于性侵犯"的界定胜出。朱厄特向文理学院解释说，这里的措辞纯粹是从法律角度界定性侵犯的。而《深红报》这样评论此次争论的结果："处理约会性侵犯问题的官僚主义已经……动摇了学校基层的力量，也耗尽了大家的斗志……整个过程显得虎头蛇尾。"

性侵犯案在校园犯罪案件中情况比较特殊。学生性侵犯案具有这样两方面的特殊性:第一,犯罪情节特别严重,如被判有罪,可获长期监禁的处罚;第二,如果没有受害人的配合,这类案子无法起诉。

当两位哈佛学生从哈斯蒂·普丁演出公司(Hasty Pudding Theatrical Group)窃取10万美元后,哈佛没有征求该公司的同意,就向州当局报告了案情。哈佛直接给警察局打了电话。如果学生犯了武装抢劫罪,哈佛也不会征求受害人的同意,就通知警察了。法院判决前也不会考虑受害人是否想让抢劫者免罪。而性侵犯案的情况则不同。除非受害人自己提出要求,否则哈佛学院不会考虑让刑事当局接受学校的案子。如果被害人不提供对嫌疑人不利的证据,地区律师通常也不会对这类性侵犯案提起诉讼。

因此,在熟人性侵犯案中,被害人可以选择直接将责任人告上法庭,也可以将其提交学院行政委员会处理。如果学院行政委员会得知案件已提交法院审理,它就会等到法院结案后才结束对此事的处理。尽管如此,受害人的上述两种选择并非相互排斥。有人建议,在将案件提交行政委员会前,起诉方应保证不上诉法院。但行政委员会并不规定原告在采取任何行动之前,必须放弃通过刑事途径为自己争取法律权益。在马萨诸塞州,性侵犯罪的最高刑期是15年。因此,考虑到各种现实因素,我们不能肯定地说,这类案件不会由法庭审理;受害人不想追究刑事责任的想法,也并不说明她不采取这样的行动。

很久以前,我就知道,院长建议当事人在刑事和行政委员会之间作出选择是一项左右为难、吃力不讨好的工作。如果我们建议女生把问题提交行政委员会处理,人们就会认为我们试图在一起重大的罪行中袒护性侵犯者和学校的声誉;如果我们建议她诉诸司法手段,又有人出来说我们只顾将学生交由冷酷的司法程序,而没有通过纪律手段教育自己的学生。所以,对于到我这里来寻求咨询的女生,我都会告诉她们三思而后行。我会尽量客观地向她们分析学院行政委员会的工作方式及其可能产生的结果。同时建议她们到专家那里去咨询有关本州起诉性侵犯案的司法程序的特点。应该允许她们有足够的时间来思考这些问题。鼓励她们与更多的人交流看法,以便决定是否两者举其一,或者采取其他途径。但是除了客观地向她们提供各种解决途径的利弊得失或成败可能性外,我们不能强迫她们选择某一途径——这样做对谁都没有好处。

学校试图在原告、被告、哈佛大学和州等各方之间取得微妙的平衡,但这也招致很多人对学校的愤恨。这种"面面俱到"的做法很难真正教育学生——毕竟,学校纪律制度的宗旨是教育学生。受害人及其支持者希望通过司法渠道"报复"性侵犯者,但哈佛学院无法向州提供确凿的证据。被告无疑希望为自己辩白,如果真的无罪,至少想免于惩罚。当大学需要自己裁定一宗性侵犯案时,学校纪律制度倡导诚实的理想,与大学追求"两全其美"的做法发生了冲突——无罪一方不信任司法制度,而有罪的一方也不愿意"自证有罪"(self-incrimination)①。哈佛学院越是考虑双方的关系,就越容易成为双方的敌人,学生从事件中获得关于责任感的教益也越少。

◆ 诚实与"自证有罪" ◆

任哈佛学院院长的第一个春季,我曾对一起发生在光线好、行人多的区域的袭击女学生的事件,措辞谨慎地提出疑问:"学生,特别是女学生,应该结伴出行。除此之外,我们还能说什么呢?"此言既出,立即招致妇女团体的强烈反响。一名妇女代表说:"让人们如此关注学生的行为,实际上就等于说:需要改变的是学生的行为,这也意味着:从某种程度上说,造成袭击都是她自己的错。"如同当年的朱厄特院长一样,我也被指责为在"责怪受害人"。

我的初衷是为了减少性侵犯案的发案率,所以我提醒女生加强自我保护。但是这一举动被理解为我把责任推卸到了本来没有责任的人身上。女生本来能够在晚上独自出行,因此人们认为我没有必要提醒学生晚上一定要结伴而行——这样做反而替性侵犯者开脱了罪责。但是我为维护校园安全的良苦用心被视为放弃将罪犯绳之以法的责任,却让受害人承担袭击的责任。

1999年2月,一份学生出版物《视点》(*Perspective*)发表的匿名访谈文章披露了两宗性侵犯案。文章中提及了一名叫N的女学生,在那年春季,她遭到了同学的性侵犯。她说,那位学生利用她熟睡之际性侵犯了她。N向文理学院行政委员会提出了投诉。委员会要求那位男生离校,于是向文理学院建议该男生应该被劝退。得知委员会做出这样的提议,N说她当时就大为光火,因为一般情况下,这样的提议会在学院全体

---

① 自证有罪就是指,在遭到强制、威胁或诱骗等不当、非法手段时,被告人证明自己有罪或做出认罪供述的情形。——译者注

会议上被投否决票，那位男生可以重新获得入学的机会，而不是被开除（一旦被开除，就将成为一项无法撤回的判决）。她在采访中说："我哭着离开了学院行政办公室，径直奔向自己的房间，立即打电话将此事诉诸法院。"经过一番请求，地区检察官迅速提出了诉讼。迫害 N 的男生承认对自己一项恶意攻击和殴打罪行的指控。他被判处了 5 年监狱外刑期。其中头 18 个月必须带上电子遥控的手铐。如果在未来 20 年内回到马萨诸塞州，他必须以性侵犯者登记自己的身份。

访谈文章一经发表，立即引起轩然大波。文理学院一直没有就这两宗案子达成最终决议。《深红报》则认为："对于涉案的两名女子来说，官方的不作为是令人惊讶和震惊的。"毫无疑问，在当年《深红报》编辑的心目中，对性侵犯案只有一项措施是合适的——那就是开除犯罪的学生。而作为纪律制度，这项措施已经有近 60 年没有采用了①。我曾建议，因为处罚的不可逆性，文理学院应该停止使用开除的手段，因为出于同样的原因，很多国家都已经废除了死刑。但也有人认为，这两者不具可比性。

3 月，威廉·保罗（William Paul）教授向《深红报》披露，事实上开除袭击 N 女生的那位男生的问题已经在上一年的 10 月 20 日的学院会议上讨论过了，但没有达成决议。保罗教授说："会议讨论了很多问题，没有一个问题达成决议。大家的发言东拉西扯的。"他指出，一些教授认为实施袭击的学生"已经在学院行政委员会面前供认自己的罪责了"。他解释说，自己和其他一些教授也认为，不应该将学生开除，但可以让他休学一段时间，以表明学院对这一特殊事件的重视。在考虑将决议提交学院全体教授会议表决之前，由 18 人组成的教授委员会（faculty council）在处罚量刑上产生了分歧。有 5 名教授（其中包括 2 名女教授）认为，性侵犯的事实是成立的，但事情的起因是那位男生的一时糊涂。他们认为应该就女生在案件中是否有被胁迫或主动行为，男生案发后是否有认罪和悔过表现等问题分别进行调查。他们反对开除男生，指出："性侵犯案不是千篇一律的，其中的前因后果各有千秋。我们可以想象对性侵犯者课以尽可能严厉的惩罚，但我们相信本案不属于这类性侵犯案。"

但是，对那位男生的怜悯之心并没有形成气候。经文理学院最后投票，袭击 N 的男学生还是被劝退学。1999 年下半年，文理学院劝退了另一起性侵犯案中的袭击者，只是这一次的过程没有前一次迂回曲折。

---

① 在过去，开除的处罚只是针对那些在入学时顶替他人或假冒根本不存在的人名的学生，如今这项措施已经很少用于入学过程中的欺诈行为了。——作者注

文理学院因整个事件而麻烦不断，现在总算有一个了结了。但是两宗案件引出了人们对"约会性侵犯"这一一般性概念的讨论。哈佛的顾问、当地的报纸、全国性的出版物都在发表观点和评论。其中有些评论合情合理，有些则是胡说八道。但是无论是描写两事件真相的公开报道，还是法庭记录，都无法证明两对学生在事发当晚正在约会，也无法证明他们过去曾经有过约会。我逐渐领悟了这些语言中的政治学含义。一直被广泛使用的"约会性侵犯"，原来并非一定针对约会双方。之所以用"约会性侵犯"一词是为了提醒大家：性侵犯不仅仅指"在黑暗街道上，由陌生人对妇女实施突然袭击的行为"。现在的用词将人们的注意力转移到了性侵犯及性侵犯者本身，强调了犯罪情节之严重。所以，人们一般会突出事件发生在昏暗的街道上，全然不顾事发当时双方是否有亲密关系。正如《波士顿先驱报》（Boston Herald）报道的那样，一些学生认为学校劝退（dismiss）学生，而不是将其开除（expell），表明"哈佛并没有把约会性侵犯与其他犯罪等量齐观"。

袭击 N 的学生退学后，人们开始设想这样一种可能性：该学生当时与哈佛学院配合，在刑事司法程序中自证有罪。他向学院行政委员会认罪，其认罪声明交由 N 审阅，并听取她的意见，然后 N 将认罪声明提交刑事司法当局。即使这一切没有发生（一家报纸说，那位男生已经向 N 写了道歉信），那么，N 在访谈中描述的事件过程，更有可能促成这样的结果：呈送给学院委员会的认罪声明，以后将被用于作为指控学生的依据。这样，米勒教授所谓的哈佛学院和州是在"两个不同领域"活动的说法，就站不住脚了。

一个委员会专门研究了这个问题，并在第二年推出了新的性侵犯案处理程序。正如文理学院秘书解释的那样："院长们将根据需要，积极鼓励学生求助律师。对于那些犯罪情节特别严重的学生，则应该将供词记录在案。"

因为学院行政委员会不清楚是否会先期启动刑事司法程序，于是遇到有投诉学生违纪的情况，哈佛学院就采取一种糟糕的"混合式"程序。通常院长会把违纪的学生叫到办公室，询问一下所发生的事情，同时告诉他应该坦诚地交代事实。但当院长觉得事态可能导致严重犯罪的判决时，他就会把学生叫到办公室，说明问题的复杂性，并且告诉学生在咨询律师之前保持沉默。事情的处理在按部就班地进行，但是背后多了律师的操纵——律师会帮助学生起草在行政委员会面前发表的声明，律师会告诉学生什么样的个人形象将代表什么性质的行为后果。毫无疑问，提出投诉的女生也感觉需要聘请律师，只有这样才能与被告有公平的起点。最终，行政委员会手里同一案子里的双方都聘请了律师——而与此同时,他们被告知,诚实和公开是这所大学倡导的价值观。

◆ 审讯变成惩罚 ◆

1999年文理学院处理的这两宗案子引起了多方面的争议:有人认为,对当事人的处罚太轻或太重;有人认为,如果当初没有人怂恿那位男生招供,在他的档案里就不会留下犯罪的记录,哈佛学院应该为此事承担责任;还有人认为,如果能及早落实教育和预防措施,袭击女生案件就不会发生,哈佛学院应该对此负责。不管怎样,校园又恢复了往日的宁静,哈佛校园性侵犯事件也从媒体报道中消失了。

两位哈佛学生被劝退的消息家喻户晓,也带来了意想不到的效应。仅在2000—2001这一学年中,学院负责纪律的有关部门就举行了七次关于不当性行为的听证会——而在过去十年间,哈佛学院总共才举行过13次有关的听证会。这显然在告诉人们:哈佛的纪律制度绝对不是不近人情的。

在绝大多数新近发生的案件中,人们都无法判断事件的真相。通常情况是,案件中唯一的目击证人就是当事人,而且通常两人都喝醉了,对所发生的事情记忆模糊或不完整。在裁定投诉案件的过程中,人们争论最多的问题,不是双方是否发生了性行为,而是发生性行为时,女生是否饮酒过度。投诉人会援引1993年文理学院投票通过的关于酗酒问题的一段声明:"性侵犯也应包括以下情境中发生的性行为(但不局限于此):当事人因服用酒精或毒品,导致不能表达'不愿意',或者因此而无力反抗者。"

一些投诉人表示,当时饮酒很厉害,无法证明自己的状态是否符合"不能表达不愿意"的标准。而被指控的袭击者则反唇相讥,虽然投诉人当时喝了酒,但是她喝酒可不是别人强迫的。在任何时候,她都有能力表达对性关系的"不愿意"。如果女生在刚有醉意时发生了性关系,那不能称作性侵犯;如果她是在酩酊大醉、没有知觉的情况下发生关系的,就存在性侵犯的可能性。哈佛现在的任务就是确定女生当时的醉意程度,从而决定是否要放过这位男生。

情况在往错误的方向发展。我不是说我们的纪律制度本身,而是说发生性行为的社会环境发生了变化。几年前的一场运动号召妇女以"洁身自好"作为自我防卫的武器,而现在我们却在鼓励妇女为自己的无力自控而辩护!

伯特兰·罗素(Bertrand Russell)曾说,人生而无知,但并非生而愚笨;他们是被教笨的。现在我们的妇女教育似乎印证了罗素的话。大家都不曾想，在处理性侵犯问题时，哈佛竟然试图证明女生的醉酒程度。她们酒醉无法自控的说法，是学校围绕约会性侵犯问题的一系列工作导致的结果。哈佛在帮助她们开脱责任。

2000—2001学年间发生的七宗案件，无一符合"不能表达同意"的标准。通常情况是投诉人"当时尚可以表达自己的意愿"。在几个案子中，投诉人迟迟未报案（因为双方都喝了酒，她自己对投诉的意义也表示怀疑），因此，让目击证人举证也因为事过境迁而变得困难重重，而且在投诉者决定是否需要对簿公堂的过程中，证词会因为反复叙述而被歪曲。其中有一个案子，女生在解释为何对指控男友犹豫不决时，这样对院长说："如果我那样做，他就再也不会娶我了。"

因为没有确凿的证据，2000—2001年间的大部分案件都成了"无头案"。事实上，经过数十小时的举证，学院行政委员会只是确认了一下原先的指控而已。院长们不愿意劝说女生放弃对案件的深究，怕这样做自己会被指责为"缺乏敏感性"或遭到其他更严厉的批评。男生则会听从律师的建议，即使确实有罪，他们也不会认罪。

学院行政委员会深刻地意识到，自己实施审讯，实际上比什么都不做更糟糕——审讯的结果是破坏性的。当女生指控其男友时，即使无法证明性侵犯罪成立，她也希望"看到他难堪"。这一现象必须改变。在刑法领域，如果没有证据，检察官是不能指控谁的。但在哈佛的工作条例中没有这么一项——"约会性侵犯工作小组"制订的原则是：一旦有人投诉，司法机器就自动开启了。学院行政委员会无法明确罪责所在，致使投诉人乘兴而来，败兴而归。纪律制度最终还是演变为一种惩罚的手段。

◈ 哈佛性侵犯问题波及全国 ◈

在2001年院长年度报告中，我解释了校园性侵犯问题。这份报告被放在了哈佛的网站上，并被广泛传阅。学校成立了一个由资深教授组成的委员会，对性侵犯问题的处理程序提出修改意见。该委员会提议，除非"学院行政委员有证据，可以对案件事实作出合理的评价"，否则，委员会就不能召开听证会。《深红报》发表评论，一针见血地指出："从9月份开始，学院行政委员会将对性侵犯案件事先作出评估，以确定调查工作是否有助于形成最后的决议。"作为审查学院所有规章制度的组织，文理学院委员会通过了这一提议。2002年5月，当我向文理学院解释该提议时，在场没有人提出异议，于是在确认哈佛学院其他规章的例行口头表决中，该提议也一并获得通过。

表决的第二天，《波士顿环球报》发表头版报道，标题为"哈佛要求性侵犯案件出示更多证据"。新一轮反对浪潮随之而起。有人立即组织起示威活动反对改革。宣传此举为哈佛一大倒退的传单在校园散发。一些教授报告说，学生经常把他们叫出去询问性侵犯的问题，而以前我从来没有听这些教授谈起过这类事情。还有人声称，学院行政委员会正试图脱离与这类案件的干系，让那些已经遭到性侵犯的女生自己寻求保护。

并非所有新闻报道都是负面的。《奥兰多卫兵报》(Orlando Sentinel)专栏作家凯瑟琳·帕克(Kathleen Parker)文章的标题是"警惕：常识在哈佛成了麻烦"。凯西·扬(Cathy Young)在《波士顿环球报》撰文："即使有法律依据，赤裸裸地剥夺被告权利的做法也是极其不公平的。如果哈佛的新政策能成为改变这一传统的转折点，那将是真正性别平等的一大胜利。"我个人最欣赏的，是普利策奖获得者艾琳·麦克纳马拉(Eileen McNamara)所作的一则评论[1]。她将哈佛围绕约会性侵犯案的斗争，与天主教会未能将牧师的性行为不当绳之以法联系起来[2]：

处理犯罪是警察部门，而非大学纪律委员会或教会领导人的事情。大学纪律委员会或教会领导人往往因袒护自己组织的声誉而无法做出正确的判断，他们甚至不惜牺牲学生或受圣餐信徒(communicants)的利益。在哈佛，对犯罪问题的处理脱离了正确的轨道。问题的关键不在于学校处理性侵犯案件的方法，而在于哈佛认为自己理所当然的有权处理这类案件。法律的触角不会止步于教区长的门口，同样也不会止步于哈佛园(Harvard Yard)的门口。天主教的此次危机，至少让我们认识到由机构内部处理犯罪案件的荒谬。

如果我们能设法帮助原告拿起法律的武器，一切问题都解决了。有人认为，就像劳主教可以支配天主教的遗风，我也可以支配哈佛学院及其学生。但我们不能据此认为教会的情形可以和哈佛相提并论。

---

[1] 普利策奖为美国最高新闻奖，1917年根据美国报业巨头约瑟夫·普利策(Joseph Pulitzer)的遗愿设立。——译者注
[2] 波士顿教区大主教伯纳德·劳(Bernard Cardinal Law)曾因长期庇护大批教区内奸污和猥亵几百名儿童的神职人员，而使波士顿教区遭到450项虐待儿童的法律诉讼。2002年，在巨大压力下劳主教被迫辞职。——译者注

学期快结束时，该发生的事情还是发生了。我接到上级领导的指示：因为有教师反对，学院正着手组建另一个委员会，研究校园性侵犯问题。这样教师们扬言要废止"寻找证据"的新政策的呼声也消失了。

但事情还没有结束，2002年夏天，波士顿的一名律师向美国教育部民权办公室（Office of Civil Rights）提交了一份诉状，声称哈佛大学的新政策违反了《教育修正案第九条》关于禁止性别歧视的规定①。该律师称，哈佛是"第一所以书面方式认定妇女的言辞不足为信的大学"。言下之意，在男性侵犯女性的案件中，如果人们假定：除非男性被证明有罪，否则就认定他是清白的，那么将在整体上导致对妇女的歧视。

教育部民权办公室同意就此诉状展开调查。它集中了哈佛的法律系和哈佛学院的一些官员，以及数目不详的联邦律师和政府官员等方面的力量。尽管事先这些调查人员无法确切知道究竟发生了什么，但这项调查还是试图判定哈佛是否有必要对每一宗约会性侵犯案进行全面听证。哈佛学生的家长为此调查付出了双重代价——作为纳税人，他们在为联邦政府的官员埋单；作为子女学费的支付者，他们在为哈佛的官员埋单。这件事情还成为了全国性的新闻，居住在深山老林边缘的那位鹿角匠也能通过MSNSC的电视节目②，收看到这条新闻。

在展开调查的一年中，这一事件在女性主义媒体上被炒得沸沸扬扬。2003年4月，教育部民权办公室对哈佛大学的这项"预先筛选"政策给予了肯定："民权办公室调查发现，根据哈佛学院现有的情况，新的政策带来的变化没有给性侵犯的投诉设置障碍。她们仍然能快捷、公平地获得解决问题的机会……《教育修正案第九条》并没有禁止使用正当程序（due process）。"③哈维·席尔瓦格雷特（Harvey Silverglate）在其机构的网站上刊登了教育部民权办公室给萨默斯校长信的全文，其中提到，这是一场"争取基本平等权利的胜利"。而原先提出诉状的律师也以自己的方式宣布了胜利。一时

---

① 1972年通过的《教育修正案第九条》（*Title IX of the Educational Amendments*）规定，接受联邦经费的任何教育机构都不能有性别歧视行为，这包括几乎所有的公立学校和大学。——译者注

② 1995年，微软公司和美国国家广播公司合作创办了MSNSC，其全称为Microsoft/National Broadcasting Company，是一个综合性的24小时新闻频道和在线服务供应商。——译者注

③ 正当程序，或"法律的正当过程"（due process of law），规定于美国宪法第五修正案，并通过第十四修正案适用于各州。正当程序条款在司法审查中得到广泛地运用。根据适用的对象的不同，可以将其分为实质性正当程序（substantive due process）与程序性正当程序（procedural due process）。实质性正当程序指当政府剥夺公民的生命、自由或财产时，必须提供充分的理由以证明其行为的必要性和正当性。程序性正当程序的核心则在于：对政府权力的行使施加最基本的程序性要求，即政府权力的行使过程必须满足某种最低限度的公平。——译者注

间,似乎皆大欢喜。

但事实并非如此。一份网络报刊《妇女在线新闻》(Women's eNews)认为,哈佛的政策改革是全国性大学校园企图掩盖犯罪真相的一部分。学校性侵犯调查委员会在发布的报告中,提出了后续的教育计划,并建议在哈佛成立由2名全职和1名兼职人员组成的"性侵犯预防和应对办公室"(Office of Sexual Assault Prevention and Response)。但哈佛学生领袖立即提出要对"性侵犯案件的处理程序进行全面评估"。虽然至今未有动静,但谁知道将来会发生什么事情。

对哈佛的校园性侵犯问题的争论一度得以平息。但问题的解决并不理想,其结果也未得到巩固。哈佛在教育女生们:她们无须为自己的利益负责。哈佛试图完善现有的法院和法律制度,但它并没有成功。哈佛忘记了自己的使命在于教育,而非司法公正。

◆ 教育失职 ◆

如今的校园环境充斥了政治因素。责任感问题是一个"零和游戏"。如果一名女生声称自己遭到了性侵犯,那么此举仅有的积极意义也会遇到重重阻力。在当前的校园环境下,我们不可能把所有的责任都推卸到性侵犯者身上。我们也可能敦促其他女生采取简单的预防措施,避免袭击事件的发生。但即使你是想提醒女性不要与不愿发生性关系的男性脱衣同床,也会被描绘成危险的尝试——这样会把人们的注意力从性侵犯者的行动转移到受害者的行为上。

以前我没有领会"零和游戏"的涵义。直到我出席了一次学生会议后,我才恍然大悟。那次会议的目的是起草一份加强预防校园性侵犯教育的建议。我对建议中没有提及饮酒问题表示惊讶,因为经验告诉我,每一起校园性侵犯案都至少涉及一名酒醉者。清醒的哈佛学生很少有卷入性侵犯事件的。所以我认为有必要通过实例,告诫学生酒精容易引起性行为不当。但后来我被告知,饮酒问题之所以没有被提及,是因为:女生是否喝酒与某一行为是否构成性侵犯无关。女生喝酒并不意味着她被性侵犯是咎由自取。

我逐渐明白了这样的道理:长期以来,人们集会呼吁"还我夜行权",如今这一口号的内涵已经发展为一种更为普遍的意义——女性应该自由行走、自由行动，同时可以免于遭到任何形式的性攻击。毫无疑问，这些要求都是正当的。但是如果我们的目标在于减少性攻击的几率，这样的呼吁于事无补。大学如何告诉女生这样的道理：她们必须采取一些简单的自我保护措施，否则将导致学校无法挽回的严重后果？

责任认定的关键问题之一在于：是否所有的性侵犯案的性质都是一样的？人们一般认为，遭到朋友和陌生人性侵犯的危害是一样的，前者的性质甚至更加严重一些。正如两位临床社会工作者所说的："人们对于性侵犯存在很多错误的看法，其中最突出的一个错误观点是：约会性侵犯的受害人，比遭陌生人性侵犯的受害人更容易从伤害中恢复过来。事实情况通常不是这样。"如果有人提出：以双方自愿、爱抚和宽衣开始的性侵犯，与以恐吓、殴打和撕扯衣服开始的性侵犯，对受害人造成的影响一样大，这显然有悖常人的理解。两类性侵犯行为结果上的相似性，刚好成为另一政治立场——所有性侵犯者都应该得到最严厉的惩罚——提供了依据。但正如丹尼尔·吉尔伯特（Daniel Gilbert）教授呼吁的那样，文理学院应该对 N 的袭击者采取低于最高刑罚的处置："所有的犯罪行为（包括性侵犯、袭击和抄袭）都不是独立的，而是一系列行为的组合。没有人会赞同应该对一系列行为采取一刀切的处罚方式。"只有当所有性侵犯犯罪的情节一样恶劣时，对它们的处理才应该是一样的。

哈佛最新发布的一份报告指出，如果发生性侵犯时，事先有亲密行为，女性无法澄清她们自己在其中的责任，那么我们就应该教育学生区别不同场合，不要随意承诺。这样就可以避免自责行为的出现。我们能明确地规定什么是学生必须做的，什么是允许学生做的，什么是学生不准做的，并且将这些付诸实施，那么我们就可以减少性侵犯案发生的可能性，并且能更清楚地解释有关的犯罪背景问题。然而，哈佛在一如既往地教育学生如何面对性侵犯问题时，最棘手的问题依然摆在我们面前：那些有关个人责任感的教育，是否能让学生日后的生活更加美好？

鼓励女生控告性侵犯行为的做法，实际上在告诉她们，在处理侵犯事件过程中，就是需要不惜代价、不计后果地争取权利和公正，而不是寻求他人的帮助，然后继续自己的生活。当今时代，如果你力图战胜自己力所不能及的逆境，很难说有多少尊严可言。这里涉及许多政治因素。同样的政治因素也出现在儿童性虐待问题中——这些因素使相关的科学研究成就黯然失色。临床心理学家理查德·麦克纳利（Richard McNally）

进行的一项令人咋舌的研究指出，从长期看，受到性虐待的儿童的心理发展非常正常。他们"与那些没有受到性虐待的儿童一样，能很好地调适自己的生活"。孩子长大以后的心理健康，取决于诸多因素，比如是否有一个健全的家庭环境，而不是取决于孩提时代是否受到过性虐待。这项研究结果严重违背了人们对儿童性虐待的普遍看法，因此遭到了专业人士和保守政治家们的猛烈抨击。麦克纳利认为："人们没有从儿童康复的角度理解我的研究论文，他们更多地认为我在为恋童癖辩护。"此事甚至惊动了美国参议院。议员们一致谴责这一研究。然而，本研究成果发表前经过了评议，而发表后的科学评估也支持了其研究结论。

灾难幸存者对创伤的记忆存在差别，这让我们联想到这样的问题：是否所有的性侵犯者应该受到同样的惩罚？我们说，从长远看，约会性侵犯与陌生人性侵犯能对受害人造成相同的创伤经历，但这并不等于说对这两类性侵犯者同等量刑。就像儿童性虐待一样，从长远看，性侵犯对受害人的影响大小取决于受害人本身的特点，还取决于性侵犯案件发生的具体背景。一宗性侵犯案件的合理定论，并不能说其他性侵犯案件都应该依样画瓢。事实上，创伤后造成的长期压力的大小，并不能说明某一项犯罪行为的情节轻重。

虽然成功的机会很小，但人们还是鼓励性侵犯案幸存者寻求报复和公正，却不是帮助受害者认清：有时面对伤害，最好的办法是"卸下包袱"。支持受害者伸张正义的人已经在不经意中偷换了"好品德"的概念。过去人们赞赏一个人能够从重大创伤中解脱出来，而现在人们并不鼓励这样的行为。如果有人对从创伤中恢复过来的女性表示敬意，此人就会被认为是帮助罪犯开脱罪责。鼓励妇女卸下包袱，被认为是一种侮辱——因为这被理解为我们对妇女受到的创伤缺乏深刻认识。

我现在怀疑，用性侵犯"幸存者"（survivor）一词取代性侵犯"受害者"（victim）是否是一个好主意。"幸存者"本意味着拥有某种权力：即使当初你根本无力防止事件的发生，也可以在事发后自主地做些什么。而现在这层意思被颠倒过来了——一旦你是幸存者，你的"身份"就永远不变了。你无力摆脱这样的处境。一旦提供了这样的呵护，从而不必自己克服创伤，我不知道对当事人是否是好事。如果我们认为，对于难以治愈的情感伤害，女性群体基本上是无力面对的，那么这将是一件悲哀的事情。

在完善纪律处理程序和住校制度的过程中，我们在不经意间养成了学生脆弱的心理。学生们期望一切都是现存的，如有不满也只会从制度本身找原因。我们试图对遭性侵犯的学生表示怜悯，但我们处理问题的过程拖沓而缺乏成效。在现实生活中，遇到意外事件、不公正待遇或不如意的经历，积极康复比无所作为更有意义。如果高等教育的目标是培养坚强、能干和独立的成人，那么大学就需要鼓励和倡导犯罪受害人从创伤中康复过来，同时对性侵犯者不姑息养奸。

◆ 哈佛自作聪明未果 ◆

性侵犯案的取证很困难。因为破案率很低，人们强烈呼吁对哈佛的纪律制度进行改革。针对那些存在严重公平问题的案件，人们提出改进手段，希望更便捷地证明性侵犯者的罪行——其便捷程度超过哈佛历史上、乃至社会上刑事法庭的鉴别手段。据《深红报》报道，其中一项经常被提到的建议是，让犯罪调查人员"接受专门培训，识别受到性暴力者的症状"。但是，如此专业性的建议忽略了这样的事实：承受创伤后压力的人完全处于高度紧张状态，任何一项公正的程序都不会用创伤后压力下的外部症状，替代犯罪的实际证据。正如麦克纳利针对"创伤后压力失调"（PTSD）研究的评论中指出的：

> 法律心理学家对民事案件中对当事人滥用创伤后压力失调的诊断手段提出了警告……在进行创伤后压力失调有关的心理鉴定前，律师会指导案件当事人应该如何谈论自己的症状。伪造这样的症状是很容易的。与当事人肉体上的严重创伤鉴定不同，精神失调的测试并没有客观标准。

另外，只有少数受害人有创伤后压力失调的体验。那些真正承受创伤后压力失调的受害人记忆中的伤痛，要比那些表面有创痛、实际并没有承受创伤后压力失调的人严重得多。

现在的问题并不是这项寻找犯罪证据的思路本身有多大的错误，而是说从更广泛的意义上看，哈佛及其他大学建立自己的法律体系是一种冒险。因为马萨诸塞地区已经建立起了一套法律制度，尽管还不完善，但毕竟经历了长期的实践和协商过程，而大学无法复制这样的过程。

大约一个半世纪前，一位哈佛校长曾就哈佛的权力范围发表过重要的观点：

> 哈佛并不是调查严重违法行为的合适机构。哈佛的教授们没有权力质询目击证人，也没有权力要求学生起誓。即使他们有权这样做，也不能因此对犯罪人

施以惩罚。大学能够实施的最高处罚是开除学生。

对于同样的罪行社会上可能会判处监禁,所以剥夺犯罪人的哈佛学位,并不是合适的处理方式。既然哈佛对被告能采取的措施很少,那么为什么受害人的声援者们还是强烈要求哈佛承接这样的案子呢?因为人们希望在哈佛学院内部举证,比在法院更容易一些。人们还希望公众不仅关注被告的行为,更能关注哈佛对此类事件的反应。

有一位专门从事熟人性犯罪问题处理的学生活动辅导员曾向我解释,众所周知,法院系统存在一些对性侵犯被害人不利的因素。大学不应该在此问题上效尤,而是应该制订更好的方案。如果认为一帮没有多少实践经验的教授可以坐在会议桌边,制订出一套更加完善的司法制度,那未免太夜郎自大了。但哈佛从来没有以过分谦逊示弱。对失败的担忧并没有阻止我们继续尝试的步伐。

最能说明学术界对法律问题愚蠢行动的〔德什维兹教授称之为"热情的业余主义"(enthusiastic amateurism)〕,莫过于哈佛对性侵犯概念的界定了。经过两年的辩论,哈佛还是决定采用 1993 年投票通过的一项定义。但哈佛最终还是没把事情办好。

早知道与司法规定是一样的,我们就没有必要重新定义性侵犯的概念。我们可以借用很多其他方式,很容易地对问题加以说明。比如:哈佛大学曾经言简意赅地规定:"性侵犯的定义参照马萨诸塞州的有关规定。性侵犯既是本地区的犯罪行为,也违反了哈佛的行为准则。""任何违反麻省法律的行为,也为哈佛规章所禁止。"但是 1992 年,哈佛还是试图对州关于性侵犯罪的概念进行重新界定。在决定采用"性侵犯如果"(rape if)还是"性侵犯除非"(rape unless)的界定方式时,哈佛忽略了另一个细节。

哈佛对性侵犯的定义是这样的:

> 任何违背个人意愿,或者伴随肢体强迫,或者以身体伤害相威胁情况下的性行为,均属于性侵犯。

马萨诸塞州法律的规定是这样的:

> 凡违背对方意愿、暴力胁迫对方就范,或以身体伤害相威胁迫使对方就范,那么,不管是谁实施正常或非正常情形下的性行为,都将遭到不超过 20 年的监禁处罚。

这两则规定的基本要素是一样的——受害人是非自愿的,而且罪犯使用了暴力,或以暴力相威胁。所不同的是,在哈佛的定义中,"非自愿"和"强制性"是两者举其一,而在州的规定中,两者需兼备。

这是一个重大的差别。作为一项司法程序,对性侵犯案的起诉必须对受害人的"非自愿"和施暴者的"暴力使用"分别举证。其中对"暴力"有特别的解释。如果受害人酒醉无力抵抗,那么即使轻微使力也可以构成"暴力"。要构成性侵犯行为,除了需要证明罪犯使用了暴力(或者以暴力相威胁),还需要证明施暴者事先知道女方不愿发生性关系。

哈佛与州对性侵犯犯罪界定上的差别由来已久。但直到最近哈佛学院行政委员会一名委员,试图在一宗案件中使用性侵犯概念时,才发现其中的不同。当时该委员在办案时发现,哈佛对性侵犯的界定对"暴力"或"以暴力相威胁"都没有做出明确规定。只要女性是不自愿的,即使发生性关系时没有伴随暴力或以暴力相威胁,均构成性侵犯罪。在这位委员办理的这起案件中,虽然女生不愿意,但她还是被迫与一名男子进行口交。该男子是一个远足队的队长,而该女生需要听从他的指挥。所以当他提出性要求时,她只能在整个过程中不情愿地服从了。他对她施加了压力,但没有使用暴力,而女子既没有表示同意,也没有表示拒绝。当然该男子的行为是错误的,但这一行为构成性侵犯罪吗?

我曾经告诉学院行政委员会遵照已有的司法界定,而不是由文理学院自己投票确立概念。其原因之一是:我知道,就在投票前一刻,文理学院被告知这是一项司法界定。原因之二,我注意到,"沙尔(Schaer)诉布兰戴斯大学(Brandeis University)"一案的判决,宣告了大学管理制度与州法律一贯对立、在性侵犯案处理上自行其是传统的结束。在这起案件中,一名布兰戴斯大学的学生被指控性侵犯。这项指控是由布兰戴斯大学纪律委员会提起的。法庭对调查结果进行了辩论。其中复杂的细节在此不再赘述。但法庭最后判决:凡涉及性侵犯案,原先司法制度的惯例必须得到执行。

法庭不能就考试评分的公正性,或者因成绩不佳需要留级的问题作出裁决。抄袭问题主要属于学术而非社会问题。如果学生因损坏学校财物或赛后斗殴,而遭到纪律处分,那么其情节就相当严重了,因为这直接危害到学校的根本利益。但如果学生因偷窃或性侵犯等犯罪行为,而被留校察看或开除,那么这样的事情不但法院经常会插手,而且将在学生的操行记录上留下污点,这将给学生将来考取研究生或找工作带来影响。

有鉴于此，我本人不愿意运用哈佛自己的定义来起诉性侵犯案，因为我们错误地把一个法律概念交由文理学院来界定了。

我不清楚哈佛是如何把概念给搞错的。"约会性侵犯工作小组"以为最后采用的是法律界的定义。现在工作小组的高级主管之一已经过世。当时的情况可能是笔误，执笔者一心想把这个法律概念用简单的语言重新加以阐述。过来人曾经告诉我，出现这样的问题并不是偶然的，很可能有人想偷偷地让"安提亚克学院式"的"性侵犯除非"的概念在学院获得通过。现在没有办法证实这种说法。

我现在的困惑是：两种界定的差异，会导致两类行为在哈佛将被判为性侵犯罪，而在实际的司法制度中不会如此判决。第一种情况是，当事女生并不愿意发生关系，但在实际发生关系时没有使用暴力。第二种情况是，双方同意发生关系，但伴随暴力行为。照这样的逻辑，大学实行行为管束（bondage）似乎也违反了哈佛的规矩。

我把这个问题提请文理学院委员会讨论，要求以"两者兼备"取代"两者择其一"的措辞。这件事情在《哈佛大学公报》（*Harvard University Gazette*）上有长篇报道。教授们不知道何去何从——如果将哈佛现有的界定进一步缩小范围，很可能引发又一场大争论；如果顺其自然，那么将出现这样的情形：女生会因事发时没有表露自己不愿意发生性关系，而提出性侵犯的诉讼。性别和性学理论也被运用到讨论中——什么是"心理暴力"（psychological force）？为什么哈佛不能以高于州的标准处理当事的男生？最后教授们没有达成任何形式的决议。

就这样，至今在学生手册上还保留那个错误的"两者择其一"的措辞。这是大学染指力所不能及的事务的一个标志——事情虽小，却影响深远。在处理公正和性犯罪问题时，哈佛的教授们认为自己的智慧绰绰有余，他们不愿意承认：自己在处理性侵犯问题上无法做到公平、有智慧、合乎逻辑。

第八章
学生与金钱
——追求教育卓越不分贫富

  在多科技术学校,学生一直奉行实用主义的教育宗旨……这些学校的教师和学生不应该遗忘实用性的目标;而在大学里,我们就不能唯"实用主义"马首是瞻了。

——查尔斯·威廉·埃里奥特(1869 年)

  现在,学校制订政策、设置课程和确定教师工资的标准,都比以往任何时候更加脱离"为学生和公民的生活做准备"的宗旨。学校的决策更多地受到学生选课情况的影响,还美其名曰"尊重学生的意见"、"满足顾客的需求"。

——詹姆斯·恩格尔(James Engell)、安东尼·丹泽菲尔德
(Anthony Dangerfield)(1998 年)

由于缺乏可靠的教育规范，金钱日益成为影响大学决策的决定因素。大学口口声声说，一切为了学生的利益，可他们真正关注的还是学校里能赢利的商业活动。哈佛大学教授詹姆斯·恩格尔与合作者安东尼·丹泽菲尔德称这一教育现象为"市场模式的大学"。大学文化的这一转变，根本上是因为研究代替教学，成为了大学的基本职能。研究需要花费金钱，当然研究也越来越赚钱。最近出版的一系列专著连篇累牍地分析了这一现象：大卫·克普（David Kirp）的《莎士比亚、爱因斯坦与商业利益》(*Shakespeare, Einstein, and the Bottom Line*)、詹尼弗·沃什伯思（Jennifer Washburn）的《大学有限责任公司》(*University, Inc.*)和恩格尔、丹泽菲尔德的《拯救金钱时代的高等教育》(*Saving Higher Education in the Age of Money*)。

金钱歪曲了大学课程和学术追求的方向，但它也给学生带来了直接的好处——更精良的教育设施，尤其重要的是更多的经费支持。大学间展开对优质生源的竞争，这对那些在竞争中胜出的学生来说，能带来更舒适的生活。虽然研究经费的投入在增加，但这些名牌大学学生也获得了更多的利益。

令人遗憾的是，学校对金钱的使用无论合理与否，都缺乏始终如一的原则，因此学校也无法向学生传递一贯的、具有教育意义的信息。

2004 年对哈佛学院具有里程碑的意义，因为从这一年开始，相当一部分新生可以免费在哈佛就读，他们的家长不必支付一分钱的学费。

在这一年 2 月 29 日的一次重要演讲中，萨默斯校长通过一份引人注目的数据，说明美国的贫富差距正在拉大，并对高等教育产生了消极影响。他解释道："如今，收入最高的 1％ 人群比收入最低的 40％ 人群所赚的钱还多。而 25 年前，前者的收入总和还不到后者收入总和的一半。收入分层的加剧对大学产生了严重影响。在竞争最激烈的高校中，只有 3％ 的学生来自收入最低的 25％ 家庭，10％ 的学生来自收入较低的 50％ 家庭。"

萨默斯指出，由于国家的竞争力正受到挑战，而"实现教育卓越有赖于教育的多样性",因此哈佛这样的大学不能将来自低收入家庭的子女拒之门外。萨默斯说:"我想到了一位哈佛女生。她2岁时还呆在柬埔寨和老挝边境的难民营里。后来她父母来到洛杉矶的一家洗衣店工作。前年夏天,她又回到那个难民营,为那里的人们提供帮助。"

萨默斯将"学生社会经济背景多样化"的承诺付诸实际。从此,年收入低于40 000美元的家庭,不必为就读于哈佛的子女支付一分钱的学费。其实从1960年代开始,哈佛在招生时就已经不再看重学生家庭是否具备学费支付能力,同时还会为学生提供大量的资助,以保证想就读哈佛的学生不因经济压力而放弃梦想。但是,即便当时哈佛采取了"不问经济条件的录取政策"(need-blind admission)和"完全基于经济条件的资助政策"(full need-based financial aid),收入微薄的家庭仍需要象征性地分担部分培养成本。而现在,贫困生不必交纳学费了。对低收入家庭而言,这一改革的实际影响其实是为其子女卸下了包袱,因为以往这些贫困生需要自己打工挣学费,这样可以不花父母的血汗钱。不过,改革的主要出发点还是向贫困家庭传达这样的信息:哈佛的大门是向他们敞开的。

哈佛的改革引起了《纽约时报》和《今日美国》的关注。几乎所有人对哈佛新政策的评价都是积极的。当然,也有其他大学的官员担心,这一改革将使哈佛在生源竞争中本有的优势进一步得到强化。兼任威利米特大学(Williamette University)校长和哈佛大学监督委员会委员的佩尔顿(M. Lee Pelton)在《今日美国》撰文指出,我们很多学校都没有(哈佛)那么多的资源。也有人念叨说,萨默斯抢了安德鲁·梅隆基金会(Andrew W. Mellon Foundation)总裁鲍文(William G. Bowen)的风头,后者几周后在弗吉尼亚大学的"杰弗逊讲座"中报告了自己多年的研究成果,其观点与萨默斯"不谋而合"。还有人公开质疑说,哈佛的改革不过是对普林斯顿大学新近改革的直接回应——仅仅几周之前,普林斯顿决定改善其学生资助项目,不再强制要求学生借贷。耶鲁的本科招生与资助办主任对哈佛的改革批评道:"在我看来,他们一定做足了分析,才最终决定加入到竞争之中……这个世界中,你随时需要做好应对变化的准备,我们肯定会留心哈佛的一举一动。"

即使新政策真是为了赢得生源竞争,哈佛也决不会承认这一点。在当今的高等教育界,很难分清学校的政策是在遵循教育原则,还是仅仅为了自身利益。一直以来,普林斯顿大学引领着高校学生资助项目的潮流。2001年,该校校长就一项资助计划改革做出了如下解释:"我们改革的目的并不是为了在生源竞争中赢得先机,我们只是希望能带动其他高校一起改革,这样整个教育制度将更加开放。"贫困生通常并不关心高校提供资助的动机是什么。他们固然喜欢学校提供资助,但更重要的是,这些学校向他们传递了这样的信息:他们正是学校希望招收的学生。有一名学生就是因为学生资助的项目非常慷慨而选择了普林斯顿大学。他在解释自己的选择时说:"我理想中的大学,应该由来自不同社会经济背景的学生组成。金钱不应该成为入学的障碍,大学里不应该存在社会阶层的差异。"

"上哈佛不分贫富"的信息传到了千家万户。随着新资助项目的实施,哈佛在一年中就多录取了22%的贫困生(达到了360人),他们大都最终接受了哈佛的录取通知,于2005年9月来坎布里奇报到。①

但当这些学生真正来到哈佛后,他们却听到了另一种声音。2005年,哈佛首次允许有经济能力的学生雇佣清洁工为其服务(maid service)——整理床铺、打扫房间。

雇佣清洁工在哈佛历史上算不上新事物。2005年政策的"创新"之处在于,它将导致一些学生雇佣清洁工,另一些则不雇佣。

早在1659年3月1日的会议上,哈佛董事会就投票通过了雇佣女清洁工的提议。当时的女清洁工名叫"玛丽大妈"(Olde Mary),其任务是为哈佛学院及其学生服务。玛丽大妈有众多下属帮助她完成清洁任务。在哈佛,这些女清洁工是学校的雇员,而不只为某个学生服务。她们被称作"好大妈"(Goodies)(可能源于"Goodwives"一词),成为了大学生活中小有名气的人物。1817年的学生骚乱之后,有好事者改编了英雄史诗《背叛》(The Rebelliad),将主人公从缪斯女神变为了女清洁工,"她高贵而典雅,挎着神奇的扫帚,威严的光环包围着她"。更有人写了一首"打油诗",直到前不久都还在学生中广为流传:

缪斯当年处女身,
一朝女孩变女人。
不知何时与何地,
男人是谁未曾闻。

---

① 在美国高等教育系统中,一名学生可能同时被几所高校录取,因此他们需要做出选择。——译者注

> 生活导师最可能，
> 时间或许在清晨。
> 缪斯带上大扫帚，
> 打扫房间关上门。

后面的故事自然可想而知，这首诗也反映出当时的女性社会地位低下的事实。

时代在变，学生群体也在变。电吸尘器的发明给大学生带来的变化尤其明显。1954年，哈佛取消了"整理床铺"的服务项目，不久废除了整个"清洁工服务"。其实在此之前，大多数美国东部高校已经废除了"清洁工服务"。这样做每年可以节省150 000美元的开支，但美元之外的东西却在丧失。洛厄尔学生宿舍主管埃里奥特·珀金斯（Elliot Perkins）痛陈道："我讨厌20世纪，哈佛的生活传统就这样丢失了。"

珀金斯是个顽固的传统主义者，但上述说法多少带有玩笑的成分。20世纪50年代的哈佛并不像一个美国世袭贵族的聚居地。哈佛固然要维持大学"老字号"的形象，但同时也真诚地欢迎所有学生前来就读。对大多学生而言，哈佛的传统只存在于他们的想象中。直到今天，在某些特定场合下，洛厄尔学生宿舍的主管还会正襟危坐在宿舍食堂的"高座"上，近距离监视下面学生的举动。现在每座宿舍都配备性别相同的两位主管，但目前他们还被称为"主管"（Masters）（尽管有传闻说哈佛准备换掉"Masters"这一称谓）。有几名学生抱怨说，"主管"和"学生宿舍"（House）总让他们想起先辈受奴役的历史，但哈佛不为所动，坚持使用传统的称谓。在维持传统形式的同时，哈佛也在进行现代化改革。在成功革新的同时，哈佛也从不忘本。

为消除社会背景差异给学生带来的负面影响，珀金斯曾提出过一项重要的改革方案——取消不同寝室租金不同的规定。自哈佛建立"学生宿舍"以来，位置越好的寝室租金就越高。那些富家子弟如果愿意住读的话，往往会选择底楼面朝庭院的房间；而那些精打细算的学生则宁肯多爬几层楼梯，选择四楼的房间。1958年，珀金斯提议所有房间都统一收费，这一提议最终于在1963年被采纳了——这时正值哈佛开始实行"不问经济条件的录取政策"和"完全基于经济条件的资助政策"。

尽管有学生抗议说，哈佛大学剥夺了"学生预算中为数不多的机动选择权"，但哈佛还是坚持自己"教育机会均等"的理念。接下来的40年里，哈佛在不断废除可能体现学生家庭收入差异的各种规定。选修化学课不再收取"实验仪器费"，电影制作课也不再收取"设备费"。所有学生的学费都是统一的——即使平均每学期所修课程超过标准的四门（four-course load）①，也不需额外支付费用。这样学生就不会因经济压力而放弃学业。

当然，学校的这些努力并不能完全改变学生的个人生活。有的学生还是爱穿名牌服装，还有的学生在寝室购置了大型平面电视机。哈佛学院从未要求学生统一校服，也未要求学生把奢侈品留在家里，因此，总有学生爱炫耀自家的富有，这让其他学生感觉不自在。

恢复"清洁工服务"［现在被称为"宿舍援助"（DormAid）］也会带来类似的问题。哈佛学院必须谨慎行事，因为清洁工们将在封闭的宿舍楼内穿行，这起码会带来安全方面的隐患。但真正的问题却是这一政策所隐藏的社会意义："清洁工服务"政策是否类似于"一间面向庭院的寝室"——它不应该成为富家子弟炫耀财富的特权；或者它更类似于"一双莫罗·伯拉尼克（Manolo Blahnik）牌名鞋"——这是学生的个人事务，哈佛无权过问？

关于这一问题的意见分歧颇大。《深红报》对改革持反对意见："'宿舍援助'在贫富学生间制造了又一个差异，它将危及学生群体的团结。"但也有人吹捧'宿舍援助'有利于改善宿舍卫生，并能创造就业岗位。在这些支持者看来，有关贫富差异的问题的确存在，但不值得小题大做。"想在校园里炫耀财富的方法很多，雇人悄悄地打扫房间未免太低调了。"一名学生如是说。"宿舍援助"的创始人是一名哈佛本科生，他认为，这一服务既符合学生的要求，也符合清洁工人的利益，反对它便是阻断正常的"商务贸易"。《华尔街日报》（Wall Street Journal）附和道："当听说哈佛贫困生遭遇的困境时，我们发现自己怎么也挤不出眼泪。或许我们太冷酷无情了吧。"我的一位同事却疑惑不已："我们不是已经降低了学生资助的门槛了吗？哈佛所做的一切似乎在于招收更多贫困生，以使未来的阶级战争不至于呈现一边倒的局面！"

通过批准或禁止"清洁工服务"，哈佛将传递出两种截然相反的信息——两者之间无法寻求平衡。在反对高等教育不平等现象过程中，哈佛给那位来自柬埔寨难民营的学生上了怎样的一课呢？是告诉她，来自纽约派克大道（Park Avenue）②的室友可以独享"清洁工服务"，而自己的妹妹或许能通过在哈佛打扫学生房间获得谋生的机会？还是告诉她，为了整个哈佛的团结和学生间的友谊，美国社会的不平等现象应该被暂时

---

① 美国不少高校都采用"四门课程制"，即本科生平均每学期修4门课程，毕业前需要完成32门课程的学习。——译者注
② 美国纽约市内高级办公楼和大公寓云集的一条街。——译者注

掩藏起来?

哈佛的领导者们最终让学生自由选择。学生可以选择每周两次两小时的清洁服务(一学期1 649美元),或者每月一次一小时的清洁服务(一学期175美元)。

我倾向于建立一所更加平等的哈佛。无论这样的哈佛多么不完美,至少学生不用每天为作出何种经济选择而犯愁。当然,学生毕业后会回到现实世界中,或许现实世界与他们过去了解的世界截然不同。但是,大学时光不是用来思考我们过去是谁或者现在是谁,而是用来思考我们可能将成为谁。大学生活中略带乌托邦式的氛围,可以解放学生的思想与精神。大学应该点燃学生的希望之火,鼓励他们实现远大理想,而不是提醒他们现实有多么残酷。

高等教育中的自由市场理论虽然合乎现实的逻辑,却不是适用于所有场合。为什么哈佛应该统一学费,从而导致选择四门诗歌课程的学生,要为选择五门自然科学课程的学生"埋单"呢?因为大学中的每件事都隐含了教育意义,学生又正处于向成年人过渡的阶段,尚未完全成熟。他们的年龄足以自理生活,却不足以规划自己的人生;足以在文学和自然科学领域表现出天赋,却不足以发现心灵深处潜藏着的对文学和自然科学的热爱。大学可以培养学生开明的思想,也可能提醒学生他们的家庭出身、他们之间的差别原本是如此悬殊。

如果具有经济能力的学生可以申请"清洁工服务",那为什么希望省钱的学生就不能多爬几层楼梯呢?那些不希望爬楼梯、或者不希望他们的清洁工爬楼梯的学生怎么办呢?为什么学校不允许这些人多交点钱住底楼呢?两类学生都可以如愿以偿,但同时他们也将失去一次受教育的机会(无论他们是否意识到了这一点)——对第一种学生而言,学校应该教育他们这是来自学校的一项人性化的服务,人不应该被当作理性的经济人看待,而应该享受作为人的待遇;而对第二种学生而言,学校应该教育他们懂得收敛个人财富的优越感,平等地看待那些地位不同、却同样聪明的同学。

关于"宿舍援助"政策,最令人遗憾的并不是改革决策本身,而是哈佛从未出面解释为什么要这样改革。哈佛错失了一次教育学生的良机,领导层本可以在道德或经济方面作出解释,两种解释都能对学生进行道德教育,哈佛偏向哪一边都不错。既然哈佛最终选择了"自由市场"的立场,院长或校长完全可以借机教导学生:工作是多么的来之不易,同时也能解释学校的良苦用心:为什么明知"宿舍援助"改革会让部分学生陷入烦恼,学校依然坚持进行改革。

但是,这一改革决策压根就不是基于什么原则,而只是领导"拍脑袋"的结果。除了从经济方面考虑外,没人思考过改革会为新入学的贫困生带来什么。如此看来,萨默斯校长在美国教育委员会(American Council on Education)上的慷慨陈词,不过是说给《纽约时报》和《今日美国》的记者们听的,没有任何的道德根基。

最终,哈佛让贫困生如愿以偿,他们以低廉的价格享受着高质量的教育。发起"宿舍援助"计划的学生也如愿以偿,他们可以在学校做自己的"生意"。希望享受清洁服务的学生也如愿了。哈佛对改革的原因闭口不谈,这样便能避免更多的舆论监督。

此次哈佛批准清洁服务项目,至少与另一种社会不平等现象进行了斗争:领导们坚持将该项目的名称从"DorMaid"改为"DormAid",以便强调新时代的哈佛清洁工并非都是女性。①

早期,在哈佛任教就像担任牧师,那种神圣、庄严的感觉,至今仍让许多人宁愿放弃更有"钱途"的工作而进入学术界。当然,哈佛教授的收入也不菲,但是他们中的多数人如果进入商界或法律界,将腰缠万贯。在那些极具市场价值的专业领域,教授们早就开始通过提供咨询服务赚取外快。哈佛正在吸引教授更多参与那些能让大学获得经济利益的活动。新成立的技术开发办公室(Office of Technology Development)共有不下10名专职人员,他们拼命帮助学校将研究发现推销给工业界,最后由学校和研究者共享提成。

要避免学校的财政赤字,就必须更多地依靠大型的科研项目。尽管如此,哈佛希望从研究发明中获利的努力,似乎尚未严重影响到理工科的研究方向。不过,金钱方面的诱惑对非应用性领域的教授而言意义并不大。

与教师相比,学生呆在哈佛的时间更短。他们想在未来"出人头地",至少希望毕业后找到一份好工作。尤其是哈佛打破了学生的入学障碍后,将有更多的学生在入学伊始便着眼于大学之后的生活。另一方面,当教授被赋予更多学术自由的时候,他们所传授的内容也将更加远离实际生活。

本科生的职业主义倾向(careerism)遭到了猛烈的批判,尤其遭到来自人文学者的抨击。因为人文学科是大学中最不实用的学科,它们是市场模式大学中最大的受害者。出于未来就业的考虑,学生往往选择社会科学和自然科学的课程。但学生在选课

---

① 英文中,maid 一词有女佣的意思。——译者注

前并没有掌握准确的信息:在我看来,法学院其实喜欢招收主修过哲学的学生;尽管医学院要求学生有一定的自然科学背景,但其实对这方面的要求甚低。学生家长的期盼非常实际,他们希望大学教育能为子女带来实质性的影响。我们不能责怪家长在关注子女是否开心、是否能实现自我价值的同时,也关注子女的就业前景。

基于这样的现实,对学生的职业主义倾向妄加指责是不公平的。哈佛学生只是想处处争第一,在就业竞争中也是如此。他们知道自己终究要就业。既然如此,那就该好好想想怎样找到"最好的"工作岗位(不管学生如何理解哪些工作岗位是"最好的")。谁能告诉他们答案呢?教授们显然不能,因为他们中的大多数人从来没有从事过学术界以外的工作。

过去高校中都有"就业安置办公室"(Placement Office),如今,在哈佛和其他高校,就业安置办公室已经变成了"顾客盈门"的就业咨询处。在每年新生报到周的周末活动(orientation weekend)中,该办公室会专门举办就业指导讲座。这样做的部分原因是:如果不举办讲座,家长也一定会把办公室挤爆的。同时,"就业安置办公室"不断尝试让学生在四年大学生活中逐渐地学会自主思考:个人的人生目标应该如何与学术目标和生涯选择结合起来。对个人生涯的思考,是大学培养学生提高自我认识的一部分。

不幸的是,这与哈佛通常理解的"通识教育"理念背道而驰。哈佛教授口中的通识教育,不是教会学生如何谋生,而是从进校的那天起就让学生思考生活的方方面面。通识教育理念的推崇者认为:当今实用主义文化如此盛行,大学已经没有必要再提醒学生关注就业问题了。事实上,大学就不应该传授实用知识。极端地说,任何谋生之计或许都应该排除在课程之外。对多数学生而言,只有就业指导教师这样的非学术人员,才能帮助他们思考"如何规划未来的生活","如何把人生理想与课程选择结合起来"之类的问题。当然也有幸运的学生能从教授那里获得实用的建议,但其前提是:要么学生希望将来走学术研究的道路;要么教授本人有在非学术领域从业的经历。

学生目标与教授理想之间的矛盾随处可见。哈佛的经济系拒绝开设会计课程——其实在历史上哈佛也开设过会计课程,不过后来在师资和课程数目都增加时,反而废除了该课程。连耶鲁的本科生都能选修会计课了,显然哈佛在坚持学术纯洁性方面非常极端。因此,进入哈佛商学院读研的本校生必须补修一些课程,而很多非哈佛本科毕业的学生,早就学过这些课程了。生命科学领域更新通识课程后,受到了立志主修生化学生的欢迎,他们往往在中学学过一些先修课程(advanced placement courses)①。但对本科主修历史、并希望研究生阶段进入医学院学习的学生来说,新课程就不那么受欢迎了,因为医学院对报考者本科阶段的自然科学学分有所要求。他们必须和生化系的学生学习同样的课程,新课程计划没有为这类学生提供适合他们背景和需要的科目。

另一方面,与其他行政部门一样,职业指导办公室(Career Office)也能为学生提供有用的服务。但学校领导没有通过这一途径让学生了解外面的世界。用人单位对哈佛学生青睐有加,从每年10月开始,各公司代表蜂拥而至,到哈佛网罗人才。这些用人单位向学生灌输了许多职场方面的知识,并将之与学术界的工作相比较。于是,许多学生选择了咨询和投资银行领域的工作,在那里学生收入不菲,又能运用自己的社交和分析技能——这些都被认为是成功的标志。我对这些工作并没有偏见——我有不少好朋友也在这些领域谋职。但是当所有聪明人都成为高级顾问和投资银行家时,这样的经济制度是不会有前途的。

在哈佛,对实用知识——我们资本主义经济创新与发展的真正源泉——的排斥,决非新现象。早在19世纪中期,沿着查尔斯河下游走大约一英里的地方,②哈佛就单独成立了一个理工学院。

早在查尔斯·威廉·埃里奥特执掌哈佛之前,他对大学教育的理想就充满了"象牙塔"式的色彩:

> 大学的主导思想应该包括:追求最广博的文化,塑造和充实心灵,对学习的热爱不应夹杂功利目的。

大学学习就好比业余体育的理念——参与其中不是为了功名利禄,也不是为了谋生,而纯粹是因为热爱它。

学化学出身的埃里奥特坚持着他的大学理念,与19世纪中期在美国纷纷崛起的

---

① 美国许多中学都开设先修课程,即学生可提前修读一些本科层次的课程。如果学生在中学获得的先修课程学分得到高校承认,本科阶段同样的课程就可免修。——译者注
② 哈佛大学主校区散布于波士顿以西数公里的查尔斯河沿岸。——译者注

理工学院分庭抗礼。1851年,哈佛成立的劳伦斯理学院(Lawrence Scientific School)是老资格的理工学院之一。埃里奥特年轻时就曾在那里任教,并成为了一名优秀的教师。南北战争结束后,科学技术给整个国家带来了天翻地覆的变化,各高校对国家的需要纷纷作出回应——开始实施实用的教育。1862年出台的莫里尔联邦赠地法案(The Morrill Federal Land-Grand Act)慷慨资助那些"教授农业和机械相关学科的学院"。次年,一些被哈佛视为叛逆者和弃儿的教育企业家,颇有远见地开办了麻省理工学院(MIT)。也正是在1863年,埃里奥特被调配到劳伦斯理学院,出任拉姆斯福特(Rumsford)教授。由于觉得在哈佛没有发展前途,埃里奥特于1865年跳槽到了麻省理工学院。在那里,埃里奥特提出了传统学院(colleges)与理工学院(technical schools)相区别的思想。

埃里奥特认为,在新时期的美国,学生的父亲会提出这样的疑问,而理工学院正是这一疑问的答案:

> 我应该把儿子送去哪儿呢?我有能力、也乐意让他接受最好的训练。把他培养成传教士或学者将让我自豪不已,但我觉得他不具备成为传教士或学者的素质。我想让他接受实用的教育,成为我的接班人,进入其他热门行业也行。传统的学院无法满足我的期望。我应该把儿子送到哪里呢?

埃里奥特也热情推崇实用教育,却也不乏保留口吻——实用教育固然很好,也很重要,但只适合于不具备传教士或学者"素质"的学生,而不适合于有能力进入哈佛的学生。

当埃里奥特重回哈佛并成为校长之后,他说:"我们要开设所有的学科,而且要把它们都办得最好。"但最终他没有实现这一夸张的承诺,哈佛对应用性学科还是非常排斥。大学当然不应该教授应用科学,因为大学生不应该受现实生活的干扰,而应该处于"安静和隔离"的环境中。埃里奥特总结道:"多科技术学校的精神在大学弥漫有多广,真正大学理想的沦陷就有多深。实用精神与博雅、学术精神都很好,但二者无法兼容。如果混为一谈,二者的发展都将受到影响。"哈佛不是麻省理工学院,大家井水不犯河水。

埃里奥特眼中的哈佛就应该教授纯科学,而不是应用科学。他曾三度尝试把哈佛的应用学科送给麻省理工——或许这是对哈佛曾将他"放逐"到这些学科的报复吧,但三次尝试他都失败了。1914年,洛厄尔校长进行了第四次尝试,此事还闹到了马萨诸塞州高院。洛厄尔实际上是要把哈佛的应用学科送给麻省理工——包括劳伦斯理学院及其资产,以及南北战争时期制鞋大亨戈登·麦凯(Gordon McKay)遗赠的大量不动产。

哈佛与麻省理工的这一合作建议使两家都颇不自在。很多人一直认为,麻省理工学院与哈佛将有惊人的合作计划,有一位预计到此事的麻省理学院支持者写道:"当绵羊和狮子相傍而卧时,绵羊总逃不出狮子的手掌。"哈佛的校友则从另一角度来看这个问题:洛厄尔的交易,是否会促使哈佛也像麻省理工学院那样,开始向女性授予学位呢?

戈登·麦凯董事会深知:1914年提议的最大问题在于,有人曾不断劝说麦凯资助麻省理工学院,但都遭到拒绝了。因此,洛厄尔想把麦凯的钱转移到他生前明确反对的地方,这样做是不恰当的。在洛厄尔提议的十年之前,内桑·沙勒(Nathan Shaler)在一篇报道中提到:麦凯对麻省理工尊重有加,只是觉得"这类学校提供的训练无法培养通识文化的素质,而后者才是他希望受益于自己捐赠的学生所拥有的素质"。为了让应用科学领域的学生能接受更广博的教育,麦凯最终选择了哈佛,并确保哈佛在接受捐赠后几百年内,都会"信守承诺"。在了解到麦凯生前意图后,马萨诸塞州高院驳回了哈佛的提议。正是麦凯对哈佛在实用教育中将扮演的角色有如此大胆的预测,麦凯董事会对哈佛的一举一动又保持着警惕,哈佛的应用学科才得以被保留下来,而我本人任教的岗位也受益于麦凯的捐赠。

尽管哈佛一直以来都对是否开设工科犹豫不定,但即使是埃里奥特时期的哈佛,也并不完全排斥实用学科。哈佛医学院逐渐发展为全国顶尖的学术机构,而哈佛也从未想过放弃它。哈佛还成立了法学院。埃里奥特在任的最后几年,哈佛还成立了商学院。哈佛各专业学院并不比本科学院的名气小。但对于哈佛本科生来说,功利的学习动机使他们有失身份。

19世纪末,美国高校开设了大量的实用学科,这并不难解释:学生获得理学学位,就能在毕业后获得好工作。埃里奥特承认:"为谋生而求学的情况日益频繁,学生更明显地感觉到,大学就是一生工作的开始。"其结果是"传统学院"中的文学学士学位"大受影响"。但哈佛受到的影响不大:"这场运动虽然席卷全美,但在哈佛大学却无明显感觉。"哈佛决不会以康奈尔大学或新泽西学院为榜样,康奈尔大学于1894年开设了一个兽医学院,而新泽西学院在1896年更名后,采用的校训为"普林斯顿为全美国服务"①。

如今,接受科学训练的多少与职业生涯机会的多少之间有着必然的联系。与未接受资助的学生相比,接受资助的学生更倾向于表示:自己愿意选择自然科学领域作为主修方向(27.9%比21.7%),更不愿意选择人文学科(20.4%比23.9%)。当他们真正选择主修的时候②,以上差异有所减弱,但依然存在(接受资助的学生中,选择自然科学的有26.8%,选择人文学科的有20.5%;未接受资助的学生中,选择自然科学的有22.5%,选择人文学科的有23.9%)。在接受资助的学生中,部分原本打算选择自然科学的学生,最终选择了社会科学作为主修方向。选择人文学科的学生,无论接受资助与否,其百分比没有实质性变化。贫困生无法奢侈地把大学教育机会"浪费"在非实用的学科上。在今天,埃里奥特关于大学的理想只适合于部分学生。

大多数学生在选择课程和大学生活方式时,会考虑就业前景,但哈佛从未完全接受这一现实。从头至尾令哈佛困惑不已的是:究竟是否要为本科生开设实用性、职业性的学科,甚至到底要不要发展这些领域的学术知识?

2004年出台的课程评估报告对教育目的的表述虽然措辞考究,却流于抽象。

> 在高等教育和整个社会都日益专业化、职业化、分工化的时代,我们要重申自己对通识教育的坚定信念。我们应致力于为学生提供知识、技能和思维习惯,以便让他们学会终身学习,学会适应不断变化的环境。我们应致力于将学生培养成为自力更生、知识渊博、严于律己、善于创新的思想家,同时学生还应该兼具社会责任感,这样才能对国家和全世界作出巨大贡献。

其中提到的"技能"指的是书面和口头表达能力、外语及定量推理能力。该报告在后文中也承认,如何培养社会责任感尚有待探讨。但接下来的论述中,这一目标似乎被报告遗忘了。尽管该报告极力反对专业化,但对"主修"课程的要求仍在继续,其目的并不是灌输"某一领域的知识,而是加强学生思考问题的深度"。埃里奥特曾认为,在大学学习的是对问题的深邃思考,是"塑造和充实心灵",而不应"夹杂功利目的",功利目的应该尽量远离大学的思考范围。该报告在提到"专业化"和"职业化"等术语时,

---

① 新泽西学院是成立于1746年的一所殖民地学院,1896年更名为普林斯顿大学。——译者注
② 哈佛学院的学生一般从三年级开始选择主修,前两年一般接受通识教育。——译者注

多次使用了贬义,但报告却未对此作出解释①。本科生毕业后将直面就业的事实,在这个长达60多页的报告中却只提及两次。其中一次是承认应该开设医学课程,因为有学生毕业后要进入医药界工作。另一次是列出了主修课程在学生教育中的作用:"对部分学生来说,主修课程提供了学习自己感兴趣领域的机会,尽管他们日后的职业可能是其他方向。"

奇怪的是,报告在讨论主修课程的作用时,忘记了最明显的一点:学生选择主修时,往往认为主修课程将有助于未来的职业。或许正是因为这一作用太"臭名昭著",已经没有必要提及。主修课程的目的并非传授特定领域的知识,而是培养"思维习惯":"将学生培养成为自力更生、知识渊博、严于律己、善于创新的思想家。"根据这一说法,出于一门学科实用目的而选修它是错误的。但事实上,学生们(尤其是贫困生)往往就是这么做的。

哈佛再次表明了通识教育的理念——不过是对过去理念的重申而已。与此同时,哈佛也宣布了前文提及的新资助项目,以解决由社会经济背景差异带来的入学机会不均等问题。哈佛的课程计划忽视了明显的一点,即学生家庭背景与他们对教育功能的期待之间的关系。来自低质量中学的学生,其希望发展"思维习惯"的愿望,通常不如来自较好中学的学生,后者的父母往往也有过大学教育的背景。家庭经济差、文化水平低的学生,大多愿意选择与未来职业相关的学科作为主修,因为进入重点院校的学生不仅有学术方面的抱负,同时也有经济方面的抱负(至少要为家庭承担经济方面的义务)。

拥有选课的自由后,贫困生选择的主修专业往往有利于进入(或者至少他们认为将有利于进入)商业、法律、医药、计算机、生命科学、工程等行业。雄心勃勃的学生试图掌握这些领域的专业知识,但这些专业知识却与哈佛文理学院推崇的"通识教育"格格不入。他们之所以这样做,是为了在就业或考研的竞争中赢得先机。在这些竞争中,知识的深度才是成功的关键。在探讨课程设置的过程中,好几次有哈佛教授用自己子女的教育经历来证明自己的观点。似乎从小生活在高级知识分子家庭的学生,所接受的教育就一定适合于其他哈佛学生。哈佛及其他顶尖高校招收的雄心勃勃、天资聪颖的贫困生越多,这些学生的求学目标与通识课程间的矛盾就越大,因为后者强调

---

① 该报告反对向学生"灌输某一领域的知识",这与萨默斯校长坚持的观点形成鲜明对比,萨默斯认为:哈佛教育应该保证不仅主修理科的学生,而且是"从这里毕业的所有学生都能理解、掌握和运用科学发展的成果,因为正是这些成果改变了我们工作和生活的这个世界"。——作者注

知识的广度和思维训练，排斥专业化、专业知识和实用知识。

当然，不只是贫困生需要接受引导，懂得通识课程有利于他们的发展。哈佛主修经济学的学生最多，但并非因为这些学生着迷于经济学理论，也并非因为经济学能提供最好的本科经历，或者因为经济学能很好地培养"思维习惯"，而是因为众多学生希望日后进入商业界，而经济学似乎是最接近职业理想的学科了。经济学教授对此颇为反感，经济学不一定就是本科教育中最实用的学科。现在很多企业在招聘人才时，往往看重信息技术方面的技能、科学知识、外语水平或其他应用性知识，抑或仅仅看重清晰思维、逻辑推理、清晰的口头和书面表达等能力，这些能力正是主修哲学的学生所擅长的。

选修制实行已将近一个半世纪，哈佛仍未将通识教育的理念与学生选择的现实统一起来，甚至从未承认二者矛盾重重。贫困生的选课情况就能表明这一矛盾——教授们把教育目的吹得天花乱坠，而学生却坚持着实用主义。

尽管埃里奥特时期的课程颇为混乱，但关于教育目的的假设却使当时的哈佛充满凝聚力。尽管这些假设受到了挑战（19世纪末实用精神盛行于世），但其在文化上却仍有着重要影响。埃里奥特年轻时所称的"传统学院"，在其任期内及卸任后，都一直是美国教育的典范。在埃里奥特废除统一必修课程的同时，他也给哈佛和整个美国高等教育带来了天翻地覆的变化。但从某些角度看，哈佛的办学方向又是岿然不动的：无论坚持统一课程还是实行选修制，哈佛学生并不是冲着实用知识而来的，他们也不会拘泥于未来就业。但那时的哈佛精神已成为过眼云烟，现在的哈佛学生很少有不关注学习内容的。哈佛仍然在坚持产生过凝聚力的教育目标，却没有注意到这一目标的前提已经发生了变化。

诚然，大学教育不应只是为谋生做准备，但好的教育也不应是2005年课程建议的模糊理念——在某些方面泛泛了解，在某些方面专深精通。极端强调某一维度的教育（过于强调知识广度，或者过于强调知识深度）当然不会对学生有利。但是，当人们无力对教育的高深内容提出质疑，教育目的又如此远离实际生活时，"选择"、"灵活性"和"指定选修课程"便成了探讨本科课程要求时唯一可以讨论的术语。

正如康奈尔大学前校长弗兰克·罗德兹（Frank Rhodes）最近所言，大学教育应该提供"挣脱自我与时空束缚的自由"。但是，哈佛"红皮书"所倡导的"对人类精神价值与意义的信仰（无论人们如何理解）"与培养学生的就业竞争力并不冲突。如今的哈佛对二者都缺乏兴趣，口口声声说要坚持通识教育，号称哈佛教育"必须传授那些在日益国际化、多元化的世界中必需的广博知识",但却无法指出所谓"必需"的知识到底是什么,也无法指出"广博"的知识体系应如何建立。通识教育这一伟大的理念如今却变得"衣衫褴褛",就好像"皇帝的新装"。这只能说明:哈佛已经不知道什么才是好的教育。在这个缺乏教育原则的时代里,学生的学习动机当然是为掌握独门绝技、为就业做准备,而哈佛也只能通过抨击学生的学习动机,才能转移人们的视线,否则人们将发现,哈佛的教育其实是"一丝不挂"的。如果哈佛意识到:教授传授的知识并非都值得学生学习,学生也应该有机会学习一些实用知识(尽管教授认为这些知识毫无意义),那么哈佛仍然可以提供优质的教育。只有遵循这些简单的原则,教育的理想才得以延续,我们培养的学生才能肩负社会责任,并为社会作出巨大贡献。

第九章
大学体育与金钱
——业余名义下的精英主义

巧舌如簧的演说家和文风绚烂的作家曾一度备受推崇。然而,在美国南北战争中,骁勇的战士们比他们更令人钦佩。勇士们拥有顽强的意志、坚定的目标、不屈不挠的精神和敢于行动的勇气。

——弗朗西斯·沃克尔(Francis A. Walker,1883 年获法学博士学位)(1893 年)

比赛正在进行,欢呼声响彻一片……人们激情万丈,但在我看来这毫不过分。谁的身上没有一股压抑已久的力量呢?……这股力量将我们带向了更遥远的地方,犹如置身于希腊的竞技场,在那里,荣誉不仅属于力量、速度和美的拥有者,更属于每一个有天分和灵感的人。

——乔治·圣塔亚那(George Santayana)(1894 年)

行政委员会的会议结束后,一位蓄有胡子、戴着眼镜的学生宿舍年轻主管叫住了我。他问:"他们真的决定要减少学生运动员的数量吗?"千真万确!常春藤盟校的校长们正打算减少橄榄球运动员的招生人数,从目前最多招收 35 人减至 30 人,甚至 25 人。哈佛《深红报》已经对此事作过报道。但他对这件事感兴趣让我十分惊讶,因为我从来没有在运动场上见过他的身影。"那太可怕了,"他继续说道,"他们为学生宿舍的生活带来了如此多的活力,他们是哈佛唯一'屡败屡战'的一群人啊。"

时值橄榄球比赛中场休息时间,我和一位同事暂停了交谈。朝窗外望去,哈佛管乐队的队员们正列队站在赛场上。在我们俩这样的年龄,大家不再有兴趣拿乐队的事开玩笑了。

"今天乐队到场的人真少啊!"我说道。心里琢磨:难道今天镇外有更重大的赛事,把乐队撵走了一大半?"好在他们练习列队时,不需要拼写三个字母以上的单词①,否则他们的人手就不够了。"

"是的",我的同事回答道,"但如果要求我们的橄榄球队队员拼写三个字母以上的单词,他们可能根本不知道该怎么办。"

大约 20%的哈佛学生就读大学期间参加过学校里的竞技体育运动。除了少数被招募到校队打比赛外,更多的学生则是参加各种体育社团活动,如哈佛校二队、体育俱乐部,或参加校内运动会等。哈佛体育赛事的门票一向不畅销,哪怕是一年一度的哈佛-耶鲁橄榄球比赛,哈佛大学也没有出现像其他学校那样举校同庆的场面。哈佛拥有水平各异、项目不同的运动队。与普通学生一样,运动员的来源也非常广泛。院长、系主任和教授们的体育观念墨守成规且偏激,他们忽视了哈佛运动员所具备的一个重

---

① 美国大学的管乐队在橄榄球比赛时会以列队的方式拼出一些单词。——译者注

要特征：与其他学生一样，他们天资聪颖、追求卓越。

◆ 大学体育的困境 ◆

一流的校际体育赛事骇人听闻的丑闻不断，如学生运动员极低的毕业率；学校利用妓女招募高中运动员；大学球员轮奸女学生；按差分打假球（point-shaving）等事件。这些丑闻在全国性电视上曝光后，激起了反体育人士的愤慨。然而校友们对母校橄榄球队和篮球队的忠诚与热爱依旧，他们乐于为母校的球队捐款，以支付体育教练高额的工资。虽然在常春藤盟校中尚未出现类似骇人听闻的丑闻，但是随着重点院校入学竞争的愈加激烈，从学科排名靠前的普通大学到常春藤盟校，大学运动员的资格和体育本身在大学中的地位普遍受到挑战。这些大学招生人数少，宿舍紧张，但是运动员却占据了很大比例。

哈佛并没有体育明星，绝大多数哈佛学生、教授和系主任并不能细数出校橄榄球队四分卫的名字或认出其人。例如，赖安·菲茨帕特里克（Ryan Fitzpatrick）曾于2004年担任哈佛橄榄球队队长，他带领球队创造了一个赛季不败的神话，在他毕业前六个月就加盟了圣路易士公羊队（St. Louis Rams）。然而，在哈佛，对于与他擦肩而过的同学而言，他也只不过是一名普通的学生而已。

在哈佛，学生和教授是两个迥然不同的群体。他们互不干涉，各自追求卓越。其中，体育生又被认为是哈佛校园内最受人藐视和得到不公正评价最多的群体。几年前，一位曲棍球运动员向我报告，称一位教授将她逐出了影音艺术课的课堂。课前，教授要求学生填写一份问卷并罗列自己的资力和其他经历，他根据问卷信息，把体育生"请"出了课堂。这位教授毫无歉意，他解释道，运动员不可能全力以赴完成他的课程。事后，我修改了教职工手册，告诫教授不能根据非学术的标准来取舍学生，但是隐藏在背后的成见并不是一朝一夕可以改变的。

在校际体育中，竞争和金钱是无法避免、一直困扰着学界的两大问题。首先，有体育就有竞争，有竞争便有输赢；其次，金钱问题在体育运动中事关重大。大学的体育史就是围绕着竞争和金钱展开的，两者互相联系、密不可分。

反体育者对大学体育的批评也是基于这两大因素：运动员们过于看重输赢，忽视了比赛的乐趣；过于热衷赚钱，忽视了对人生问题的关注。以上两者构成了业余体育的精神：参加体育运动只为乐趣不为金钱，这也是校际体育规章制度的理论基础。

在常春藤盟校,竞争无处不在。然而唯独体育竞争备受抵制。与其他领域上的竞争一样,体育上的胜利同样属于天资聪颖、阅历丰富的学生。高水平的体育竞赛可以提升学生的素质,使其达到卓越境界。从这点来看,体育竞赛与学者之间的竞争有异曲同工之处。

此外,由于各方全力投入,常春藤联盟的体育比赛成了人们欢乐的源泉。在赛场上,运动员们挥洒热情、激情四射;看台上观众们欢呼雀跃、载歌载舞。在实力呈一边倒的比赛中,获胜者不会欣喜若狂,因为他们并没有通过接受挑战而得到提高。对运动员而言,胜利固然可喜,而比赛本身更是一种满足。

对胜利的渴望和对过程的享受并非对立,两者可以取得平衡。在常春藤联盟学校中,学生参加比赛并不仅仅是为了获得乐趣,但是,一旦他们发现比赛不再充满乐趣,只要愿意便可退出比赛。因为在这些名校里,学生的补助金不是取决于是否参加体育比赛,而是取决于学生的经济条件。在哈佛的校园明星中一直不乏体育生的身影,他们退役后,在其他方面的表现也可圈可点。哈佛黑人学生协会的主席是一位能言善辩的体育生,在告别橄榄球队后,他一直活跃于校园的政治舞台。还有一位篮球队的队员,后来选择了计算机科学专业,在毕业后的五年内,他出售了自己的第一家软件公司。但不幸的例子也比比皆是,许多运动员伤病缠身,几乎失去了一切希望。哈佛在招收体育生的考试中曾要求学生回答:假如她断了一条腿,还能在其他方面取得突出成就吗?当然,即使是体格健全的运动员(甚至参加过职业比赛),也需要思考如何面对不做运动员的未来生活。

体育竞赛不同于学术竞争,两者的一个重大的差别在于:在体育比赛中,输就是输,赢就是赢。失败是无法否认的事实。在这样的环境下,运动员往往需要有健康的心态,并以这种良好的心态感染身边的人。运动员共同承担失败的责任,而不是推卸责任。他们可以输掉比赛,但他们不会被击垮。在他们眼里,胜利是属于整个团队而不是个人。

一些教授对运动员嗤之以鼻。在他们看来,运动员过于重视训练、过于追求完美、过于渴望胜利。另一方面,这些教授却希望自己的学生一如他们当年,为学术荣誉而竞争。除非这些教授们年少时曾有运动员的经历,否则他们无法看到自己一生为之奋斗的学术事业和体育运动之间还有什么联系。尽管教授们痛恨别人将自己的专业追求描述为竞争,但他们从不拒绝学术上的奖励。他们相信自己仅仅是为了追求学术上的卓越，获奖只是偶尔的认可而已。事实上，学术竞争和体育比赛并没有教授们想象的那么泾渭分明，只是体育领域的人们更敢于承认他们为竞争而生，而取得胜利是毋庸置疑的事情。

教师们对体育本质的另一种曲解与金钱有关。尽管金钱在提高运动素质、发展体育技能方面起到重要作用（如：聘请教练、加大训练力度、改善训练设施），但是整个校际体育竞赛是建立在这样的基本理念之上的：业余体育提倡良好的体育道德，它要求运动员不为金钱所动。

在常春藤联盟学校的橄榄球、篮球、足球、曲棍球等球队里，很少有"半路出家"的运动员。绝大多数队员从高中开始便是学校的体育明星。他们的体育天分得到了大学教练的赏识，甚至同时被几所大学的教练看中，教练们设法吸引这些体育天才的注意力。这些学生的运动技能在入大学之前就已经得到了很好的发展，他们参加过课外训练或体育夏令营，甚至有上过体育名校接受专门的指导和训练的。这些体育投资加起来是一笔不菲的数目。

但是在大学体育中，金钱被视为低俗之物。运动员们不能染指金钱，否则他们将失去业余选手的身份。"业余原则"极为复杂，稍不小心便会被触犯。每所院校都配有一名专职人员配合美国大学生体育协会的工作（如是常春藤联盟学校，则配合常春藤联盟工作），专门负责报告违规事件，并确定惩罚措施。当我还是院长的时候，曾发生过一件荒诞可笑的事。由于越野滑雪队没有专车接送，需要其中一位运动员自己驾车接送运动队参加第二天清晨的训练。他的车在体育馆的车库里停了一夜，哈佛不得不就此事公开道歉。因为普通学生不可以享有免费停车的权利，而这对于运动员来说是一种相当优厚的额外待遇，这样做被认为是不妥当的。尽管这一待遇不如赠送一辆金色凯迪拉克轿车那样"高档"，但它还是触犯了"业余原则"。

运动员不能染指金钱，但校友们却可以堂而皇之地为学校的体育项目捐款。常春藤联盟之外的大学让学校的橄榄球和篮球比赛向全国观众开放，希望能通过比赛赚钱（尽管很少有学校可以从中赢利）。常春藤联盟学校并不希望运动员赚钱，而它们自己却热衷于从校友那里大规模地筹集体育资金。

常春藤联盟学校的做法，暴露了长期以来这些学校对体育运动本身和运动员社会地位的矛盾态度。即使时代已进入 21 世纪，反对大学开展体育运动的人士还是对体育古老价值的丧失表示担忧。大学和普通美国人对体育的态度截然不同，而大学体育在这些不同态度的夹缝中寻求发展。

大学体育的标准理论

21世纪初,安德鲁·梅隆基金会主席、普林斯顿前校长威廉·鲍文与人合作出版了两本剖析大学体育的著作——《运动人生》(*The Game of Life*)和《找回运动的价值》(*Reclaiming the Game*)。① 在书中,作者呼吁重点院校应对校际体育进行控制和改革。威廉·鲍文两本书的副标题均为"大学体育和教育价值",传达的基本观点是:现行的大学体育背离了教育价值。这两本书一出版就广受好评,路易斯·梅纳德称,《运动人生》一书是近二十年来高等教育研究方面最重要的著作之一。该书的出版也促使一些大学体育联盟开始反思自己的行为。不久,常春藤联盟签署了协议,要求减少体育在大学教育中的比重,并提高体育特长生的入学门槛。一本法律杂志也发表了两篇关于《运动人生》一书的详细、透彻的批判性评论,但并没有引起太多的关注。

鲍文从大学体育的实践出发,驳斥了体育必然属于大学教育的理论。由于这一理论被学术界广泛接受,我称其为大学体育的"标准理论"(standard theory)。标准理论认为大学体育有益于学生的发展,但它并非运动员和体育支持者们所想象的那么好。只有以轻松的心态面对比赛,才能真正体现出体育的价值。鲍文认为:"一个人可以通过比赛习得生活的经验,如团队合作、严守纪律、重拾活力、不屈不挠、遵守规则和接受有悖于自己意愿的事实。"他认为:"每个重点院校的学生都应获得这些品质,在比赛中学习体育的精神,享受运动的乐趣。"学生不应该刻意发展或训练自身的运动机能,他在《纽约时报》撰文指出,运动能力是天生的,大学生不必刻意去培养。他写道:"随着知识资本重要性的日益提高,运动能力(手眼协调能力)在决定教育机会中还能发挥多大的作用呢?"

标准理论体现出的民主意识很具吸引力。"兼容并蓄"是被普遍认同的价值观,在标准理论下,人人都可以成为运动员。此外,各高校的招生委员会很清楚,在招生过程中体育特长生并不享受任何特殊照顾。这样做可以节省一大笔经费——因为如果谁都可以打比赛,就没有必要专门聘请教练了;这样也可以不必权衡那些无法精确测量的录取标准——比如,没有必要拿一位双簧管手与一名(橄榄球赛中组织进攻的)四分卫比较,看谁更有资格进大学,因为是否是优秀的四分卫球员与大学录取标准毫不

---

① 这两本书的合作者不同,为了方便起见,凡涉及到书的作者时,我仅提鲍文一人的名字。——作者注

相关。

标准理论还充满了怀旧的色彩。该理论的拥护者们对近几年来大学体育的发展变化感慨不已。他们追忆既往的时光：在那时，体育运动并不像今天那样有无止境的竞争。在《运动人生》的序言中，作者将自己描绘为运动员，与今天的学生运动员不同，他们那时只是普通学生而已。作者将人们带到往昔大学体育的氛围中，试图找回那份已经消逝的纯正的体育价值。

"标准理论"看似可取，其实有弊端。首先，除了教授，多数人并不认同它。美国人热爱体育，他们忠于自己的母校，希望看到自己的球队获胜。当然，并非人人如此。每年一些有正义感的社论都会揭露一些大学在录取过程中偏袒运动特长生的丑闻。但在绝大多数大学里，除了专业学术人员外，其他人员并不接受"标准理论"，这也解释了为什么很少会有大学奉行这一理论。

如果标准理论仅为一种理想而提出，那便安然无事。现在它之所以会带来负面效应，是因为一些教授和改革者们认为该理论是可以实现的。当他们发现现实有悖于理想时，便开始反对大学体育，并把所有运动员作为攻击的对象。上文提到的那位艺术系教授便是这样，他认为，艺术专业的学生运动员不会长时间在工作室与同学一起认真完成学业。标准理论的基本假设是：学生参加体育运动仅仅出于乐趣，他们将永远把学业放在第一位。而该教授坚信学生运动员不可能遵守这一理论，因此，他认为把运动员"请"出课堂是合情合理的。

出现这种情况后，教授不喜欢运动员之类的流言蜚语便在校园里散播，于是学生运动员们不愿向别人透露自己的运动员身份。他们在大部分时间里是与队友一起度过的。而标准理论的拥护者们则谴责他们形成了自己的小团体——"运动员文化"（jock culture）[①]，没有融入学校集体而成为真正的大学生。

这一恶性循环的发端问题已经不重要了。凡是出现学生"泄露"自己运动员身份的情况（如，每天文化课学习时间的减少；学业和训练时间发生冲突；因体力的透支在上课时打盹等），教师们就认准学生违反了"标准理论"。因此，教授们认为运动员不能成为普通大学生，而学生运动员们也将自己孤立起来，以寻求自我保护。现在学生运动员甚至不需要做什么，仅凭他们庞大的体形便泄露了一切了。

改善教授和学生运动员关系的唯一途径，就是学校领导理直气壮地澄清体育具有

[①] jock 是美国校园里常用的俗语，指身体魁梧高大、头脑简单的体育健将。——译者注

教育价值。运动员们为大学生活带来的,不仅仅是娱乐,更有深层次的意义。但这种情况在哈佛极少出现,只有在校友会或体育系的聚会上,偶尔听到有人谈及鲍文所谓的"团队合作、严守纪律、重拾活力、不屈不挠"的体育精神。运动员从来没有从学校官员口中听说过这些体育价值观,他们很可能从坏处揣摩校方的心思。而校方由于听不到不同的声音,容易将哈佛的运动员与新年电视转播的大学生橄榄球季后赛(bowl game)中那些表达不清、不善言论的运动员们混为一谈。

真正了解体育的人是不会赞同标准理论的。鲍文曾对学生运动员作过公正的评价,他认为:"那些在体育上表现杰出的学生并没有什么错,他们不应该受到如此不公正的待遇。"然而,在另一篇文章中他却写道:

在这些学校里,体育生们占据了一定的招生名额,而这些名额本应属于那些更具学术资格、更能利用学校教育资源的学生。

如此明确地解释运动员挤占了其他更有资格、更加勤奋的学生的入学资格,那名丑化运动员的教授或许可以得到些许宽恕了。

在分析社会科学和商科专业中运动员学生过少的问题时,鲍文写道:"在一个理想的世界里,学校应提倡多样化,希望学生攻读不同的专业,持有不同的价值观,选择不同的职业。"而在现在的学校中,标准化理论不仅体现在大学体育中,还渗透到校园生活的各个方面,我们可以称其为"一切事物的标准化理论"。根据该理论,家境贫寒的学生应该和在良好环境下长大的学生一样对赚钱不感兴趣;来自北京的学生应该和在芝加哥长大的学生一样对美国黑人研究感兴趣;来自艺术学院的学生应该和在德克萨斯州中部长大的学生一样对橄榄球感兴趣。总之,在"一切事物的标准化理论"下,多样化只是达到标准化的手段。

大学体育的标准理论是错误,甚至是荒谬的。该理论认为:曾经有一段美好的时期,人们仅仅出于热爱而参加体育运动,获胜与否并不重要——这一神话一直在流传,却贻害不浅。根据这一神话,过度的竞争和金钱的诱惑玷污了体育,学校应将妓女和金钱交易商们逐出校园,重塑那个纯洁的体育时代。这一神话还认为,职业运动员是从业余运动员发展而来,如,职业棒球队的成员们最初是从那些对运动狂热的小青年成长起来的。在拉丁语中,业余者(amator)一词指对某事热爱的人。

根据标准理论这一神话,只有严格限制体育的发展,才能保持业余体育的纯洁性。运动员们必须与金钱、专业化、训练和其他过度的职业比赛划清界限。现代奥林匹克运动和校际体育所实行的规则都基于这一哲学基础。直到20世纪80年代,奥林匹克委员会转变了态度,放宽了"业余原则"。随着由NBA球员组成的美国篮球队参加奥运会,奥林匹克精神中的业余原则也"寿终正寝"了。而在校际体育比赛中,"业余原则"仍有其市场。

然而"业余原则"缺乏深厚的理论根基。说体育在过去一直都具有业余性质,这不仅与事实不符,而且还是一个蓄意制造的谎言。业余体育最早可追溯到19世纪的英格兰,那时上流社会人士为了避免与工人阶级进行体育比赛编造了这一"谎言",以此捍卫他们世袭的贵族地位。当这一概念跨越大西洋来到美国,其原有的含义也在逐渐消失。为了维护这个"谎言",美国人曾一度深感紧张和困惑。但是直到今天,校际运动的最高管理机构还不承认一个明显的事实——为了坚持"业余原则",穷人需比富人付出更大的代价。"业余原则"只是维持等级制度的工具,而不是实现社会平等的手段。

古希腊的运动员们被视为现代奥林匹克运动的奠基者之一,但他们从来都不是业余运动员。在希腊语中,athlon的意思是"比赛"和"奖品",运动员(athlete)就是为奖品而比赛的人。在奥林匹克运动会上和其他一些古希腊的节日里,获胜者可以取得丰厚的奖品(如橄榄油,其价值往往超过当时人们一年的收入)。虽然有时奖品是象征性的橄榄枝头冠,但等运动员回到赞助他们的城邦后,将获得更多贵重的奖品。曾有人计算过在公元前5世纪,一名运动员一生的收入,竟高达4 400万美元。在古希腊,奥运会上的胜利直接关系到城邦的荣誉,顶尖运动员可以自由选择所效力的城市,这一传统比柯特·弗拉德(Curt Flood)[①]争取自由球员制度的行动早了两千多年。在公元前488年和公元前484年奥运会上,长跑运动员阿斯提罗斯(Astylos)两度为克罗顿城(Croton)赢得冠军。此后,他投奔了锡拉库扎城(Syracuse),因为该城提供了更丰厚的待遇。在奥运会上,他为"新雇主"赢得了比赛,这也是他的第三个奥运冠军。希腊人将杰出运动员视为美德典范,金钱并没有玷污他们的形象。

---

① 柯特·弗拉德(1938—1997),美国职业棒球球星,曾为棒球球队限制球员自由选择球队的"保留条款"而上诉,虽然最终败诉却促进了棒球球员自由选择球队的权利。——译者注

"业余主义"并非起源于希腊而是起源于19世纪的英格兰。到1850年,牛津和剑桥的校际体育比赛已经盛行。毕业生们将体育比赛的精神带入了英国的贵族社会。与此同时,英国正快速走上工业化道路。工人们有了闲暇时光,这是史无前例的。为了改善工人生活,社会改革家们创立了节日和假期、兴建了公园、成立了工人俱乐部,还组建了其他类型的社会组织。

当大学毕业生们将这种参与性的运动带进社会时,他们发现工人阶级渴望与他们比赛。但并不是每个人都期望打破社会阶层之间的壁垒,尤其是那些刚步入上流社会的绅士们。一篇时评这样写道:"体育俱乐部里几乎所有的成员都称自己为'绅士业余选手'。事实上很多将技工排除在外的人,自己就是来自技工的家庭。"另一方面,体力劳动者往往比上流阶层的人具有更好的身体素质,他们偶尔也能赢得比赛,这威胁到了英国上层阶级与生俱来的优越感。

"业余主义"是解决这一问题的有效途径。在19世纪晚期,"业余者"一词是用来描述画家和雕刻家的。而当"业余者"用于描述运动员的时候,它被赋予了"社会精英"这一层新的意义,它将下层阶级排除在绅士们的体育比赛之外。英国业余体育联盟(British Amateur Athletic Union)成立于1866年,两年后给"业余运动员"(amateur)下了定义:

> 业余选手的身份是技工、工匠和劳工。他们从不参加公开的比赛;不以获得奖金为参赛目的;从来没有以体育教师和体育教练为谋生职业。

如果你足够幸运,出身于上流社会家庭,那么你天生便具有"业余选手"的资格。但一旦你失去了业余者的地位,就像失去贞操一样,一去不复返。这些都成为了全美大学体育协会关于业余运动员资格规定的依据,作为一名有希望的大学生运动员,"不得以任何形式出卖体育技能,也不得在业余运动队领取薪水、奖金、奖品、小费、教育费用或生活补贴"。

长期以来"业余主义"与绅士风度联系在一起,成为优良体育精神的同义词。但是,在今天的校际体育比赛中,"业余主义"和体育精神已不可同日而语。在全美大学体育协会的规章中,"业余主义"旨在阻止运动员赚钱或参加商业活动。该协会贯彻了标准理论,但其中的规则对贫困学生和富裕学生有不同的效力,并没有体现出多少大学体育的教育价值。

"业余主义"跨越大西洋,成为美国大学体育的金科玉律,因为大学渴望找回那份"子虚乌有"的纯洁体育。早在 1893 年,哈佛的一份校友杂志上写道:"净化大学体育是一个老生常谈的话题。"通过美国最古老的大学,我们可以看到美国体育是如何继承和改造英国贵族文化遗产的。

哈佛的创立者们是清教徒,他们并不热衷于娱乐活动。但在谈到体育运动时,他们确信锻炼可以使学生精力充沛,使他们更加努力学习——事实上,就是重新塑造他们。约在 1670 年,一位父亲送他儿子到哈佛,他建议儿子在繁忙的学习之余要经常放松自己。他说:"适当的娱乐可以让你学习时精力充沛。但不要极端化,要么剧烈运动,要么坐着不动。让适度的运动唤醒你的身体,使你在学习中思维更活跃。"

哈佛 1678 届学生科顿·马瑟(Cotton Mather)①是哈佛第六届校长的儿子,也是塞勒姆巫审案(Salem Witch Trial)中的著名牧师②。他认为体育运动可带来好处。他写道:"当学生厌倦了教育一味强调与生计的联系时,一定的娱乐活动不仅无可厚非,而且还有诸多益处,如增强体质、释放野性、活跃思维。"在今天,我们可以从瑜珈和健身课程的广告语中,重温马瑟所谓的"运动可以让人身体爽快、心旷神怡"的思想。尽管标准理论成文较晚,但它的一些理念早在 17 世纪便已形成。

在早期,校方虽允许学生进行体育和其他一些娱乐活动,但并不鼓励这样做。1781 年,根据"哈佛的传统习俗","新生入校时需携带垫子、橄榄球等,并将其放在储藏室,以供学生使用"。1823 年哈佛发生了灾难性的暴乱。之后,校方意识到应通过一些非破坏性的方式让学生发泄情绪。因此在 1826 年 3 月,哈佛聘请了德国教员查尔斯·福伦(Charles Follen),为那些有兴趣的学生开设体操课程。当时哈佛正在学习现代德国大学的办学模式。这种训练课程并不受欢迎,但福伦先生成为哈佛史上第一位体育教练。

1839 年哈佛一学生因拥有一艘小船而遭到校方谴责。因为学校有规定:"在未得到校方允许的情况下,任何学生都不能在学校养宠物。根据条文的释义,船只被归入与家养动物同一范畴。"赛艇运动是从英国传入到美国的,早在 1829 年,剑桥和牛津两

---

① 科顿·马瑟,神学家,新英格兰清教徒,耶鲁大学的创始人。——译者注
② 1692 年,在美国塞勒姆发生了因一群少女的不明病症而审判女巫的事件,最后有二十多人被无辜处死。这是美国历史上一起著名的冤案。——译者注

校就开始了赛艇比赛。哈佛赛艇比赛的历史可追溯到1844年,但在之后的几年里,该比赛曾一度被封杀。直到25年后,一份报告才揭露其原因:

> 1850年底,哈佛赛艇队的一名队员在波士顿与警察发生争执,继而演变为殴打,后动用了消防队,并引发群架。最后,有赛艇队员被监禁。这件事情引起了很大的麻烦,校方"谈船色变",他们禁止成立新的赛艇俱乐部。

由此可见,哈佛对鲍文所谓"运动员文化"的偏见具有悠远的历史。

尽管当时有少许关于摔跤比赛的记载,但是第一次清楚记载的体育赛事是年级间的橄榄球比赛,到1827年为止已经发展成为年度比赛。一首名为《决斗三角洲赛场》(The Battle of the Delta)的打油诗将赛场上运动员的腿描述为一双双"伤痕累累的腿"。比赛的目的并不是为了锻炼身体而是为了使新生出丑。新生一到达坎布里奇,面临他们的便是彼此熟悉的强大的大二球队,倘若他们幸运获胜,面对的将是更为强大的大三、大四的球队。

尽管校友们对橄榄球比赛深爱于心,但这一赛事确实非常粗暴,最后引起了校方的警惕。当校长听闻新生们为了开学时能有资格参加橄榄球比赛,在进校之前就参加各种拳击班,而这正逐渐成为哈佛不成文的新习俗后,便彻底禁止了橄榄球比赛。回到今天的哈佛,2005级新生所组成的橄榄球队在8月24号(比正式开学提早了一个月)就到校参加训练,他们继承了150年前的传统——赛季开始前进行集训。

费尔顿校长在1860年发表声明:"橄榄球年度比赛已演变为班级间的斗殴,许多运动员身受重伤。"1860年7月2日,校方正式发出通告,禁止新生与大二学生之间的年度橄榄球比赛。为了表示抗议,学生们为橄榄球举行了一个隆重的"葬礼"。学生们将一个写着"橄榄球战士"(Foot Ball Fightum)的橄榄球放在骨灰盒中,并将其埋葬在三角赛场(Delta)的中央,以嘲弄校方的家长式作风。"欢呼吧,鼓掌吧,新生们!自作聪明的人们在小题大做!他们张开双臂拥抱着你们,保护着你们的眼睛和鼻子啊!"随后,大二的全体学生用《友谊天长地久》的调子齐声歌唱:"我们反对校方不让我们说话/望着逝去的'橄榄球战士'的脸/想想我们凄凉的明天/我们只能表达内心的悲哀。"这是早期学生反抗体育规则的行为,而许多规则至今仍为学生所憎恨。2004年哈佛《深红报》的一位专栏作家嘲弄常春藤盟校的校长为八位"常春藤"的"收割者"。他指责他们对橄榄球比赛的种种限制以及对比赛胜负漠不关心的态度,他还怂恿常春藤盟校的学生们起来反抗,"向这些校长们说不"。在体育问题上,校方总是与学生持不同观点。1860年的这场斗争中,校方占得了先机,但随之而来的是更多的斗争。

第一场大学校际体育赛事并不是橄榄球,而是赛艇比赛。所有的校际比赛都是商业性的。倘若当时各校都奉行业余原则,那么就没有大学校际比赛的发端了。

到1849年,人们已经可以从波士顿乘火车往南到新罕布什尔州南部的奥尔顿湾(Alton Bay),游览那里的温尼湖(Winnipesauke Lake)。从奥尔顿湾出发,游客们可以乘坐铁路公司的"凌波仙子号"(The Lady of the Lake)豪华游轮,到温尼湖周边的旅游开发区观光。波士顿—康科德蒙特利尔铁路公司希望把游客吸引到温尼湖湖区来。一天,当铁路公司的主管詹姆斯·艾尔金斯(James Elkins)坐火车经过温尼湖区时,向耶鲁1853届学生詹姆斯·惠顿(James Whiton)提议,可否在温尼湖举行一场耶鲁与哈佛之间的赛艇比赛。他承诺负责双方运动员八天比赛行程的所有经费(包括交通和住宿)。

在那年暑假前夕,耶鲁向哈佛发出了邀请。但是比赛没有马上举行。因为当时哈佛赛艇俱乐部已被禁止,哈佛还没有一支正规的赛艇队。那时,埃里奥特校长还是哈佛的学生。他后来回忆道,那些年里偶尔有船只从坎布里奇划出,只有两三个人在卖力地划着,船上载了一帮在波士顿喝得醉熏熏的队员。用现在的话来形容,那两三个清醒的船员就是"指定司机"(designated driver)①。尽管如此,八位身强力壮的哈佛学生还是组成了一支船队,迎接耶鲁的挑战。经过了几天准备,比赛于1852年8月3日在新罕布什尔的中央港区(Center Harbor)举行,这场比赛吸引了近一千名观众。赛前,由于担心过度训练会磨出水泡,哈佛的选手只练习了三四次。最后哈佛船队在2英里赛程中,以超出耶鲁4个船身的优势胜出。美国的大学校际体育比赛从此诞生了。

这场比赛是美国大学间的第一场业余比赛吗?学生是因为对运动的热爱而参加比赛的吗?当然,在学生看来,他们是出于兴趣而不是职业的目的才参赛的。冠军队获得的奖品只是一副漂亮的划桨而已。两支队伍既没有教练也没有经过严格训练。然而,对铁路公司而言,整个比赛却是他们精心策划的一次商业活动。从校际比赛的诞生之日起,金钱的因素、公众对体育比赛的兴趣、运动员身上谦谦风度的缺乏,这一切使美国的大学校际体育运动丧失了英格兰本土的体育精神。

---

① 指在聚会时滴酒不沾,事后负责送醉酒的朋友回家的人。——译者注

尽管哈佛获得了这次比赛的胜利，但校方还是像过去一样限制赛艇运动。由于学生对比赛的态度冷漠，在1857年一次混乱不堪的表演赛后，哈佛赛艇队宣布解散。在距第一次校际比赛五年后，哈佛学生开始反问："我们还能再度夺冠吗？是否我们的荣耀已一去不复返了？"

由于人们对赛艇运动的推崇，这项运动才在哈佛得以幸存下来。当时埃里奥特已是哈佛教员，他于1853年从哈佛毕业。埃里奥特加入了由研究生和学校官员组成的赛艇俱乐部，他们划船是为了消遣，而"不是为了追求任何卓越的体育水平，也不是为了参加比赛"。在该俱乐部解散之前，1857届的队员赊账订购了一艘"六桨赛艇"——这是查尔斯河上第一艘真正的赛艇。当这艘赛艇运到哈佛时，四名本科生加上埃里奥特和1853届的亚历山大·阿加西（Alexander Agassiz）[后来亚历山大接管他父亲路易斯·阿加西的事业，成为哈佛大学教授和比较动物学博物馆（Museum of Comparative Zoology）的馆长]，六人组成了一支赛艇队。1858年夏天，这支号称哈佛有史以来"最聪明的船队"参加了两次赛艇比赛。被埃里奥特称为"带有爱尔兰血统的波士顿城市委员会"组织了这些赛事。他们的对手是一群被称为"堡垒山男孩"（Fort Hill Boys）的年轻的爱尔兰码头工人。

埃里奥特曾在给他未婚妻的信中保证："自己会适度地划船，决不会太卖力"，但事实上在三天的训练后，他的手指已像搬运工人一样僵硬了。比赛结束后，埃里奥特回忆道："那一刻我感到无比的激动，在最后半米的冲刺中，人们欢呼雀跃，为我们呐喊鼓掌，那场面太激动人心，我们也划得更起劲、更出色了！"根据事先的安排，哈佛队员和爱尔兰人平分了一百美元的奖金，他们用分到的奖金付清了赛艇的贷款。在这两场比赛中，哈佛队员第一次身穿由埃里奥特选择的红色比赛服，而他的一名队友本想采用由波士顿服装商提供的蓝色、橙色、绿色、黄色的各色服装。他们每人都佩带一条"中国丝绸"大围巾，岸上的观众从围巾便可辨认出哈佛船队的队员。在随后几十年的屡次校际比赛中，深红色成了哈佛的代表色。

仅在20年前，哈佛还将船只归入猫狗之类动物的行列，禁止出现在校园里，禁止学生组织或参加任何形式的体育比赛。而20年后，哈佛赛艇队的队员中，有一位来自比肯山（Beacon Hill）地区的名门望族的哈佛教员，沾沾自喜地向女友吹嘘自己拥有劳工一样的双手；另一位是哈佛最伟大的科学家的儿子，他德高望重的父亲正在岸上观看儿子的比赛。队员们在波士顿政客们的注目下比赛，他们为战胜强壮的爱尔兰人而欣喜若狂，他们为口袋里拥有足够的奖金来支付债款而感激不已。

美国人的观念在发生变化，人们开始意识到体育有助于塑造性格、净化灵魂。体育比赛赋予人的心灵和身体以精神和力量。是什么促使人们的观念发生了转变呢？是基督教的教义，它承认了体育运动的重要性。

1858年，哈佛校友托马斯·温特沃斯·希金森(Thomas Wentworth Higginson)发表了新宗教运动宣言——"强健派基督教"(Muscular Christianity)。埃里奥特参加在波士顿湾举行的赛艇比赛前几个月，《圣徒和他们的身体》一书问世。当时，人们认为强健的身体和神圣的灵魂是格格不入的，而希金森试图纠正这种错误观念，他提到了古希腊时代的柏拉图，他不仅是一位伟大的哲学家，还是一名摔跤选手。他说："没有强健的体魄，圣徒怎么能有所成就呢？听闻剑桥神学院组织了一家赛艇俱乐部后，我们开始对这个学院寄予希望。"在希金森看来，体育锻炼对年轻人尤为重要。他甚至认为，如果从事体育运动要牺牲一些学习时间，那也未尝不可。

> 无论是学习还是玩耍，只要能保持一颗纯洁而豁达的心，那就没有虚度光阴。如果运动过多地占据了学习时间，那我们只能说，体育只给学生带来了"额外的收获"。年复一年，我们坚定地相信，公立学校和私立学校都系统地对正处成长阶段的年轻人施加过重的学业负担。

希金森认为，运动可以帮助大学生缓解压力，而科顿·马瑟的观点则更为激进。希金森赞成推行有身体接触的剧烈运动，他认为橄榄球、拳击、摔跤之类的运动比体操、散步之类的运动更能释放压力。

"强健派基督教"的发展，一方面是受维多利亚时代宗教女性化(feminization)的影响；另一方面是受19世纪末美国社会发展的影响——工业化的进程导致了金融和管理领域"办公室一族"的增加。希金森在另一篇文章中写道：

> 一个美国人，夜幕降临时拖着疲惫的身躯下班回家。他的大脑还在不断地运转，而身子骨已经散架了。而一天10美元的工钱还不足以养活孩子和这个贫困的家。对于他来说，如果工作之余还要挖空心思，思考一盘复杂的象棋，这不是一种好的放松方式，就像一名经过一周劳作的木匠，还要在周末摆好锯木凳，拿锯木

放松一样，是缘木求鱼。

不管当时美国社会所面临的危机仅是民众体质在削弱，还是国民阳刚之气在消失，我们都需要有所作为。正如历史学家克利福德·普特尼（Clifford Putney）所说："应该以新的进取精神取代过去温文尔雅的习气。"西奥多·罗斯福（Theodore Roosevelt）是1880届的哈佛校友，他曾经这样描述当时的社会："人们普遍忽视甚至鄙视硬朗强悍的作风。"罗斯福带领美国社会与这一风气进行了激烈的斗争。

人们对包括橄榄球运动在内的"阳刚体育"的兴趣与日俱增。希金森认为，橄榄球是所有运动中最具魅力的，它充满着野性的力量，使人沉醉其中。"强健派基督教"赋予"野蛮"以新的含义，橄榄球运动充分地展现了野性美。希金森解释道：

> 我们每个人身上都有一股未爆发的原始力量，我们应该挖掘并培育这一力量，而不是压制它。在人类文明进程中，我们的生活需要些许野性的奔放，体育运动恰恰是一个不错的选择……我们不能也不应该压抑原始的冲动。

对体育的狂热符合当时美国社会反现代主义的思潮——一种世纪末的绝望。内战后美国社会的繁荣使富裕的盎格鲁·撒克逊裔美国人丧失了斗志，找不到生活的真谛。历史学家杰克逊·李尔斯（Jackson Lears）指出："对后维多利亚时代的资产阶级而言，无论是肉体上还是情感上的艰难经历都已成为过去。考验体力的农村生活已消失了，曾经的新教徒特有的大喜大悲的情感体验也已消失了。"从某种意义上说，战后的美国人"必须在真实的艰辛体验和虚假的现代舒适之间做出选择"。对于新兴"办公室一族"和资本家们而言，略带野性的体育运动可以使他们找回斗志、恢复活力。

大学体育的兴起推动了校内平民主义的发展。1828年，安德鲁·杰克逊（Andrew Jackson）当选美国总统。在他之前的美国总统中，除了乔治·华盛顿外，其他几位均受过大学教育——两位毕业于哈佛，两位在威廉·玛丽学院，还有一位毕业于普林斯顿（当时的新泽西学院）。但杰克逊总统是一位没有受过教育的武士，他是尚武的代表。历史学家理查德·霍夫斯塔特（Richard Hofstadter）称他为"复古的英雄……他的智慧源自于丛林"。尽管他被授予荣誉学位一事激怒了哈佛教师，但他所代表的形象成为后来几十年里美国文化的象征。19世纪晚期，社会文化与学校教育的冲突一直困扰着哈佛学子，当时的政治和宗教推崇粗犷和雄健，而学校则在培养温文尔雅的绅士风度。

直到进入西奥多·罗斯福时代,阳刚之气和儒雅风范才得以融合:哈佛学子同样可以拥有强健的体魄,同样为自己是拓荒者、武士和运动员的后代而自豪。霍夫斯塔特写道:"从那以后,那些被认为过于文雅、过于理想化和学究气的未来政治家们,若想取得从政资格,必须有服军役的记录。倘若没有相关的背景,能提供橄榄球队的参赛记录也可以。"在2004年的总统竞选宣传中有这样两幅图片,一张是约翰·克里正在向民主党代表大会行军礼,另一张是乔治·布什正在德州农场清理杂草,这两位耶鲁人都以行动表示:他们继承了罗斯福总统的精神遗产。

"标准理论"的支持者们认为,即使体育精神曾在社会发展中发挥过一定作用,它的影响力也是今非昔比。《运动人生》一书引用了前商学院招生办主任的一段话,他问:"过去那些擅长市场营销、注重团队合作、强调管理结构和热爱体育锻炼的精英们,还能在今天这个信息化时代呼风唤雨吗?"鲍文给出答案是:比尔·盖茨在哈佛的时候并不是运动员。事实上,比尔·盖茨在大学里最大的爱好是打扑克牌,这一过时的游戏曾经很受资本家的欢迎。然而,微软的首席执行官史蒂夫·鲍尔默(Steve Ballmer)在高中的时候就是橄榄球队的明星球员,他读大学时是哈佛橄榄球队的主力,当时的教练是他非常崇拜的瑞斯蒂克(Joe Restic)。倘若年轻时的体育爱好与他们将来商业成功所需要的技能存在一定联系的话,那么微软的例子表明:在这个问题上,新经济时代和旧时代并没有大的区别。

"标准理论"的支持者认为,体育运动没有实际价值,因为他们认为未来世界是一个"头脑"的世界、一个"知识资本"的世界、一个信息化的世界。但是随着美国由农业社会向城市社会发展,大学体育也日益普及——因为在城市里,人们"用脑过度",他们身上剩余的精力需要通过体育运动来发泄。特别是那些整天使用电脑的白领工人,更加需要参加体育锻炼。他们成为推动美国体育运动发展的一股力量。

埃里奥特校长在带领哈佛创建研究型大学的同时,也将体育的"业余主义"精神带到了美国。在担任校长的四十年间,他极力反对学生参加班级间的体育比赛(尽管年轻时他自己也参加了体育比赛)。

---

① 1971—1993年任哈佛大学橄榄球队教练,曾率队五次获得常春藤联盟赛的冠军。——译者注

1860年,学生们为"橄榄球战士"举行了隆重的"葬礼",将其骨灰盒埋葬在哈佛的三角赛场里,并在墓碑上刻上了"复活"(Resurgat)二字,意思是"保佑它重生"(May it rise again)。十年后,他们终于如愿以偿。1871年的早春,哈佛1874届的大二学生威廉·泰勒(William R. Tyler)与一位大三、一位大四的学生共同向校长提出请愿,希望能允许学生踢橄榄球。泰勒说:"很自然,我们的请求起初受到了质疑。但是,接受了一番调查后,我们美好的愿望终于有了归宿。允许举行橄榄球比赛的条款被正式写进了学校规章。"1873年,哈佛成立了学校橄榄球俱乐部——后来在不友好的当地居民的反对下,俱乐部被赶出了坎布里奇区(Cambridge Common)。

与此同时,另一种比赛方式类似英式足球的橄榄球运动在其他学校盛行起来。当时,耶鲁邀请哈佛参加在纽黑文市举行的大学领导人会议,希望在这次会议上哈佛、哥伦比亚、鲁特格斯(Rutgers)、普林斯顿、耶鲁五所大学能就校际体育比赛的规则达成协议。哈佛事先对会议的投票结果做了预测:如果参加该会,自己奉行的"波士顿规则"(Boston Rules)便会失效。因此,哈佛采取了不合作的方式(该方式在后来被许多大学效仿),委婉地拒绝了会议邀请。这样,其他四所大学陷入了困境,因为他们知道,不管他们之间达成怎样的协议,哈佛的意愿最终都要被考虑在内。

1874年3月14、15日,哈佛与麦吉尔大学(McGill University)①进行了两场比赛。因为内战后,哈佛的三角赛场已不复存在,取而代之的是一块雄伟的纪念碑,故比赛转到查维斯体育场(Jarvis Field)(即今天的哈佛法学院和工科大楼所在地,我的办公室就在那里)举行。比赛门票为50美分,但仍有将近500名观众前来观战。两天的赛事结束后,哈佛和麦吉尔大学的球员前往波士顿的派克(Parker)酒店〔现在的奥姆尼·派克酒店(Omni Parker House Hotel)〕庆祝狂欢,将门票收入挥霍一空。与赛艇比赛一样,哈佛的校际橄榄球比赛从一开始就具有商业性质。

第一天的比赛是在"波士顿规则"下进行的,每队参赛人数为10人。第二天的比赛在"英式橄榄球规则"(Rugby Rules)下进行,每队参赛人数为11人。尽管泰勒质疑"校园里是否有超过三个人见过鸡蛋形的球",但在波士顿的比赛中,两头尖尖的橄榄形的球取代了圆乎乎的比赛用球②。参加完加拿大的回访比赛后,哈佛认为"英式橄榄球规则"比"波士顿规则"更胜一筹。哈佛对1873年会议的抵制为现代橄榄球运动

---

① 麦吉尔大学是位于加拿大魁北克省蒙特利尔市的著名高等学府。——译者注
② 在此之前,美式橄榄球都是圆的。——译者注

的诞生奠定了基础。

此后,橄榄球运动如雨后春笋般地发展起来。1879 年,距普林斯顿和鲁特格斯的第一次校际橄榄球比赛年仅十年时间,学术型和运动型学生已发展成为校园里两个迥然不同的群体。著名的讽刺漫画家托马斯·纳斯特(Thomas Nast)在《哈勃周刊》(*Harper's Weekly*)发表了一幅没有插文的漫画,讽刺了这种两极分化的现象(图 9.1)。

教育,难道没有中间道路吗?

图 9.1　托马斯·纳斯特 1879 的漫画作品《学者与运动员》

在 19 世纪 80 年代早期,橄榄球比赛经常吸引数百名、有时甚至是数千名观众前来观战。十年后观众已达到上万人。1882 年,哈佛棒球队在一年之内打了 28 场比赛,其中有 19 场是客场比赛。一位教授感叹道:"我们是否可以说这些球员还是大学生呢?"

学校最终动用了行政权力,果断地创立了"学校体育运动委员会"(Faculty Committee on Athletic Sports)。该委员会的第一部章程规定,学生运动员不得与职业选手同场竞技,比赛时间也只于星期六(后来的规章放宽了这一限制)。正如埃里奥特给哈佛监督委员会的报告中说的那样:"学校……第一次直接干预了体育比赛的性质和内容。"哈佛面临着十年前兄弟院校同样经历过的问题:凡涉及院校间的比赛,所有的参赛队都应奉行相同的比赛规则,否则将有院校被迫退出比赛或者在比赛中处于劣势。以耶鲁为例,当时耶鲁是体育强校,它拒绝接受"禁止大学球队与职业球队比赛"这一规则。

埃里奥特从此踏上了阻止大学体育丧失业余性质的历程。他认为大学体育应以强身健体为目的,参加体育锻炼的年轻人应把学业放在首位。而追求体育卓越的任务,应留给那些职业选手们,他们并不在乎体育过程是否精彩。然而,据记载,到19世纪80年代,橄榄球运动已变得近于残酷,埃里奥特极力维护的"运动魅力"也荡然无存。

哈佛体育运动委员会禁止学生与职业球员进行比赛,规定没有委员会的书面许可,不得聘用体育教练或体育指导,并通过表决在操场周围建立栏杆,以保护操场和阻止抗议人士入内。1884年哈佛和其他几所院校制定了更为严格的制度,全面禁止聘任专业教练。他们认为,一旦某支球队拥有专业教练,那么它的对手也应该获得同样的优势,否则两支球队的竞争将是不公平的——这是早期反对体育竞赛的一种方式。

从本质上说,埃里奥特对体育的基本观点,就是现在我们熟知的"标准理论"。他认为大学体育是一种有利于学生健康的娱乐方式。只有以强身健体为目的,竞赛才能凸显其价值;一旦超出这一界限,竞赛的价值将荡然无存。1882年,埃里奥特发出警告,哪怕是"闻一下金钱的气味"也会玷污大学体育。

总的来说,在过去的25年里,大家一致认为,身体锻炼和体育比赛在哈佛日益得到重视,并促进了大学的发展。大批学生的身体素质得到了显著的提高……人们不再把驼背、软弱、病恹恹作为好学生应有的形象,相反,健硕、精力充沛和体格健康成为好学生的标准。尽管大家认为体育比赛有利于维持学生对体育的兴趣,但很容易走向极端,因此应该对比赛进行严格限制……大学体育和竞赛应崇尚以消遣娱乐为目的的业余精神,而不是像职业体育那样以谋生和追名逐利为目的。

体育运动越来越受欢迎,但离埃里奥特心中的理想也越来越远,他对体育的批评也日益尖锐激进。"校际比赛加剧了体育中残暴行为的恶化",但是他也承认,"比起野蛮,柔弱和娇贵所带来的后果更为可怕。"1893年,埃里奥特在肯定学校体育委员会的工作的同时,抱怨道:"激烈残酷的体育比赛导致了过度的训练和不择手段,像哈佛、耶鲁这类精神追求高于一切的高等学府,在体育上投入了过多的经费。"然而,哈佛早已打破禁止聘任专业教练的规定,它给棒球队队员和教练开工资,并聘请波士顿红袜队(Boston Red Stockings)大名鼎鼎的主力球员担任教练。

埃里奥特对运动的理解与一般美国人背道而驰。他在攻击橄榄球危险性的同时,还提及了航海、骑马、爬山、打猎等普通美国人很少涉及的运动项目,他认为这些运动使人变得勇敢,可以培养男子汉的气概和沉着应对、快速决定等品质。他认为任何形式的欺骗都有悖体育精神。埃里奥特传记的作者亨利·詹姆斯(Henry James)写道:"在他看来,投一个曲线球需要耍弄低级的狡猾手段。"埃里奥特喜欢看到有学生被列入"留队察看"名单,随后被开除出棒球队,因为他的队友都在吹嘘他能佯攻(表面上往某一方向投球,实际上投向另一方向)。他相信:"在橄榄球运动中,所谓的勇敢表现就是攻击对方最强悍的防线。"此外,埃里奥特对哈佛学生所表现出来的对客队的态度极为不满,他严肃地提议,要改变"为哈佛获胜三呼加油,为耶鲁失败三喝倒彩!"的做法,哈佛学生应高喊:"为哈佛获胜三呼加油,也为耶鲁获胜而喝彩!"后来,甚至他的子孙辈们也取笑过他这句口号。

与此同时,校友们对体育的支持却与日俱增,他们也愈加相信体育运动带来的好处。1890年6月10日,大慈善家亨利·李·希金森在查尔斯河的波士顿一岸划出很大一块地皮,以作纪念在内战中为国捐躯的六位校友之用。希金森将"战士之地"(Soldier's Field)无条件地赠予哈佛,但他希望"将这块地作为哈佛学生的运动场地。若哈佛董事会决定需要将这块地挪作他用,需要腾出另一块空地作为学生的操场"。希金森视体育运动为高尚的追求,他希望在那块土地上奔跑玩耍的学生,能时时想起勇士们的精神。英雄们用生命教育我们:

> 为了正义的事业,为了祖国,为了全人类而无私的奉献是崇高和神圣的……我对这块土地寄予的最大的期望就是:希望它能帮助你们成为体格健全、全面发展的男子汉,并时刻准备着坚定不移地为崇高的事业而奋斗;希望它能让你们时时牢记生命的意义以及作为一个男子汉、作为一个共和国公民应承担的义务。

随着橄榄球赛场从查维斯转到"战士之地",橄榄球运动越来越受欢迎,比赛也变得越来越粗野、残酷。橄榄球运动在哈佛之所以得以盛行,与埃里奥特在哈佛推行的一系列的改革密切相关——包括增加本科生的数量,解除本科生课程的限制,以及创建研究生院。比赛给大学生一种团结一致的体验,而他们平时在学习中并没有经历过这样的体验,在地位上他们也被看作是低研究生一等。1896年哈佛校友会的一位委员发表了一份报告,就哈佛学院的生活作了客观的评价:

> 在哈佛,学生们彼此之间并不怎么碰面,这也许是学校所期望的吧。除非你来自于某个大的预科学校或有特殊的过人之处,否则,你在大学里将永远享受不到真正的友谊,而友情应是大学生活中影响最大、记忆最深的体验。对班级的情感……已消失——已被选课制度彻底摧毁……学生对大学的情感,对哈佛的热爱,也会同样消失吗?

这份报告成为了亨利·李·希金森向哈佛再次捐款的缘由。他投资兴建了一家俱乐部会所——哈佛学生联谊会(Harvard Union)①,类似于今天的学生活动中心。希金森建立的学生俱乐部,填补了埃里奥特造成的哈佛校园生活的一个空白。

到1905年,埃里奥特对橄榄球运动已厌烦至极,他声称:"橄榄球完全不适合大学和中小学教育",称之为"比职业拳击赛、斗鸡、斗牛还残酷的运动"。他宣布应全面禁止橄榄球运动。

然而,橄榄球运动的发展远非埃里奥特所能控制。1903年,一座巨型体育馆在哈佛的"战士之地"开始兴建。不到半年的时间,该体育馆便告竣工。它的建设资金来自于哈佛1879届校友的捐助,建筑工人是哈佛劳伦斯科学院(Lawrence Scientific School)的学生。1903年哈佛与耶鲁的第二次校际比赛在这里举行。这场比赛吸引了四万名观众,据报道那是橄榄球比赛有史以来观众人数最多的一场比赛。然而,从1902到1904年,在与耶鲁的比赛中,哈佛连续三年一分未得。哈佛体育委员会意识到,他们必须像耶鲁一样聘请职业教练,于是该委员会打破了不聘请职业教练的惯例,以3 500美元的高薪聘请1901届的体育英雄比尔·瑞德(Bill Reid)担任哈佛橄榄球队的教练。此外,哈佛校友会又付给他3 500美元作为酬劳,1905年初,瑞德成为哈佛首位带薪的橄榄球教练。

---

① 学生宿舍建立起来后,这栋楼成为了新生联谊会的活动地,后来成为巴克尔人文研究中心(the Barker Center for the Humanities)。最初的大学俱乐部都是联系在一起的,"HVC"(哈佛大学俱乐部)这一标识,在现在人文学科教授们工作处的门上仍清晰可见。——作者注

瑞德的薪水为7 000美元，比当时哈佛工资最高的教授还多30%，甚至可与有着40年校长资历的埃里奥特的收入相比。事实上，埃里奥特直到成为校长后，他的经济收入才有保障。埃里奥特出身于波士顿的比肯山，家境富裕。但他的父亲在他读本科时便宣布破产。埃里奥特本人非常敬仰哈佛的创建者们——那些具有忘我精神的新英格兰人。20多岁的体育教练居然领取高额的工资，兴建大型体育馆花费巨大，橄榄球运动又是如此粗野，这一切使埃里奥特忐忑不安。

哈佛聘请职业教练一事，在社会上也引起了一片指责声。与今天高校体育的巨额开支一样，一个世纪前哈佛—耶鲁之战的开支，足以使公众震惊不已。《生活》杂志在1905年的一篇社评中说："把高校橄榄球赛看作是体育运动，这不是一种错误吗？难道橄榄球真的成为一种商业行为了吗？"

埃里奥特极力维护的"业余体育自娱自乐"的价值观被彻底击毁。鲍文所希望的"找回运动的价值"——即，体育应作为一种娱乐回归到普通学生中间——从长远来看，也没有取得多大进展。埃里奥特和鲍文所向往的以娱乐为目的的纯粹体育时代从未出现过。

埃里奥特期望创造一个从未有过的、纯洁的体育世界，然而自哈佛的赛艇比赛和橄榄球比赛诞生之日起，金钱便已卷入其中。虽然那时种族和经济的"纯洁"也近乎消失，但与体育运动相比，前者至少在美国社会出现过。在美国，"业余标准"是维护统治阶级地位的手段，而这些标准和规则确实起到了这样的作用。

埃里奥特曾隐晦地表达了他对社会融合的担忧。例如，在1874年担任哈佛校长仅五年后，他就担心哈佛学生与"那些不三不四的人交往"。

> 尽管校董会极力为发展"阳刚运动"辩护，但是他们感到必须全力阻止学生与那些以训练和比赛为生的人交往；劝说学生不要将偶尔用于消遣的体育运动作为他们大学生活的主题；并全面禁止出售比赛门票。

24岁的埃里奥特曾为战胜爱尔兰的码头工人而欣喜若狂，然而40岁的埃里奥特却极力反对学生与职业运动员交往。埃里奥特承认，由于金钱的卷入，在与爱尔兰人的比赛中，自己可以被视为职业选手。但是现在他认为，学生不但要避免与职业选手接触,而且要与任何这一"阶层"的人保持距离。提出"业余主义"最初是为了防止英国上层阶级与劳动工人"亲如兄弟",但当该词被引进"新世界"(New World)后,却成为了划分社会阶层的标准。

埃里奥特的体育指导老师达德理·爱伦·萨金特(Dudley Allen Sargent)揭开了业余主义思想在美国的神秘面纱。作为体操教练查理斯·福伦的杰出继承人,萨金特强烈反对体育竞赛。他认为:"无论从精神还是身体角度看,今天的竞技体育是所有正统文化的公敌。"在萨金特负责哈佛体育馆期间,他避免以比赛方式吸引学生参加体育运动,而是诉诸更为高尚的动机——责任感。他认为:"每个人都有责任锻炼自己的身体,塑造强健的体魄,以便有能力承担生活的重任,并通过体育改善人种、提升普通人的体质,推进全人类的生活质量。"

萨金特对体育的看法是建立在当时流行的种族理论基础之上的。19世纪,大量移民涌入美国。在他看来,美国社会已不再由纯种的上流阶层的殖民者组成。大量劣等的外来血统破坏了美国社会的完整性。他认为体育锻炼可以弥补这一缺陷。正是在这一思想的指导下,萨金特所在的委员会决定通过具体的制度手段,保护哈佛体育的发展。

离职前,埃里奥特清晰地表达了他对种族问题的看法。他认为:"在平等的法律下,白人和黑人应隔离开来,各自生活,但彼此间保持融洽的关系。"他反对南方白人中普遍存在的看法,即:"政治上的平等在一定程度上可以确保黑人与白人交往的权利,从而带来社会融合。"他进一步指出,"所有支持黑人和白人通婚的证据,在我看来都不足为信"。1912年,埃里奥特与其他一些有名望的知识分子一起支持"优生运动"(eugenics movement),并担任在伦敦举行的第一届国际优生会议的副主席。

种族隔离、性别隔离、社会阶层的隔离、业余运动员与职业运动员间的隔离等观念,在一个世纪前为美国知识分子所广泛接受。然而,进入21世纪后,虽然社会隔离的现象还有残余,但我们基本上克服了这些障碍。

今天,业余体育的谦逊与优雅品质并不受推崇。业余体育标准依然夹裹着与生俱来的贵族气息。现在的业余体育还存在因竞争性过强和强调竞技水平而带来的弊端。这一思想可以追溯到20世纪初二流古典学者加德纳(E. N. Gardiner)。加德纳认为:"5世纪末之前,人们对强壮身体和竞技胜利的过度追求,导致了体育的专门化和职业化;体育的过度发展和专门化……不能再给我们的国民带来生命力。"在今天,"职业主义"并不仅与"业余主义"对立,它还意味着对卓越的过度追求。古典学者大卫·扬(David C. Young)总结说:"从本质上讲,业余哲学与竞技哲学是对立的……竞技表现出色是好事,但过度表现就适得其反了。"

古希腊有关体育运动的故事,是大学体育"标准理论"的本源①。鲍文撰写那两本专著,就是为了找回那个虚幻的希腊典范。《运动人生》封面展现的是一个经典的奥林匹克运动员的形象——"掷铁饼者"(罗马人所塑的白色大理石雕复制品)。《找回运动的价值》的封面是一个手持火炬的女运动员[这一白色塑雕是切斯特·比彻(Chester Beach)在约1926年的作品],她与经典的古希腊女运动员的形象极为相像,与男运动员不同之处在于她们的穿着。

与英国贵族阶层创造"业余标准"的目的一样,奥林匹克运动会采用"业余标准"也是为了将"不受欢迎"的人排除在外。在以业余为名义的奥林匹克运动会中,美国印第安人吉姆·索普(Jim Thorpe)受到了奥运史上最为不公正的待遇。1912年,索普参加了斯得哥尔摩奥运会,并取得五项全能和十项全能比赛的冠军。瑞典国王古斯塔夫五世赞誉他为世界上最伟大的运动员。但一个月后,他被指控有"职业运动员"的身份,因为他在上大学的时候,曾在北卡罗来纳的一支半职业性质的棒球队打过比赛,获取每周十五美元的报酬。因此他被剥夺了奥运会金牌。他曾多次试图夺回属于自己的金牌,但都以失败告终。直到他去世后多年,金牌才物归原主。

哈佛学生早就意识到,"业余原则"的普及将把大学体育变成为富裕学生的娱乐活动。1878年,当哈佛赛艇队准备前往英国泰晤士河的亨利(Henley)河段参加比赛,哈佛《深红报》的一篇文章,用带有狭隘民族主义的讽刺口吻说,美国赛艇队将按照英国的业余标准进行比赛。

  那些贵族出生的英国选手将会尝到苦头,他们的赛艇队将被拳头坚硬的美国"木匠"击败。大家必将看到这一结果。英国人的体育格言是"让最优秀的人获

---

① 古希腊的体育崇尚社会民主而非社会分层,人们借用古希腊体育来讽刺英格兰维多利亚时代按社会阶级来划分体育的现象。在古希腊,运动员都是裸体比赛[体操(gymnasium)的词根 gymnos 在希腊语中的意思是裸体],赤裸的比赛抹去了富裕阶层的标记,胜利不再取决于运动员的权势,而在于速度和力量。古典学者史蒂芬·米勒(Stephen G. Miller)认为,"法律面前人人平等"(isonomia)蕴涵的基本民主观念起源于古希腊卓越的体育典范(米勒:《古希腊体育》,耶鲁大学出版社 2004 版,第 232—234 页)。——作者注

胜"。而现在,或许大西洋彼岸的英国兄弟们要收敛一下他们引以为傲的"公平竞争"原则了——在我们美国,这个原则只是口头说说而已。

当哈佛采用了"美国版"的英国业余体育标准时,一位学生作者公开表示蔑视,他在《深红报》上写道:"哈佛教师们建立栅栏、收取门票费的想法着实荒谬可笑。教师们希望有钱人家的学生能承担所有的经费,认为他们有能力通过捐助发展体育运动。这就是'民主'精神的真正体现!我们最好称其为哈佛的'民主'。"20 世纪 20 年代,哈佛开始招收家庭经济困难的学生,许多学生的种族地位无法与哈佛昔日的校友相比。与现在一样,当初对那些既没有显赫家世背景,又申请不到奖学金的学生来说,体育特长为他们铺就了一条通往大学的道路。1929 年,美国老百姓的生活愈加艰辛,靠打球赚钱这样的机会变得更加无法抗拒。我的岳父是一位爱尔兰消防队员的儿子,他就是靠打比赛来赚钱的。为了保护哈佛免受金钱污染,哈佛学院院长要求哈佛球员签署不接受任何报酬的协议。但是他很清楚,一旦夏季学生参加"鳕鱼角棒球联盟"(Cape Cod League)的比赛①,他们仍可获得报酬。

242　　"业余主义"是一个内涵丰富的术语。在日常用语中,"业余"可以是一个纯粹描述性的词语,如"她是一位业余(amateur)摄影爱好者";表示轻视,如"伟大物理学家詹姆斯·克拉克·麦克斯韦尔(James Clerk Maxwell)感到非常惊讶,居然非专业人士(amateur)也能组装贝尔的电话";表示侮辱,如这个地方居然由外行人(amateur)管理经营;"业余"在体育中出现时,则往往表示赞美之意。当"业余"作为褒义词使用时,它的第二层意思来源于该词长久以来与"绅士风度"的联系。业余体育爱好者具有良好的体育品质,他们胜不骄败不馁;他们尊重对手并言行一致;他们对生活有透彻的理解,不会因为暂时的胜利或失败而大喜大悲。这些价值观曾是良好教养的基本内容,精英学校也在强化这样的价值观,而现在这些观念正淡出人们的视线。流行文化无法推动这些价值的重构,因此那些表现出良好体育品德的运动员们,不管是否是业余者,都将作为人类高尚精神的象征而得到尊重。

然而,"竞技业余体育"(athletic amateurism)一词则与上文所谈论的体育价值观

---

① 现在鳕鱼角棒球联盟执行美国大学生体育协会的规则,不再为大学生球员提供报酬。——作者注

并无联系,它有着特殊的定义——往往用来表达运动员参加体育运动的动机:业余运动员从来不是争强好斗之士,他们打比赛并非为了钱。全美大学体育协会对业余原则有如下描述:

> 在校际体育运动中学生运动员应是业余者,他们参加体育比赛主要是出于教育的、身心的和社会利益的考虑。学生参加校际体育运动是一种业余爱好,学生运动员不能参加任何形式的职业运动和商业比赛。

遗憾的是,随后出台的关于运动员行为方面的烦琐禁令和漏洞百出的实施细则,让这一声明的积极意义消失殆尽。全美大学体育协会工作手册长达460页,而常春藤联盟工作手册在此基础上又增加了178页。在奉行"业余主义"过程中,全美大学体育协会最荒谬可笑的例子,莫过于1998年美国女子冰球队事件。当时美国女子冰球队获得了1998年奥运会的冠军,这支球队的集体照出现在维体麦片盒(Wheaties box)[①]。而按规定,那些期望重返大学赛场的运动员的照片必须从合照上删除,其中包括五位哈佛学生,因为一旦她们的形象在维体麦片盒上出现,就会被视为商业行为。尽管她们并没有染指金钱,却依然要被取消学生运动员的资格。

不管在体育圈内还是圈外,"业余主义"所蕴涵的真正的体育价值在大众文化中不但没有过时,反而比任何时候更受推崇。然而在大学体育中,"业余主义"所展现出的真正价值却被常春藤联盟和全美大学体育协会的一大堆实施细则所淹没。大学体育应该继承和发扬"业余主义"的道德精神,但是"业余主义"一词的操作性定义并没有推动这一目标的实现。相反,它只包含两层意思:第一,"业余主义"意味着参加体育运动不以赚钱为目的;第二,"业余主义"意味着参加体育运动不是为了竞技而是出于对运动的热爱。这两层含义都太绝对且与现实不符。即使这些定义曾经发挥过作用,现在也失去了意义。当然我们应该避免另一个极端,如,哈佛不可能花一百万美元聘请奥尼尔(Shaquille O'Neal)[②]为哈佛打篮球赛。哈佛篮球队应该明白,输掉一场比赛并不意味着世界末日的来临。在避免出现极端行为的同时,不应该让学生承担不合理的经济负担,也不应该让学生无法充分享受比赛过程和通过训练、团队合作和技巧取得胜

---

① 能上维体早点麦片盒的运动员都是超级明星。——译者注
② 美国职业篮球联赛明星。——译者注

利时的兴奋。

职业—业余观念的划分偏离了全美大学体育协会和常春藤联盟制定规章制度的初衷。这一界定更多的是为大学的商业利益服务，而不是为教育利益服务；更多的是为那些期望成为职业运动员的学生服务，而不是为那些希望在其他方面获得成功的学生服务。

我有一些建议，希望可以推动大学体育朝正常化方向发展。这些建议适合所有大学的体育发展，尤其适合那些正在努力对学生运动员和普通学生一视同仁的大学联盟——特别是那些根据学生经济情况提供财政资助的大学联盟。

就美国大学而言，校际体育比赛显然一直都是商业活动。虽然不允许曲棍球运动员的照片上维体麦片盒，但是校方却可以将他们的照片加载到学校主页上以作宣传；几乎每场大学（甚至包括常春藤盟校）曲棍球校际比赛的场地上都挂满了商业广告牌；学生运动员们不能接受公司赞助的旅行费用，而公司却可以购买学校橄榄球馆的广告摊位，在比赛中场休息的时候，学校通过广播向这些赞助公司表示感谢；学生运动员们不可以凭借自己的体育技能赚钱，而学校却可以将运动队的吉祥物印到信用卡上，并将其出售给校友，每张赚取几美分的利润。

一方面学校希望通过体育运动赢利，另一方面却要学生保持纯洁的心态，不为金钱所动。这一虚伪的双重标准是完全站不住脚的。在大学中，尽管按全美大学体育协会和常春藤联盟的标准，许多学生运动员属于业余选手，但是从"业余"一词的基本含义来衡量，他们应该被划分为职业运动员，因为这些学生的家长（如果经济条件允许的话）曾投入成千上万美元来培养他们。每年暑假家长送孩子到体育训练营集训；将他们送入拥有优秀教练的高中读书；为了寻找更优秀的教练，有些学生甚至多次转学；甚至有家长为孩子聘请私人体育教练。家长花巨资培养高中生的体育特长，这在公众看来是骇人听闻的，对孩子来说也可能是"拔苗助长"。然而家长的巨额投资并没有违反"业余原则"，也没有任何成文的条例限制这一现象。既然家境富裕的学生可以接受职业训练，那么，为什么那些具有运动天赋、但经济拮据的学生就不能从体育比赛中获取适当报酬呢？答案当然是否定的。因为大家都会认真地思考这样的问题：如果不以金钱招募这些有天赋的运动员，那么在后备力量和训练质量上，所有的选手将处于同一水平。

"业余主义"在美国一向没有市场。今天美国奉行的"业余主义"，既不是从英国引进的"贵族主义"的遗风，也不是大学体育高标准的典范，它是一流体育强校通过组建合法联盟来控制开支的手段。许多第一区（Division I）的学校（不包括常春藤盟校）①向学生发放数千美元的补助金或体育奖学金。体育补助金与学生的经济需求并无直接联系；一旦学生退出运动队，学校便停发补助金。许多学生所获得的体育补助金高于他们实际所需，这样他们可以拿这笔钱完成学业。由于发放体育奖学金是出于各种实用的目的，因此这些学生也可被称为"雇员"。同时，大学通过规定运动员工资的上限，一方面可以避免因高工资而引发的用工和税收方面的麻烦，另一方面又可以控制工资成本。与通常的体育产业的标准比较，大学运动员的工资理应更高些。从大学外部看，给运动员工资设限，没有经济学上的合理性；这样做仅仅是为了维护古老业余体育的纯洁性。

当然，大学应该继续规范体育运动。事实上，学校也迫切需要加强这方面的规范，因为人们普遍意识到，学校加大体育投入的原因，不是为了丰富学生的体育内容，也不是为了赢利，而是日益激烈的校际比赛迫使它们这样做的。但是本着公平原则，学校应该放宽对学生运动员的种种限制。在常春藤盟校，那些参加主要体育项目（橄榄球、篮球和冰球）的学生运动员，应比普通学生更有可能获得补助。随着经济条件一般的学生入学比例的增加，学校严格控制对运动员补助，只会加剧学生间的贫富差距。"业余原则"试图通过禁止学生接受专业训练和指导，来推动院校间的公平竞争。虽然"业余原则"杜绝通过不公平手段获得优势，但富家子弟们还是"有利可图"的。事实上，只有在来自贫困家庭的学生身上，我们才能看到"业余原则"在推动体育运动的健康发展。

现在我们已经有了一套有效的管理制度。尽管在少数一流体育强校存在滥用这一制度的现象，但是制度本身有利于常春藤盟校和其他学校的运动员达到业余标准。为公平对待每一个学生，我们必须调整已有的规则。当然，要处理细节会遇到很多麻烦，但只有如此才能减少更多将来的麻烦，同时避免人们对"细枝末节"（对一些不重要规则的触犯）无止境的关注，帮助人们找回充满尊严和信誉的理想校际体育世界。

在有所制约的情况下，学生到校外赚点外快无可厚非。校管乐队的学生可以在外参加演出赚取零花钱；计算机编程小组的学生可以在校外打工获得报酬；运动员利用闲暇时间赚点外快，没有理由受到"特殊对待"吧？倘若学校担心学生沉溺于职业体育

---

① 全美大学体育协会将联盟中的300多所学校，按体育实力和投入分为第一、二、三区。——译者注

比赛,学校完全可以"特事特办",而不是全面禁止学生比赛赚钱。为了防止学校虚报体育奖学金账目的不诚实行为,可以规定学校及其校友都不能给运动员支付报酬。学生运动员一年收入的最高限额不能超过一万美元(如今,学校还细致地规定了运动员可以毫无报酬地参加比赛)。如果学生希望保持运动员的资格,那么他必须每年向学校汇报他的总收入。学校应限制学生参加有偿职业比赛的级别和时间,以减少学生运动员在参加职业比赛过程中可能受专业训练和指导的机会。为了防止专业运动队频繁使用大学生运动员,确保大学生运动员的学业成绩不受影响,学校可以要求他们在一年里不得参加任何比赛,专心完成文化课学习。

常春藤盟校一向是根据学生的经济状况发放补助金的。若打破规则,向学术成绩或体育优秀的学生发放奖学金,将导致新一轮对优秀生源的激烈竞争,从而将资助方向从有真正需要的学生,转移给经济条件相对较好的学生。然而,当学生运动员在外面比赛中获得奖项或奖金时,学校应将其与学术奖项同等对待,不能因此取消他们校际比赛的资格。

常春藤联盟比全美大学体育联盟执行更为严格的业余标准。与全美大学体育联盟中的其他大学不同,常春藤联盟学校规定:一旦发现学生有职业比赛的记录,将取消其参加任何大学体育比赛的资格。然而,这一规定并没有达到维持"赛场势力均衡"的目的,反而有利于那些有能力聘请私人教练的学生。因此,常春藤联盟应放宽其严格的标准,与全美大学体育联盟的标准相一致。倘若有学生曾在小职业球队联盟打过1—2年的棒球赛,现在希望参加大学篮球比赛,学校应该放行。与那些常年接受私人教练指导且拥有体育俱乐部会员资格的学生相比,在A级棒球队所接受的职业训练并没有特别的优势,不会使对手处于不公平的竞争地位。

当然,放宽限制对家长和学校都极具诱惑力——这意味着体育特长生有更多的机会进名校,而学校也有更多的机会招收体育生。常春藤联盟学校应采取一些有效的措施(如前文所讨论的建议),防止学校招收过于职业化的学生。必须保证的重要一点是,学生运动员在赛场上代表的是大学,他们的第一身份是学生。由于常春藤联盟学校具有极高的入学标准,保证运动员的学业水准,在这些学校中显得尤为重要,这样做才符合这些大学的使命。

每个体育联盟都应该严格确保和加强参赛队队员在势力上的均衡,并强调各队都为自己学校的荣誉而战。毫无疑问,一旦大学放宽"业余标准",必然会招来异议。有些人会讥讽说:昔日大学比如今大学更加痴迷于体育本身;而批评者则会说:他们过去担心常春藤联盟学校里存在体育生和普通生这两类学生群体，现在这样的担心终于得到了应验。因此，学校应该用实际行动证明，他们的运动员是完全合格的优秀学生，以消除外界的疑虑。

常春藤联盟已经通过"学术指标"来考核体育运动员的资格。教练们痛恨在"学术指标"方面设置各种限制。如果按今天的标准，那些深受校友怀念的伟大的运动员都将被"学术指标"拒之门外。随着哈佛、普林斯顿和耶鲁发展成为全国性大学，常春藤联盟中所有的学校都抬高了入学的门槛。如同这些学校的学生整体学术成绩一届高过一届，学生运动员的学术成绩也在不断提高。高的学术标准可能会使常春藤体育联盟的性质发生变化，但情况未必全是那样。常春藤联盟学校的魅力是巨大的。那些来自世界各地的、学业上有天分的"四分卫"、"游击手"、"前腰"，都期待能进常春藤联盟学校。因此，常春藤联盟对赛季的长度、训练时间的密度、停课时间的限制等方面，都比全美大学体育协会更严格。

运动员和支持体育的校友们对现有的清规戒律痛恨至极。确实，一些规则漏洞百出、不知所云，但它们并没有根本上的错误。在我们放宽"业余原则"后，有些规则仍应保留甚至得到加强。但那些禁止运动员从校外接受适度奖励的规则，对维持"势力均衡的赛场"毫无帮助，它只能使运动员个人处于不利的境地——尤其对于那些经济拮据的运动员来说。

标准理论并没有为高水平的校际体育竞赛提供理论支持。如果大学体育仅仅是普通学生娱乐的方式，那么这些大型体育馆和专业教练都毫无必要。教授们反对大学体育，而学生和校友们热衷于体育运动。提倡大学体育改革运动的人有一个基本的假设：激烈的体育竞争有悖于大学的教育使命。

大学体育随着研究型大学的发展而发展。在人们的记忆中，大学曾是心灵的圣殿，在那里，学生们分秒必争地努力学习。而现代研究型大学及其橄榄球运动，并没有玷污大学的这种神圣性。当大学不再专注于本科教育时，本科生们便开始热衷于体育运动。随着大学规模的扩大和教授工作从教学向各自学术领域转移，投入体育成为大学生自然的选择。

19世纪下半叶，哈佛有关大学体育的讨论文章，大致可分为两种极端类型：要么对竞技体育漠不关心；要么对比赛胜利的意义夸大其辞，将比赛获胜上升到人生或战争胜利的高度。1894年,哈佛伟大的哲学家圣塔亚那①发表了一篇文章,对体育在大学中的现实地位作了评价,并驳斥了埃里奥特校长奉行的幼稚的标准理论。当圣塔亚那被问及为何喜欢观看橄榄球比赛时,他回答道:"体育是人类本性的表现,它的存在价值就在于体育本身的魅力,这也就是公众能很容易体会到体育庄严感的原因。"同人类的智力一样,在体育中同样存在差异,有差异就有卓越。圣塔亚那指出:"每个人的天赋不尽相同,只有极少数人能做到事事卓越。"

圣塔亚那认为,美国大学体育与英格兰大学之间存在着传统的联系,比起"业余主义"的投机取巧,这一传统具有更深远的意义。

> 英格兰的学术传统建立在中世纪的宗教生活基础之上,它追求广泛的教育理想……学校和大学……全面负责学生生活的方方面面,而所有的教师都可以获得自由、充分的发展。正是这一崇尚美、个性和融洽关系的制度,才使英格兰大学尽显高贵和受人爱戴。这种制度体现的价值不是任何课程或图书馆的藏书能够替代的——它体现的是一种传统的、全面发展的生活价值。然而即使在英格兰,这样的传统也在消失……如果仅仅进行科学技术教育,如果认为离开了休闲活动也可以进行通识教育,如果认为离开包括体育在内的精神享受,也可以过上丰富多彩的生活,那么英格兰大学的传统将彻底丧失。

> 体育运动能给人带来神奇而持久的活力。它代表了人类最原始的美德和最基本的天赋。体育的形式是人为的,但当所有这些人为的因素结合起来的时候,它就比任何自然方式都能更好地演绎这出"体能戏剧"——它巧妙地融合了所有的道德和情感元素!

在希腊语中,athlon一词并不仅仅指比赛和奖品,它指人类任何形式的斗争,包括对极限的挑战:为荣誉、为卓越、为永生而斗争。体育运动备受推崇,是因为它曾为残酷的战争做准备;体育也遭受鄙夷,因为它让人们不敢在真正的人生竞技场上争胜。但是这样的说法难免简单和片面。体育能从最一般的意义上体现人类追求卓越的精神,体育赋予人的灵魂一种力量,大学应将这股力量注入所有学生的灵魂中去。大学

---

① 圣塔亚那(1863—1952):哲学家、文学家,批判实在主义和自然主义思想的主要代表。1889年获哈佛大学哲学博士学位后在该校任教。——译者注

应教育学生发展和利用自己的潜能,力尽所能达到最高境界!

1960年,哈佛招生与财政援助办公室主任班德(W. J. Bender)在离任前承担了一个庞大的课题,并发表了一份长篇报告,总结了多年来哈佛在不断面向全国招生的过程中所做的种种努力。他预言道,以哈佛现有的魅力,哈佛完全有能力创造一个自己想要的学生群体。但哈佛还是做出了明智的选择。一个完全由学术成绩顶尖(最具学术潜能的)学生组成的群体是不健康的,它不利于学生个体充分、全面的发展。班德指出:"对于一些前途无量的学生来说,在他们成长的特定时期里,来到哈佛并不是理想的选择。"这一告诫使人们认识到,所有进入哈佛的学生——甚至那些在学业上没有名列前茅的学生——都应该具有某方面能有所成就并值得骄傲的地方。前哈佛文理学院院长亨利·罗索夫斯基称之为"特殊的天分或才智"。班德所提出的最基本问题是:

> 我们应将创建一个顶尖学术团体——人人都具有非凡的学术能力,人人都是百里挑一,甚至是千里挑一的人才——作为哈佛招生的目标,还是将创建一个多样化的哈佛——人人都各有所长,拥有不同的性格和天赋,来自不同的家庭背景,追求不同的职业目标——作为哈佛招生的最终目标?

最后,班德提倡应该创建一个多元化的哈佛,学业优秀仅是哈佛众多入学标准之一。他写道:

> 我希望中的哈佛学院,应该培养更多样化的学生——他们中有些具有高贵的气质;有些能像斯堪的纳维亚半岛农家子弟那样能漂亮地滑雪;有些能成为布朗克斯(Bronx)优秀的医学预科生;有些实在不行的(但谁知道呢),能满怀激情地做《深红报》的编辑或参加与耶鲁大学的体育比赛;或者立志创办公司成为百万富翁;或者当选为政府部门的官员。哈佛学院的学生不应该把读书的目标仅仅看作是为了上大学,或者认为上大学就是为了读研究生,或者即使上了研究生院,也不知道将来应该做什么。作为这样一所杰出学院百里挑一的学生,难道不应该成为更有作为的人才和学者吗?

杰罗姆·卡拉贝尔(Jerome Karabel)在他的新书《入学标准》(*The Chosen*)中写

道,"非学术至上"的录取标准起源于洛厄尔校长所奉行的"反犹太人录取政策"①。卡拉贝尔认为,无须推行洛厄尔校长的"犹太人定额"政策,仅从地域、体育成绩和家庭背景等因素考虑,就足以降低犹太人在哈佛的比例。因此要成为所谓的"聪敏的布朗克斯医学预科生",背后决定因素可能是不一而足的。

班德的多样化理念有着更远大的目标,他希望哈佛教育惠及全社会,他希望把哈佛和全体美国民众联系起来。一篇关于《入学标准》的书评总结道:"招生是一场'零和的游戏',对任何一方的偏袒——包括对美国黑人和其他少数民族的照顾,都将造成其他各方入学的困难。"从20世纪30年代到50年代,一些意大利人和爱尔兰人曾从"非学术至上"的招生政策中获利;今天,一些黑人、西班牙裔和亚裔正为获得这样的利益而斗争。

虽然哈佛一直在摆脱金钱化贵族学校的历史,但追求学术卓越的压力仍使哈佛面临危机——哈佛将因此成为由知识分子和城市精英组成的大学。"斯堪的纳维亚半岛农家子弟"和"布朗克斯优秀的医学预科生"之间(后者受到过更好的教育,并拥有更高的考试成绩)的紧张关系自美利坚诞生之日起便已存在,它反映了美国农村阶级和城市阶级之间的不信任。当非学术标准纳入到招生过程中后,哈佛变得更美国化了。非学术标准为那些昔日没有受到良好教育,但有雄心壮志、激情高昂的年轻人提供了进入高等学府的通行证。

哈佛汇聚了社会上最优秀的高中毕业生。经过哈佛的教育,他们还将回到社会。我们的运动员曾在一些赚钱不易的领域表现突出,比起诗歌创作,这些领域里人们更看重体育技能。而在毕业后,当他们最终变得比其他同学更痴迷于赚钱而不是专注于诗歌创作时,我们不必感到惊讶。橄榄球队不可能被教育成"普特南数学竞赛队"(Putnam mathematics team),因为德克萨斯和宾夕法尼亚西部的牧民和蓝领阶级们对他们的孩子从小所灌输的,是对橄榄球的热爱而不是对数学的兴趣。当运动员以低于他们本可以达到的成绩毕业时,我们也不必感到不安。在哈佛和其他七所常春藤联盟学校里,对班级排名前50%的学生的奖励越来越苛刻,而对后50%的学生的学业要求

---

① 1922年犹太人占了哈佛新生的1/5。学校管理层和校友都感到不安。犹太人被认为是会钻营、扒分和褊狭。他们把许多富有的白人校友子弟挤出去了,这样不利于学校的集资。20世纪20年代的哈佛校长洛厄尔认为,太多的犹太人会把学校毁了。因为整体而言他们的成绩比其他人要好,洛厄尔采取了限制犹太人的录取比例等办法。最后他和耶鲁、普林斯顿的校长们认识到,如果录取标准招来了自己不想要的学生,那就要改变录取标准。卡拉贝尔认为,这是常春藤盟校历史的一个重要转折点。——译者注

却越来越宽松,这些顶尖学校已经清楚地暗示:以什么样的成绩(班级前 90％、80％、70％、60％的成绩)毕业并不重要。只要我们的运动员能达到哈佛的品德和学术标准——这些都高于社会标准——他们同样应得到人们的尊重、敬仰和支持。

"体育标准理论"将体育简化为人天生所具有的才能,但它恰恰忽视了运动员身上所具有的独特的品质——他们具有自我奉献的精神;他们具有坚持不懈、勇往直前、不屈不挠的品质;他们执着地追求着长远的目标,他们热情地追逐着完美的境界。标准理论既不强调"分析智能"(analytical intelligence)和"空间智能"(spatial intelligence)的价值,也不注重培养战略能力和分配有限人力资源的能力,而这些能力直接关乎运动员获胜与否。如果想在学术、艺术或其他领域达到卓越水平,同样需要具备这些品质。如同学术、数学和音乐一样,在一个超越现实世界的广袤空间里,运动员能尽情发挥,在那里有天赋和技能的人可以暂时身处其中,把平日生活的烦琐事抛诸脑后。正如奖励不会降低学习或艺术的价值和目标,竞争和金钱的奖励也不会玷污体育的性质。在任何领域,追求卓越可以超越娱乐——追求卓越可以是一种美,它能给人类的灵魂带来了深深的满足感!

◉ 结语

哈佛在许多领域都要争第一,而且通常能获得成功。但是哈佛在维护卓越形象的同时,却牺牲了自己更远大的目标。哈佛的领导人听任学校的办学方向偏离教育的宗旨,只一味地迎合消费者的需求。在这些领导人的眼里,哈佛已经不再是传统意义上的哈佛,而只是一个品牌[①]。

当年清教徒担心自己的孩子可能成为不学无术的牧师;希金森曾断言:"哈佛大学的健康发展和真正的福祉是与国家共命运的";而《红皮书》担心,如果哈佛不能恪尽职守,社会的文明进程就会徘徊不前。如今哈佛的办学思想中已经找不到这样的担忧和理想了。古老的通识教育理想已有名无实。哈佛教育不再致力于解放人的思想和精神。经过三年的调研,2005年提出的哈佛课程评估结论告诉我们:哈佛学生是自由人,在大多数情况下,他们可以按照自己的意愿选择学习内容。

如今哈佛所谓的通识教育并不只是为了提高学生的就业能力。本科教育不应该太高深或太专门化,也不应该设置与职业直接挂钩的课程。哈佛的通识教育培养出来的学生应该具有业余运动员身上的贵族气质。如果学生只掌握某一专门的技能,只能以此作为谋生的手段,那他的生活将是缺乏情趣的。如果学生接受了广博的教育,他们的生活将更加丰富多彩——当然,因为将遇到学生的抵制,教育广度的要求也不能随意拔高。

现在的哈佛本科教育中,教授们可以随心所欲地教学。为了劝说我支持新的教学要求不高的课程,一名教授这样说:"新课程意味着,我们教师不用再为那些不想选修我们课程的学生上课了。"但那些对学生最有裨益的课程,通常是那些学生不情愿学、需要外界施加压力的课程。我曾经学过的通识课程中的"西方哲学"就属于这种情况;

[①] 2005年末,面对财政赤字和众多教育目标未能实现的窘境,哈佛学院重点向自己的学生推广"哈佛品牌"。哈佛开始招聘"对内交流处处长"(Director of Internal Communication)一职,以协调学院内的哈佛品牌推广工作,并通过出版物和网站,创立哈佛的整体形象。——作者注

我开设的"信息技术和社会"课程情况也类似。如果允许教授随心所欲,并投学生所好地上课,那么哈佛就无法将几个世纪继承下来的通识教育思想在下一代发扬光大——那样只会让学生沉湎于已知领域的学习,但回避了教授们关于各知识领域相对重要性的争论。这些争论虽然令人不快却富有启迪。通识教育成为学者轻而易举妥协的产物,但学者们放弃了他们对学生和社会的长远责任。

由于背景不同,即使对卓越本身,人们的理解也各不相同。哈佛宣称,为了保持"毕业荣誉"的"含金量",规定每届学生只有半数能获得"毕业荣誉"。此举的结果是:总体上哈佛的毕业生得到的教育越来越少,但至少可以避免媒体批评我们在"滥发文凭"。根据2005年末发布的课程建议,荣誉课程的概念将被放弃。同时哈佛将不再鼓励学生在某个领域进行高深研修,相反它鼓励浅尝辄止,学生只要掌握某一知识领域次要和零星的知识就可以得到学分。事实上,我们已经放弃鼓励哈佛优秀的学生在学业上追求卓越的教育目标。教育目标降低后,教师就会丧失教育学生的积极性。现在令人难堪的情况是:在某些系里,本科生很难找到论文指导老师,难怪新课程建议中不再提倡学生撰写毕业论文。教师和学生胸无教育大志的思想是相互影响的。如果学校允许双方可以各取所需,他们何乐而不为呢?

哈佛在向学生传授知识,但没有向他们传授智慧。学生可能在学科知识和课外活动中成绩卓著,但他们接受的整个教育并不系统。五年或十年后,又有几个学生能很好地回答这样一个简单的问题:哈佛教给他们最重要的东西是什么?家长们希望孩子日后记住的,远不止如何平行停车或如何做账方面的知识。如同有责任心的家长一样,负责任的大学应该让学生了解那些富有智慧的人们是如何思考"过一种自省生活的艰难之处"的。负责任的大学应该鼓励学生思考一些让人不安却富有哲理的问题。作为一名接受过良好传统教育的、负责任的成年人,内心应该深谙基本的生活道理。

或许有人会提出:在无所不包的现代知名大学里,大家可以各取所需。考虑到教师面临的种种压力,我们能够想象的最好教育方式就是,开列一份"菜单"——让不同能力、不同种族、不同文化背景、不同国籍的学生可以自主选择所需的教育。在这种"自助餐式的教育理论"(cafeteria theory of education)下,人们不再需要权衡什么知识更重要,人们也不用判断对于有教养的公民来说,哪些教授的专业知识更有价值。这一切表明:解决我们日常生活困惑所需的人格、道德和基本的行为准则,都不在大学教育范围。

导致大学教育缺乏系统性的部分原因来自社会。大学不是消费者文化的始作俑者,大学是消费者文化的牺牲品;学费上涨也不是大学自己能左右的,大学和其他社会机构一样遭受了相同的经济大环境的影响。大学的失职之处在于:它们没有在合适的领域、以合适的方式抵御这些社会影响。最顶尖的大学养尊处优——它们在大学排行中的地位遥遥领先,它们是消费者趋之若鹜的对象。遗憾的是,虽然财力和抱负可以让这些名牌大学回击那些给教育造成负面影响的社会力量,但最终它们还是自鸣得意地随波逐流。作为名牌大学中的佼佼者,哈佛更有力量积极应对。哈佛培养的许多毕业生都将成为社会的中流砥柱,哈佛在影响社会发展方面的教育优势是得天独厚的。

有一些力量在推动哈佛随波逐流,让哈佛的办学失去个性。如果其他学校出现了新鲜事物,不管它是简单的"指定选修课",还是"女生活动中心",哈佛都会认定这些是不错的主意。要给效仿行为寻找理由总是比较容易的,比较而言,更加困难的是维护哈佛的独特性,而这些独特性正是哈佛的竞争力所在。哈佛应该有勇气谨慎思量、独辟蹊径。哈佛应该有决心批判地、独立地、系统地思考问题,每个哈佛大家庭的成员都应该具备这样的勇气和决心。

首当其冲是大学的领导。哈佛需要强有力的领导。哈佛并不是一个"直接民主"(direct democracy)组织,它甚至不是一个"代议民主"(representative democracy)组织。哈佛的决策不应该顺从普通人的看法或大多数人的意见。哈佛的领导者应该率领众人——让他们充满信心和敬意地追随。另一方面,哈佛也不是一个独裁组织。事实上,哈佛更像一个志愿者的组织。哈佛的学生是志愿者——如果他们自己愿意,这些学生完全可以进入其他好大学。虽然入学后他们必须遵守哈佛的规章,但他们的阳奉阴违足可以让学校的强制力相形见绌。只有在受到激励并相信自己所接受教育的重要性时,他们才可能勤奋读书。

教师也是志愿者。坦率地说,带领教授就像驯猫(herding cats)一样[①]。教授们完全可以另谋高就。没有多少惩罚措施能在教授们身上奏效。特别对于那些已经取得终身教授资格的人来说,校长或院长没有办法让他们言听计从。教授所做的一切,都是因为他们相信那是重要和正确的,而不是因为有一些薪水比他们高的人在那里指手画脚。

即使教辅人员,也是志愿者。那些在大学处理日常事务的人们,完全可以像别处

---

① 因为猫通常给人独来独往、不合群的印象,这里作者用"herding cats"来形容难以管理的教授们。——译者注

的办事员那样按部就班地工作。但当他们与学生接触时,往往会流露出友善和真诚的态度。他们对学校表现出的忠诚难能可贵。不管宣传部门怎么说,关于哈佛教工的态度、工作动机或"伪装的虔诚",都会通过口头方式在全校传播开去。在一个正常的大学里,信息传播并不会受到渠道的限制。学生们一直在与学校保安、医疗训练师、学生资助工作人员(更不用说那些正式的学生辅导员和咨询教师了)保持接触。位于学校管理最底层的员工接触学生的机会最多。他们也在行使育人的职责。他们接受了学校的基本价值观念,然后将其撒播到学生中间。

公共服务部门在传播学校价值观方面扮演着最重要的角色。近些年,许多老资格的教育行政人员已经悄无声息地离开了哈佛。在说到任命新员工的工作思路时,学校通常使用"提高专业水平"、"引进新观念"、"活跃组织氛围"等词语。机构重组通常是一个破坏性和没有尽头的过程。伴随机构重组,需要建立新的组织、新的官僚报告制度,并为新岗位招募新人。虽然宣传时人们都在说改革是为了提高哈佛的管理水平,但最终只是把人们的注意力从办学的大目标转移开去。每一位新上任的院长、行政人员或副校长都会着力解决自己眼前的问题,当然这些问题与周围人关心的事情不相干了。

机构重组也把那些了解哈佛历史的人清除出去了。这些教工以教育为自己的第一要务和最高使命。失去这些人,对哈佛机构的影响是无法估量的。这些人真切地了解大学教育的使命,他们也知道应该如何与他人精诚合作,完成这些教育使命。他们会对事情的前因后果深思熟虑,对学生的动向洞若观火。他们不会因为图一时之便利而贸然开设大而不当的课程。在集体工作中他们有自知之明,他们能够就长期存在的深层次问题提出自己的见解。换句话说,他们才是真正的教育专业人员。他们离开(或被迫离开)哈佛,是因为他们无法适应这个像"大卖场"一样的新大学——在这里,人们不断地接受命令;为使"产品"销售畅通,错误被不断地掩饰;"学生服务专业人员"总是设法让"顾客"满意而归。

劳伦斯·萨默斯是当前大学困境的一个产物,而不是其根源。他是一名经济学家,在他的眼里所有人的行动和决策都受到理性选择和权力、而不是信仰和奉献精神的支配。他受雇于一个基本由商界和金融界人士组成的学校董事会,自然会对雇主有求必应。作为美国前财政部长,他深知金钱在影响社会方面的威力。他在华盛顿任职期间学会了如何玩弄权术，也深知媒体的影响力，知道控制信息渠道的重要性。他知道"防民之口，甚于防川"的道理。

萨默斯素有"煽风点火"的名声，但凡是在可能恶化哈佛公共关系的问题上，萨默斯从来都是三缄其口。比如，他没有就禁止在大学征兵一事发表看法。甚至在推动大学"商业化"方面，萨默斯的功绩也乏善可陈。按照萨默斯自己的说法，他集中权力是为了提高学校的管理效率。在解释为什么要推动哈佛的现代化时，他说："学术自由是一个不错的主意，但在争取组织凝聚力方面，学术自由的思想没有用武之地。"在他任校长的五年里，文理学院预算赤字从预期五年后的1亿美元，下降到现在的4千万美元；同期学校的捐赠增加了80亿美元。萨默斯是一名出色的经济学家，却并不是一个出色的管理者。他高价聘请顾问推行行政制度改革，但经他改革后的官僚机构却充斥了更多的职务：校长助理、副校长、分院院长、副院长、院长助理等。如今，大学的日常管理完全沉浸在官僚的繁文缛节之中。

萨默斯手中的大权本来可以辅佐他成就大业。但使用权力时他缺乏耐心、莽撞、不计后果和缺乏坦诚，最终他咎由自取。从根本上说，在大学里理性和真理之风必须压过对权力的滥用。萨默斯上任伊始，哈佛大学董事会曾用19世纪早期昆西校长的话，来向他吩咐校长的职责：确保"理性这一精神财富真正发扬光大"。但萨默斯在描绘其校园规划思路时却说："有时恐惧可以代替理性成为我们工作的指南。"——他就是用这样的思想为其专制和粗鲁行为正名的！

在萨默斯管理下的哈佛，学生和教师就像政府眼里的选民，只是一个个利益群体，而不是生动个体的组合。根据这些利益群体的规模和影响力的大小，学校满足各自"发言人"提出的利益诉求。学校承诺减轻对学生的课程要求，学校还向女生承诺建立女生活动中心。教育问题上的支持和反对意见，是通过政治而非学术的方式来平衡的。当独立思考被传统的平民主义思想取代后，哈佛的独特性也丧失了。

萨默斯充分利用了其名人效应。《深红报》称其为"摇滚明星校长"。如果惹了祸，导致公共关系紧张，这位校长就"破财消灾"。人们经常引述萨默斯在"国家经济研究局"（National Bureau of Economic Research）一次关于女性在科学、工程领域地位的讲话。但这并不是他激发怒众的真正原因。在那次讲话中，当解释为何女性科学家比例小时，他没有强调性别歧视的重要性，却说天资差别是一个更加重要的因素。三个月前，当一大群女教授向他指出哈佛聘用的女教师数量锐减时，他并没有抛出此番言论。萨默斯在国家经济研究局的讲话披露后，他原以为很友好的这群女教师被激怒了，因为她认为萨默斯在怀疑通过正常录用渠道是否可以造就一大批一流的女科学家。随后萨默斯就此事作了道歉，并成立了一个妇女资助机构，承诺斥巨资帮助妇女的职业发展——虽然这笔巨资只比哈佛在施莱费尔事件上付出的代价略高一点。

公众的争议和校内的不满贯穿了萨默斯的任职过程。但在分析其失败原因时，人们更多议论的还是其人格和管理风格。毫无疑问，他在哈佛的卤莽，就像是一头公牛闯进了瓷器商店。他的不敬不只针对个别教师，而是针对整个学术界。然而，如果他的言论有一点创新之处的话，或许事情还不至于那么糟糕。但萨默斯并没有提出富有创意的改革计划，没有提出富有远见的教育理想。他没有为学生和文理学院的教师们点亮前进的明灯。一个大学需要观念和目标的指引；需要一个充满理性的工作思路和目的。而哈佛现在只是提出了一系列零敲碎打的方案。萨默斯提出的任何工作议程都是磕磕碰碰、难以让人信服的。萨默斯将以弱势校长，而非强力校长被历史记取。

2005年3月15日，文理学院投票通过了"学院对劳伦斯·萨默斯领导能力的不信任"的提议。该投票是校长在国家经济研究局的讲话两个月后进行的，因此很多人认为，这是学院对他那次讲话的发难。但是投票前的辩论引发了更广泛的人们对校长的本质、人格和治理能力的关注。任何围绕某一行为或观点的责难，都不至于将其拉下台。

人们普遍认为，不可一世的文理学院教授们对萨默斯充满争议和缺乏创新观点的抵制，最后导致文理学院对他投了不信任票。萨默斯的粗鲁、女性主义者联合左派积极分子发起的攻击，也对局势起了推波助澜的作用。事实是：萨默斯发表的观点与哈佛的行事标准格格不入。萨默斯发表那些"争议性"言论时，总是点到为止、欲说还休，却没有用文章与不同观点展开争鸣。在其任期内，萨默斯很少用学者常用的方式，辩证、深刻和有理有据地分析自己的观点。而哈佛之前的校长，包括他的前任博克和陆登庭都撰文，雄辩地阐述了他们认为值得关注的议题。萨默斯总是避免以书面的方式深刻地分析复杂问题。他没有就自己提出的"什么是名著？什么知识值得教和学？"的问题给出答案。他也没有激发教师们思考这样的问题。

萨默斯敢于冒天下之大不韪的举动，使他成为哈佛校园内外一些人心目中的英雄。因为其口无遮拦的言辞，一些反赞助性行动（anti-affirmative-action）的专家视这位昔日克林顿时代的民主党人为名人。然而，萨默斯校长任期的终结，并不是仅仅因为其行为方式的冒失，而是因为他暴露了明显的不诚实，这戏弄了那些开始支持他的教授们的看法。2006年2月7日,当他在文理学院大会上被问到哈佛在俄罗斯丑闻上有何评论时,他表示知之甚少,无法就此事发表看法。从1月份有关此事长篇累牍的报道中,教授们已经了解了哈佛的立场,因此他们对校长的表态颇有微词。几天后,前文理学院院长彼得·埃里森(Peter Ellison)披露,在回应早先学院会议上提出的一个问题时,校长不恰当地提出了他对一些博士培养计划的意见,这显然是在越俎代庖。埃里森指出,这暴露了校长品格上的问题,而不是性格或管理风格的问题。按照计划,2月28日还将有第二轮不信任投票。估计这场不信任投票将以压倒性多数通过,而支持者将来自那些关注校长品德和诚信的教授们。经过与大学董事会的一番讨论,萨默斯于2006年2月21日宣布辞职,这样就避免了再次投票时将遇到的羞辱。因为无法履行道德上的领导责任,他也不能继续从事学术或行政上的领导工作。

新闻记者和评论家迅速在哈佛网站上列举了萨默斯的政绩。这些报道又被各大报纸转载。但这些报道的政绩很多是不实之辞,有些则根本不是他的功劳。即使他有所成就,也被其管理能力的缺乏和出尔反尔的态度掩盖了。相比之下,他与教师们的不和谐关系对他造成的负面影响倒在其次了。

最后一点,萨默斯没有能力切实改善哈佛的本科教育水平。在分析教育问题时,他喜欢引经据典,但时过境迁,那些说明教育问题的数据都已发表多年。扩大讨论课的规模、鼓励更多学生留学、开设科学导论课程等,被认为是课程改革的创新。但这些举措并没有与更大的教育目标联系起来,也根本算不上是创新之举。在萨默斯到任的前一年,文理学院就已经开始酝酿课程改革计划了。萨默斯的功劳就是,他正式落实了这项改革计划。但他"愣头青"式的管理作风也遭到了责难。上任之初人们寄予他很高的期望,而到头来,他给我们留下的本科课程比他接手哈佛时更缺乏活力。现在的课程对自然科学和外国文化的要求更低了。2006年,在原来8500万美元学生资助预算基础上,又增加了200万美元的学生资助——而在6年前,这个数字是5400万美元。在向媒体披露新资助计划预算时,萨默斯并没有对威廉·鲍文和詹姆斯·恩格尔表示感谢。鲍文曾对低收入家庭学生入学机会持续走低的现象做了深入的研究;而恩格尔在新资助计划宣布之前几个月,提出了备受质疑的萨默斯面临的严峻局面。在离职前的最后一年,为了重拾哈佛学院的"烂摊子",萨默斯毕其功于一役,推出了一项旨在让学生替哈佛说好话的改革计划,但此计划并不能帮助学生更好地成长。

计划在查尔斯河对岸的阿尔斯顿(Allston)建立新校区,这经常被认为是萨默斯的杰作之一。但如同课程改革一样,这项改革计划也缺乏组织——学校成立了缺乏协调的多个工作小组，但当发现有问题或遭到反对时，他们的工作就被抛在一边了。如果当初陆登庭校长没有逐步把这块地产购买下来，建立阿尔斯顿校区的想法也就不现实了。与萨默斯混乱的管理比较，如果有陆登庭校长充满耐心和包容的领导，新校区的规划或许可以更加顺利一些。

在一所大学，所有的事务都需要通过外部的标准来衡量其受欢迎程度和影响力，都必须经历一个深思熟虑、充分讨论、以理智代替冲动的过程。任何追求大学短期效应的人都不需要这样的过程。萨默斯是这出追求短期效应戏剧的牺牲品，而不是其中的丑角。他不是文理学院愤怒的牺牲品，却是哈佛董事会委派的校长角色"成功"扮演的牺牲品。

萨默斯的失败之处，主要不在于他太咄咄逼人，或太不合时宜，而是从学术事务的角度看，他拥有的智慧、知识、判断力太缺乏了。最终教授们发现，萨默斯的领导能力并不能让人产生敬意。文理学院宁愿专注于自己的本职工作，而不是通过投票方式辞退校长；他们这样做并不是为了好玩。第一次投票多数人反对他，更多的人准备投票反对他。这一切只是因为他的智慧不能达到管理哈佛的高标准，不能为这所学校增光添彩。萨默斯并没有与自己最大的敌人划清界限，却为反智主义（anti-intellectualism）找到了借口，同时他向研究型大学本身发起了攻击。

哈佛最需要的是正确的指导思想和理想主义，这些只能来自于学校的最高领导层。随着博克被宣布为临时校长，哈佛开始重新树立对学校领导的信心了。一些媒体报道称现在的哈佛教授"像一群病人，急切地希望掌控疯人院"，但真正的问题不是教授们是否有这样的想法，而是哈佛董事会是否有这样的想法。在寻找萨默斯继任者的过程中，我们不应该被一些表面的因素所干扰——性别、知名度、工作态度等。但寻找新校长的过程，也是一个正本清源的过程。我们可以借此深刻地思考一下：一个学院如何更好地融入21世纪的研究型大学？哈佛如何更好地服务社会？哈佛又如何更好地融入美国社会和世界潮流？

在萨默斯当政的这些年，哈佛大学董事会的管理处于真空状态。董事会成员很少在公开场合露面。除了校长及其工作人员，董事会也很少与大学的管理人员交流。在公司治理的监管日益严密的今天，如果哈佛董事会依然是一个公共管理机构（a publicly held corporation），那么哈佛的"股东们"应该对董事会在学校工作上的失责行为进行声讨。在表达对萨默斯领导能力关切的过程中，哈佛的教授们扮演了"股东"的角色。2005年，一些在萨默斯上任后加入的董事会成员开始倾听教授们的声音。哈佛董事会终于承担起受托的责任了。

在哈佛重塑灵魂的过程中,哈佛的校友们必须了解自己的母校在这些年发生了什么。得知校长与教授们之间正在发生争执,校友们只是将信将疑地在一边旁观。他们甚至误认为哈佛的教师都是一些象牙塔里的势利之徒或社会激进分子。直到萨默斯攻击蓄着埃弗罗(afro)发型、自己灌录说唱乐唱片的康乃尔·韦斯特(Cornel West)教授时①,校友们才开始向校长投以怀疑的目光。但那些记得哈佛曾教会他们永恒价值观的校友们,那些以哈佛坚持原则为荣的校友们,都应该知道经济和市场的力量已经把母校推向了何等地步。由校友选举产生的哈佛大学监督委员会是哈佛的第二大管理机构,它在萨默斯领导危机中开始觉醒了。监督委员会决不能再回到"只做哈佛的荣誉成员"和"拉拉队员"、却不行使管理职责的老路上了。

文理学院面临非常艰巨的任务。所有围绕本科生问题的决策,都必须考虑其教育意义。科目、酒吧、荣誉学位、课程、勤杂人员——不管就其中任何一项作出决策,都必须考虑这样的问题:"如果我们这样做了,学生在四年里将学到什么?他们是否将因此而变得更有教养?"只有文理学院参与改革目标的讨论,我们才能作出明智的决策——这样的改革计划才能造就既有卓越才能、又能服务社会的哈佛学生。只要领导有方,文理学院将再次看到一个致力于教育事业而不是哗众取宠的哈佛学院。

下一届哈佛校长必须从哈佛学生真实的背景和抱负出发,帮助文理学院在教师中培养一种共同的本科教育责任感。哈佛学生的才华无与伦比,之所以需要教授的教育,是因为这些学生就是世界的未来。我们必须从培养受人尊敬、能促进世界进步的公民、专业人员和学者的高度来设计课程。

我们将不再回到"红皮书"时代。那时文理学院设想让所有的学生在每个领域都学同一门课。这样高度统一的课程,即使在20世纪40年代都无法落实到学位要求上。当然,如今课程的多样性,与当年无法实施单一课程的情况是大不相同的。现在文理学院必须为自己确立课程重点,以便让学生明确21世纪受过教育的文明人应该了解些什么。

我曾建议某知名大学尝试这样的做法:召集代表广泛的教授委员会,设计十门通识教育科目(courses),让所有的学生从中选择五门。科目设计可以遵循原先的学科分

---

① 2003年,美国著名左翼黑人学者、哈佛大学明星教授韦斯特和校长萨默斯就学术研究方式问题发生了意见冲突,结果韦斯特投奔了普林斯顿大学。——译者注

类,也可以不这样做。要争论这其中必须有多少门理科科目是没有意义的,因为如果学生不愿意,他们可以放弃选修所有的理科课程。应该允许学生自由选择这十门课,但是必须确保学生不必为这些课程的分数和课业负担而竞争。可能有学生和教师因为某一门重要科目被遗漏而愤愤不平,我们应该允许为新科目留有一席之地,但必须同时撤换掉一门旧科目。这样就可以逐渐发展一组核心的通识科目,并向所有学生开放,教学难度也适合那些没有划分专业的本科学生。

我提出什么具体建议其实并不重要,重要的是这里反映出大学教育中的"零和游戏"形象。教师总是需要对教材、理论和观点进行选择并确定重点。如果认为"进化论"比"性别理论"更加重要,那么前者就应该成为教学重点,反之亦然。由于对科目数量有所限制,教师只能替学生作出选择(虽然学生的选择权没有被完全剥夺)。从目前哈佛和其他研究型大学教授资格认定方式看,教授专门化的研究方向并非对培养未来合格公民和各领域的领导人同样有价值。

教师的现状也需要改革。学校总是对教师关注本科教育提出殷切期望,但是由于缺乏激励措施和充满文化歧视,这些期望都无法真正落实。如果学校领导人能提出激励措施,一些改革可以迅速贯彻下去。虽然存在教师终身聘任制的障碍,一些对本科教育改革无动于衷的学系,还是可以仿效其他效率低下学系推进机构改革的做法。从长远看,教学工作应该成为教师聘用的重要标准之一,而不是一个可有可无的因素。校友、家长、学生应该积极推动这一改革。学校主管部门应该坚持这一原则。应该建立诚实的教学评价机制——就像评审终身教授资格时采取校外评审制度那样,做到廉正、无偏见。再进一步看,"教学工作"并不仅仅指上课或组织讨论课方面的能力。我们必须设法奖励那些师德高尚的教师,同时惩罚那些师德有问题的教授。因为可能涉及个人偏见,要评价师德说起来容易,做起来困难。但是目前评价制度根本不考察教师个人品德,因此,要改进这一制度并非高不可攀。

最后,本科生的咨询及心理治疗服务必须减少心灵"临床治疗"的色彩。这方面的改革还没有大的起色。告诉学生上教堂寻求心理帮助,不是根本的办法(尽管这对部分学生来说有效)。社区服务对有些学生来说也合适,但由于这方面工作强调专业性和技术性,很多学生从志愿活动中获得更多的是管理方面的技能,而非精神层面的价值。现在哈佛学生有特别的机会,接受来自工作第一线的"示范嘉宾"(exemplary visitors)的指点——例如,哈佛政治学研究所邀请受人尊敬的公务员为学生组织讨论。在课堂上讨论文学或哲学方面有挑战性的课文,也有助于当代学生思考那些曾经困扰几个世纪读者的重要问题。当然,其间不能为取得好成绩而提供"正确答案"。

这些建议并非与追求卓越的理想对立。卓越依然是指导我们行动的价值观。但不能借口追求卓越而放弃其他。教学中应该禁止教师拘泥于狭窄的领域,应该鼓励教师开设能覆盖广泛人类思想的课程。诚如林塞·沃特斯(Lindsay Waters)所言,不能把追求卓越误认为追求个性(uniqueness)。如同优秀研究生一样,教授掌握的知识应该做到"博大精深"。这一理想应该成为判断教师卓越水平的标准。教授应该有能力根据学生需要的知识组织教学;做不到这点的教授,应该补上这一课。

要实现本科教育本质的回归,把有依赖性的年轻人培养成为有智慧的成年人,我们的视线又回到了领导问题上。大学的领导人必须具备这样的信念:教育的过程就是一个自我发现的过程。大学领导人必须明确传达这样的信念。大学领导人必须支持和表扬那些注重教育工作的教师、运动队教练员、院长、职业指导教师、心理辅导员。为此,大学领导人自身除了学术成就外,还必须具备认识自我的能力、成熟的处事方式、人格的力量及设身处地为别人着想的肚量。为了把充满希望的大学新生培养成社会英杰,学校领导人不只应该是聪敏和有成就的专家,他们自己必须是有智慧、成熟和善良的人。围绕大学组成的大家庭——家长、学生、教授及学校主管部门都应该有权判定大学领导人是否达到了上述标准。

1992年春,哈佛学院经历了一场种族关系风波。但事情的起始更早些,当有人在学生宿舍外悬挂南方联盟(Confederate)旗帜①的时候,祸根已经埋下了。但那年学生报纸上的几篇文章最终激发了学生的情绪。而研究美国黑人问题的莱昂纳德·杰弗里斯(Leonard Jeffries)在哈佛的演讲和洛杉矶罗德尼·金(Rodney King)案件的判决,更给这场口舌战火上浇油。按照惯用的处理方式,哈佛设立了一个专门的管理岗位——种族关系问题"沙皇"。这一职责由负责学生工作的院长阿奇·艾普斯(Archie Epps)担任。

阿奇·艾普斯来自路易斯安那州河流纵横的乡村,毕业于阿拉巴马州的塔拉德加学院(Talladega College)。至1992年,他在哈佛工作了28年,他不但为被哈佛校友拥

---

① 美国南北战争结束已过百年,但是据说现今美国南方仍有不少地方仍悬挂南北战争时南方(Confederate States of America)的十字旗帜。——译者注

戴为传统价值观的杰出代表,同时也深得新生代哈佛学生的喜爱。在橄榄球场上,他指挥乐队为运动员加油助威;他还经常在哈佛文学社举办宴会。他是哈佛校园最抢眼的少数民族管理人员,但一些少数民族学生认为他并不是一名积极的种族主义分子。他是哈佛大学发展历史上"承上启下"的人物。

在种族关系问题上,用前文理学院院长杰里米·诺里斯的话来说,艾普斯采用了"严爱、明理"(tough love, with reason)的策略。针对20世纪90年代初纷纷扰扰的种族争端,艾普斯让刚入学的哈佛学生阅读爱默生的作品。在随后的十年里,哈佛新生的第一篇阅读作业就是爱默生1841年发表的《自助》(Self Reliance)。学生必须分组与教师或院长一起讨论文章。

阅读爱默生作品的做法在20世纪末的大学里显得有些"另类";却真切地反映了哈佛教育的精髓。首先,这是一种卓有成效的磨练。通过讨论文章对日常生活的各种不同意义,没有人再觉得自己还是像高中生那样幼稚了。第二,每一位同学都必须参加讨论。在哈佛有十届学生以这样的方式阅读《自助》一文。学生们阅读的其他内容都各不相同,他们在其他方面也没有多少共同之处。第三,爱默生是哈佛人,他是1821届的学生。他成为了延续哈佛学生传统的一部分。用爱默生自己的话来说,这一传统是"通向永恒的长长列车"(这句话被镌刻在新生经常要经过的一扇大门上)。通过阅读爱默生的作品,我们可以总结自己的历史和传统,领悟人生的重大问题,并把我们的传统与清教徒踏上马萨诸塞海岸之前的历史联系起来。

为什么在我们为多元化学生创建新集体之时,要求新生阅读关于自助的文章呢?因为要摆脱学生入学时的种种旧观念,必须让他们相信自己是独立的个体,而不是某一"身份群体"(identity group)的一员。认识自我,相信自己的原则和判断,这些是受过教育的公民和社会领袖手中最有力的工具。

自助意识的培养,不仅仅是解决校园生活问题的方法,也是哈佛教育的一个典型。阿奇·艾普斯在阅读导论课上这样总结他的观点:"哈佛教育最重要的目标,就是培养一种有尊严和尊重人性的生活哲学观。"

尊严;尊重;为自己的行为负责;培养一种社会哲学观;通过大学教育实现人性的升华;大学教育的本质就是找到一个目标。记住:在大学里,教学活动存在于每时每刻,存在于学校的每个决策和每项活动中。在组织讨论时,在院长和各系谈判时,在选拔教授、院长或校长的委员会会议上,在毕业典礼的讲话时,每个与会者的耳边都应该萦绕一个声音:上述各项才是我们工作的真正目标。这样做决不是为了博得媒体的赞誉,或者为了吸引更多的捐赠,或者为我们自己和学生脸上"贴金"——当然,如果我们恪尽职守了,这一切都是水到渠成的。

本书的分析只是举例说明:如果大学放任自己,结果将是如何糟糕。我并不是在挑战教师:必须就最重要的教学内容作出决定;也不是在挑战学生:为了实现教育卓越,就必须历经艰辛。事实是:评分已经成为一种外部评价手段——它更多的是干扰而不是支持教学工作;课程问题除了加速大学的市场化进程,还让教师和学生更加忙碌和开心;学生变成需要安抚的顾客,而不是培养独立意识的对象;体育运动远离了教育的宗旨,运动员不再是学生中的一员。所有这些都是困扰哈佛的问题。其中多数问题也正困扰着其他知名的研究型大学。如果说这些问题在哈佛表现得更严重一些,那是因为哈佛在错误的"成功之路"上走得更远一些。

如果在每一件事情上,哈佛都能以"尊严和尊重人性"为指导思想,培养学生的生活哲学观,那么哈佛教育还可以重新给学生带来启迪。如果哈佛辜负了这一使命,那么受损的不只是哈佛自己,更有国家和社会的文明进程。

◎ **注释**

开篇格言及英文版序言

vi * 请记住：我们的大学是为了：Addresses by Henry Lee Higginson（The Merrymount Press，1902），48.

vi 我们需要通过享用自由来考验：A Lawrence Lowell, Liberty and Discipline：*A Talk to Freshmen*, delivered to the freshmen of Yale College, October 15, 1915, New Haven（Yale University Press，1916），15 – 16.

xiv 通识教育就是：Jorge Dominguez, Liberal education at Harvard in this century, in *Essays on General Education*, Harvard University Faculty of Arts and Sciences, fall 2004. 多明哥斯说，他解释了怀海德（Alfred North Whitehead）的话。

导言：不实的卓越

2 2006年1月一个周五的晚上，据说是在萨默斯的一再坚持下：Evan H. Jacobs and Zachary M. Seward, Forced out by president, Kirby resigns, *Harvard Crimson*, February 1, 2006.

3 鼓吹哈佛的教育目标是"促进知识拓展和跨学科学习的机遇"：Harvard College Curricular Review, Educational Policy Committee Summary Statement on Concentrations, November 22, 2005, 4.

9 对研究成果的要求：Lindsay Waters, *Enemies of Promise：Publishing, Perishing, and the Eclipse of Scholarship*（Prickly Paradigm Press, 2004），22，36.

10 哈佛班级排名前25%的学生：Office of Admissions and Financial Aid, Annual Report, Class of 2008，2003 – 2004.

13 一年的学费相当于美国中等家庭一年的收入：Census data put median household

---

* 每一条注释最前面的数字，是本书英文版的页码，中文版将之标注在页边空处；每条注释冒号之前的中文为被注释词项或句子，可在相应页面内找到。——编辑注

income in 2003 at ＄43,300; see http://www.census.gov/hhes/www/img/incpov03/fig05.jpg.

16 只有将学生校园酗酒问题与学生课余生活以及更大的社会和文化问题通盘考虑:Final Report, Committee to Address Alcohol and Health at Harvard, September 2004, 3.

第一章 选择与方向

21 我们应该对本科教育倾注时间:Josiah Royce, Present ideals of American university life, *Scribner's magazine* 10,3 (September 1891),388.

21 在我看来,提高教学质量的唯一途径是向学生传授他们应该掌握的知识:L. B. R Briggs, Reports of the President and Treasurer of Harvard College, 1906－1907: Faculty of Arts and Sciences, 99. 这个集子包括了1825至1995年公布的报告,只是报告名称各年略有差异。除了校长报告外,该集子还包括了学校财务和各院长的报告。为行文方便,下文所有引文中,凡涉及这些报告内容的,我一律用"校长报告"之名,但会注明相关文章的作者或单位名称。所有报告均可以在哈佛大学网站上获得。http://hul.harvard.edu/huarc/refshelf/AnnualReports.htm.

21 这一答案发表在一本数学杂志上:William H. Gates and Christos H. Papadimitriou, Bounds for sorting by prefix reversal, *Discrete Mathematics* 27,1(1979),47－57.

23 最综合性的改革:Lauren A. E. Schuker and William C. Marra, Mixed reviews, *Harvard Crimson*, June 10,2004.

23 我们应该如何通过选修课程:Dean William C. Kirby's Letter to Colleagues Re: Undergraduate Education, October 7, 2002.

24 指导思想会慢慢清晰起来的:Jeffrey Wolcowitz as quoted by Lauren A. E Schuker and William C. Marra, Mixed reviews, *Harvard Crimson*, June 10,2004.

24 60页的报告索然无味:J. Hale Russell, Nobody likes a bad review, *Harvard Crimson*, April 29, 2004.

24 最后,委员会认为最好的办法是:Louis Menand as quoted by Evan H. Jacobs, Committee delays gen. ed. report, *Harvard Crimson*, April 4, 2005.

24 迫于时间压力:Allison A. Frost and Evan H. Jacobs, Faculty to hear review progress, *Harvard Crimson*, April 12, 2005.

25 "盘根错节的网络":De-generalizing gen ed, staff editorial, *Harvard Crimson*, May 4, 2005.

25 发展优秀的文学、艺术和科学成果:The Charter of the President and Fellows of

Harvard College under the Seal of the Colony of Massachusetts Bay, May 31, 1650, in Samuel Eliot Morison, *The development of Harvard University Since the Inauguration of President Eliot* (Harvard University Press, 1930), xxv.

26 我们下一步渴望: *New England's First Fruits*, 1640, reprinted in Samuel Eliot Morison, *The Founding of Harvard College* (Harvard University Press, 1935 and 1995), 432. Also inscribed on Johnston Gate.

26 培养有知识的神职人员: 这句简单的话背后却有着复杂、甚至充满争议的故事。按照默里森(Morison)的说法,哈佛当初的办学是为了向大批胸无大志的青年人提供教育。而哈得逊(Winthrop S. Hudson)认为,默里森的话"无从考证"。他认为哈佛建校的主要目的是培养牧师。见: The Morison myth concerning the founding of Harvard College, *Church History* 8 (1939), 148-159. 也有人提出"职业教育"的说法,当然其意义需要按照路德(Luther)的思路来理解,后来英格兰清教徒改造了这一术语。见: Leonard Buckland Ranson, The vocational basis for the founding of Harvard College, Ph. D. thesis, University of Iowa, 1979, University Microfilms, 1980.

26 这样的学生大约占全班学生的一半: Richard Hofstadter, *Anti-Intellectualism in American Life* (Vintage, 1963), 60.

27 1721年前,每一届学生不超过25人: *Harvard University Quinquennial Catalogue of the Officers and Graduates*, 1636-1930 (Harvard University, 1930).

28 格林伍德给大家讲述: Frederick Rudolph, Curriculum (Jossey-Bass, 1978), 42; and Samuel Eliot Morison, Three Conturies of Harvard (Belknap Press of Harvard University Press, 1936), 80.

28 因"举止放纵、酗酒过度"而犯有过失: *Corporation Records*, vol. 1, p. 246; UAI. 5. 30. 2, Harvard University Archives.

29 哈佛才有6名曾留学欧洲的教师: Morison, *Three Centuries*, 224.

29 我觉得哈佛学院的本科教育中,没有一门课程具有教育意义: Letter from Charles Sumner to Joseph Story, September 24, 1839, quoted by David Herbert Donald, *Charles Sumner* (Da Capo, 1996), part I, 14 (emphasis in original).

29 只要学生行为习惯正常: Andrew P. Peabody, *Harvard Reminiscences* (Ticknor and Co., 1888), 202.

29 如果研究自由是通向真理的必由之路: Quoted by Morison, *Three Centuries*, 226.

29 天才的埃弗里特对年轻人的影响: Ralph Waldo Emerson, in The Words of Ralph Waldo Emerson, vol. 10: Letters and Biographical Sketches (Houghton, Mifflin and

Co.，1883），312.

30 虽然我们自诩为大学：Quoted by Morison，*Three Centuries*，230.

31 分成独立的学系：Overseers report of 1825，引自 Rudolph，*Curriculum*，77.

32 反对哈佛理事会将他们的职位贬低为：Faculty quoted by William R. Thayer，An historical sketch of Harvard University，in *History of Middlesex County*，*Massachusetts*，vol.1，D. Hamilton Hurd，ed.（J. W. Lewis，1890），94.

32 理事会一成员表示,他不清楚：Sara Rimer，At Harvard，the bigger concern of the faculty is the president's management style，*New York Times*，January 26，2005.

32 教师的评语要么是"准备不充分"：Robert Grant，Harvard college in the seventies，*Scribner's Magazine* 21，5（May 1897），560.

32 没有人太把哈佛当一回事：Henry Adams，*The Education of Henry Adams*（Modern Library，paperback edition，1999），54.

33 哈佛最近在不断丧失其声望的基础：Daniel Appleton White，The condition and wants of Harvard College：Address delivered before the Society of the Alumni of Harvard University on their anniversary，August 27，1844，*North American Review* 60（1845），40.

33 人们在无休止地争论：Charles William Eliot，Inaugural Address，in Samuel Eliot Morison，*Development of Harvard University*，1869-1929，Iix.

34 我们将开创哈佛的新时代：John Fiske，quoted by Henry James in *Charles W. Eliot*（Houghton Mifflin，1930），vol.1，228.

34 有人认为他将给哈佛带来的影响,可与埃里奥特相提并论：Morton Keller，What kind of leader will Harvard's president be? *Boston Globe*，March 13，2001.

34 萨默斯只是批评了哈佛的地方主义：Lawrence H. Summers，Letter to the Harvard community，February 21，2006，http：//www.president.harvard.edu/speeches/2006/0221_summers.html.

35 埃里奥特上任的 1869 年：Morison，*Development of Harvard University*，xc.

35 真正的问题不是教什么,而是怎么教：Eliot，Inaugural Address，Ix.

35 "广泛涉猎、学有专攻"：A. Lawrence Lowell，Inaugural Address，October 6，1909，in Morison，*Development of Harvard*，Ixxix.

35 画中埃里奥特手持一份宣言书：*Harvard Lampoon* 2，10（March 1，1877），114. 埃里奥特总是让别人画他的左脸,因为在他的右脸上有一块很大的胎记。原文插图说明中有一段取自乔叟（Chaucer）《坎特伯雷故事集》（*Canterbury Tales*）序言的话："我们这店主的确长得很神气……他说话爽直又明智,很有文化,男子汉气概一点也不缺乏。"

35	哈佛宣布将扩大教师队伍：FAS dean to return to faculty, *Harvard Gazette*, February 14, 2002.
35	兴建八幢学生公寓以接纳更多的学生：Allston advances, *Harvard Magazine*, July-August, 2004.
36	开启民智，就必须传播各领域的知识，并让最大多数的人们接受这些知识：Eliot, Inaugural Address, Ix.
36	长期以来，通过背诵并给学生的表现打分的做法：Eliot, Report of the President, 1879 - 1880, 14.
36	教师通过提问进行谈话式教学：同上，14—15。
37	"学童气质"：Eliot, Report of the President, 1872 - 1873, 12 - 13.
37	因为没有现存的教科书：Adams, *Education of Henry Adams*, 303.
37	过去教师的唯一任务就是听学生背书：James Freeman Clarke as quoted by Morison, *Three Centuries*, 347.
37	教育的全部问题是费用：Adams, *Education of Henry Adams*, 302.
37	异乎寻常的高师生比：Eliot, Report of the President, 1894 - 1895, 21.
37	激发学生的灵感：Eliot, Inaugural Address, Ixvi.
37	讲座制通常在白白浪费精力：同上。
38	采取了苏格拉底式的教学法：Eliot, Report of the President, 1879 - 1880, 15.
38	首先，我遇到了一个特可恶的家伙：Our section, *Harvard Crimson*, December 7, 1877.
39	2005年哈佛《深红报》一名专栏作者描绘的一幕：William L. Adams, The people in my section, *Harvard Crimson*, October 27. 2004.
39	如果大班教学要改善目前缺乏激励作用的状况：L. B. R. Briggs, Report of the President, 1902 - 1903: Faculty of Arts and Sciences, 95.
39	大班教学应该提高效率：Eliot, Report of the President, 1903 - 1904, 13.
39	提高效率的唯一办法：Overseers vote of January 1907, 引自 Report of the President, 1906 - 1907, 98.
39	如果由助教完成的工作重新交由教授来做：L. B. R. Briggs, Report of the President, 1906 - 1907: Faculty of Arts and Sciences, 99.
40	谁需要学习什么课程，就得出钱：Quoted by Rudolph, *Curriculum*, 102.
40	在所有的学系，教授感觉需要随时更新自己的教学：Eliot, Report of the President, 1879 - 1880, 13.

41 现代大学的政治学可以帮助人们更好理解：Josiah Royce, Present ideals of American university life, *Scribner's Magazine* 10, 3 (September 1891), 376 - 388 (emphasis in original).

42 不足为奇的是,任何领域中高级或专门化的课程：Editorial, *Harvard Monthly* 31, 4 (January 1901), 169.

42 有谁胆敢说博士学位获得者就一定是一名成功的教师呢？：William James, The Ph. D. octopus, *Harvard Monthly* 36 (1903), 1 - 9.

第二章 知识精英与公民意识

45 青年是性格养成的阶段：Plato, *Republic*, quoted on the first page of The Committee on the Objectives of a General Education in a Free Society, *General Education in a Free Society* (Harvard University Press, 1945), 3.

45 我们的先辈深知学问的旨趣所在：John Clarke, *Letters to a Student in the University at Cambridge, Massachusetts* (Boston, Samuel Hall, 1796), 13 - 14.

45 现在我们面临一个教育多样化的时代：*General Education*, 43.

46 近 90% 的人认为：2000 report by Public Agenda, cited by Deborah Wadsworth in Ready or not? Where the public stands on higher education reform, in *Declining by Degrees*, Richard H. Hersh and John Merrow, eds. (Palgrave, 2005), 25.

46 有大约四分之三的高中学生：Carol G. Schneider, Liberal education: Slip-sliding away? in Hersh and Merrow, *Declining by Degrees*, 62.

46 "在各自学科实现最充分的发展"：Eliot, Inaugural Address, lxv.

48 老式学院的教学组织：A. Lawrence Lowell, Inaugural Address, October 6, 1909, in Morison, *Development of Harvard*, lxxix.

48 在我们这个复杂的现在社会,通识教育的最佳方式就是：同上, lxxxiv.

49 这些学科大类包括:1. 语言、文学、艺术和音乐：Appendix to Report of the President, 1908 - 1909, 49 - 50.

49 1901 至 1908 年间：Rudolph, *Curriculum*, 228.

50 社会学家丹尼尔·贝尔 (Daniel Bell 称此举包含了：Daniel Bell, *The Reforming of General Education* (Anchor, 1968), 13.

51 但应者寥寥,人们普遍对变革持保守态度：参见 Stanley Kurtz, Chicago blues: Saving Western civilization at Chicago, *National Review Online*, June 27, 2002; Thomas Bartlett, The smearing of Chicago, *Chronicle of Higher Education*, June 28, 2002;

Mourning the fall of Western civ, editorial, *Chicago Sun-Times*, May 3, 2002.

51　提高学生和教师的水平是一个问题的两个方面：James Bryant Conant, Report of the President, 1934 – 1935, 6 – 8.

52　科南特试图建立一所前所未有的：Morton Keller and Phyllis Keller, *Making Harvard Modern*(Oxford University Press, 2001), 23. "*life as a responsible human being*": *General Education*, 51.

53　同时培养学生完善的人格和认识自我及世界的方法：*General Education*, 93.

53　通识教育的核心是：James Bryant Conant, Report to Overseers, January, 1943, 引自 *General Education*, viii.

54　这两门课程：*General Education*, 217.

54　通识教育变得越来越专门化了：Gen ed has turbulent past, editorial, *Harvard Crimson*, October 17, 1962.

55　"无望、不合时宜的"：Michael Ryan, Gen ed used to mean something else, *Harvard Crimson*, February 24, 1971.

55　"沙文主义的"：Gentlemen and gen ed, editorial, *Harvard Crimson*, February 14, 1970.

55　如今的学生虽然接受了通识教育：同上。

55　这是一个令人困惑和混乱的年代：引自 Report of the President, 1945 – 1946, 112.

55　一个能统揽全局的逻辑体系：*General Education*, 40 – 41.

55　自然科学中事实研究与价值判断通常是分开的：同上, 73。

56　教师勇于突破原先的专业知识视野：Rudolph, *Curriculum*, 262 (emphasis in original).

56　学生所接受全部教育的一部分：*General Education*, 51.

57　在过去几十年里，高端研究领域都取得了丰硕的成果：Henry Rosovsky, Letter to the Faculty on Undergraduate Education, October 1974; Office of the Dean, Faculty of Arts and Sciences, Harvard University, 2 – 3, 9, http://www.fas.harvard.edu/~secfas/1974Undergraduate.html.

58　"知识的方法"：*General Education*, 59.

58　过时的乡村学院制度：Editorial, *Harvard Crimson*, February 25, 1882.

59　"建立师生之间富有教育意义的直接沟通"：William C. Kirby, Dean's Annual Letter, 2001 – 2002. February 1, 2003.

60　20世纪40年代的"红皮书"意在阐明：Memorandum from William C. Kirby and Benedict H. Gross to the Harvard College Community, December 2003.

61　在文学课程中，我们是否就是给学生讲文学名著：Lawrence H. Summers as quoted by Daniel Golden, Shaking up Harvard, *Wall Street Journal*, June 8, 2004.

61　2005年秋，一份通识教育报告终于出台：Harvard University Faculty of Arts and Sciences, Report on General Education. November 2005.

62　在冷战之初……通过开设针对当代问题的课程：Report on General Education, 11.

65　于是这次演讲在学生、校友中及世界各地媒体上引起了轩然大波：参见 Pamela Ferdinand, At Harvard, jousting over "jihad": Student's use of word in commencement speech draws controversy, *Washington Post*, May 31, 2002; Matthew Engel, Word association ignites Harvard row as student prepares jihad talk, *The Guardian* (London), June 1, 2002.

65　结果题目本身成为了演讲的最大亮点：Zayed M. Yasin, senior English address printed under the title "Of faith and citizenship," *Harvard Magazine*, July-August 2002, 65.

65　该委员会一名成员提议的，这个题目更具有视觉冲击力：Stephanie M. Skier, Jihad "struck from title of speech, *Harvard Crimson*, June 3, 2002; also Edward B. Colby, The man behind the jihad" speech: Senior Zayed Yasin, *Harvard Crimson*, June 6, 2002.

65　对来自不同背景的哈佛成员表现出友好：Lawrence H. Summers, Letter to Members of the Harvard Community, September 19, 2001, http://www.news.harvard.edu/gazette/2001/09.13/lhs_statement.html.

65　但在亚辛收到死亡威胁之前：参见 Free speech: testing, in John Harvard's Journal section, *Harvard Magazine*, July-August 2002. 这篇文章还介绍了喜剧演员艾尔·弗兰肯（Al Franken）在毕业典礼前一天、在一个轻松场合给三年级学生说的一段笑话："我本来准备做一个题为'美国圣战'的演讲，但是听到有很多人反对这一题目，于是我选用了一个大家争议不大的演讲题目'阿拉伯年轻人侧记'"。

65　事情的起因是扎依德·亚辛一场事先计划好的：Lawrence H Summers, Statement regarding Commencement Speech, May 29, 2002, http://www.president.harvard.edu/speeches/2002/commspeech.html.

66　我遭遇了敌人：Vasugi V. Ganeshananthan, Listening to Zayed, *Harvard Crimson*, June 6, 2002.

66　一些严肃和有思想的人：Lawrence H. Summers, Address at Morning Prayers, September 17, 2002, http://www.president.harvard.edu/speeches/2002/morningprayers.html.

66　如果我们积极信守言论自由的承诺，我们的大学终将变得更加强大：Statement from President Lawrence H. Summers regarding invitation to Tom Paulin, November 20,

2002, http://www. president. harvard. edu/speeches/2002/poet. html.

67 我们的知识视野应该超越美国的一孔之见：Beth Potier, "Worldly" education assessed, *Harvard University Gazette*, March 14, 2002.

67 难道我们不应该要求每一名学生：William C. Kirby, Dean's Letter, 2002 – 2003, 5.

67 你知道吗, 学习日语最好的地方是日本：Lawrence H. Summers, Remarks at 50th Anniversary Celebration of the U. S. -Japan Fulbright Exchange, September 21, 2002, http://www. president. harvard. edu/speeches/2002/fulbright. html.

68 帮助人们具有更宽广的国际视野：Lawrence H. Summers, Remarks to Harvard College Fund Assembly, Boston, October 12, 2002, http://www. president. harvard. edu/speeches/2002/collegefund. html.

68 作为美国顶尖的院校：William C. Kirby, letter to "Colleagues" accompanying Curricular Review Report of 2004, 2.

68 否认了任何关于西方及价值观中心地位的假设：Report on General Education, November 2005, 31.

69 学生们不愿意放弃现在的读书机会, 去参加哈佛提供的更高层次的课外活动：参见 Saritha Komaritreddy, Leaving vs. leading: Debating study abroad, *Harvard Crimson*, December 1, 2003.

69 开始是愚蠢的, 但以后的教育效果不错：Eliot, Inaugural Address, in Morison, *Development of Harvard*, lix.

69 漂洋过海, 改变的是气候环境, 不变的是我们的心灵：Horace, *Epistles* 1. 11. 27, quoted by Richard Thomas, General education and the fostering of free citizens, *Essays on General Education in Harvard College* (Faculty of Arts and Sciences, 2004), 101.

70 如果想上哈佛学院读书：William C. Kirby, 引自 Harvard proposes overhaul of undergrad curriculum, CNN. com, April 27, 2004, http://www. cnn. com/2004/EDUCATION/04/27/harvard. curriculum. ap/.

70 是因为我们学生即将生活和工作的世界：William C. Kirby, Harvard past and present, at home and abroad, *Harvard Crimson*, June 5, 2003.

70 有意鼓励到非盎格鲁文化背景：Harvard University, Faculty of Arts and Sciences, A report on the Harvard College Curricular Review, April 2004, 40.

71 9·11 后, 全国上下：Harry R. Lewis, Harvard in America, a year later, *Harvard Crimson*, September 11, 2002.

第三章　沟通、竞争与合作

73　本科分系的目的不是要培养隐士：A. Lawrence Lowell, Inaugural Address, October 6, 1909, *Development of Harvard University*, Samuel Eliot Morison, ed. （Harvard University Press, 1930）, lxix.

73　我们的时代还没有发展到让教授去问：Rollo Walter Brown, *Harvard in the Golden Age*（Current Books, 1948）, 130.

75　亚理士多德有一句名言：Lowell, Inaugural Address, October 6, 1909, in Morison, ed., *Development of Harvard University*, lxxvix.

76　师生间要展开一对一的交流更加困难了：A. Lawrence Lowell, Report of the President, 1927–1928, 10–11.

76　无论穷人家的孩子或富家子弟：A. C. Hanford, Report of the President, 1929–1930: The College, 100–101.

77　此外，洛厄尔还限制了在哈佛的犹太学生人数：参见 Jerome Karabel, *The Chosen*（Houghton Mifflin, 2005）.

77　哈佛的确是那个我梦寐以求的地方：Stanley Marcus, *Minding the Store*（University of North Texas Press, 1997）, 34–38.

77　学生公寓计划是一次杰出的实验：A. Lawrence Lowell, Report of the President, 1928–1929, 12.

78　物以类聚，人以群分：Chocolate City Response to RSSC Proposal, http://web.mit.edu/advise/unifiedproposal/CC/RSSC.html.

79　但2005年秋，哈佛却破例宣布希望修建一个女生活动中心：Margaret W. Ho, Plans for women's center solidify, *Harvard Crimson*, September 22, 2005.

79　女生活动中心是我在校园里最不愿看到的东西之一：Simon W. Vozick-Levinson, Room for improvement, *Harvard Crimson*, October 19, 2005.

79　不过在那之后，由于他发表了那通臭名昭著的贬低女性认知能力的言论：2005年1月14日，在国家经济研究局召开的一次会议上，萨默斯在发言中提出：之所以女性在理工科领域人数偏少，与人们的偏见无关，主要是因为女性在这些领域缺乏"固有的天赋，尤其缺乏变通性"，女性的生活方式也不适合于这些领域。尽管后来萨默斯对其发言作出了道歉，但这番言论还是传遍了全国，并导致了一场哈佛的内部改革，以矫正理工科领域男女比例失衡的状况。这次改革未关注到的一个事实是：哈佛大学经济系的女性教授比例，比很多理科院系还低。萨默斯的发言见校长网站：http://www.president.harvard.edu/speeches/2005/nber.html.

79 哈佛与拉德克利夫(Radcliffe)的合并：A space for all students，*Harvard Crimson*，September 26，2005．

80 我们的女生想要一个女生活动中心：Vozick-Levinson，Room for improvement．

80 远程教育：William C. Kirby，Annual Letter，2001－2002．

80 极力限制这类情况出现：William C. Kirby，Annual Letter，2002－2003，5．

80 哈佛学生非常高兴能聆听世界知名教授的讲座：One of several messages and images displayed cyclically on www.harvard.edu during summer 2004．

81 格拉斯哥大学的贾尔丁(Jardine)教授：George Ticknor，*Remarks on Changes Lately Proposed or Adopted in Harvard University* (Cummings，Hilliard and Co.，1825)，7．

82 他是我所见的最聪慧最全面的教师：Roger Rosenblatt，*Coming Apart* (Little，Brown，1997)，70－71．

82 考虑到哈佛学院的规模和课程的数量：假设一学期每个学生选 4 门课，每位教师授 2 门课，其中一半为研究生课程，那么每门本科课程的平均学生人数至少为 32 人。但事实上这一预估值还偏低了，因为在哈佛，教师的授课量达不到每学期 2 门课，或者每学年 4 门课——在某些学科领域甚至还差得远。考虑到小规模课程的数量及教师实际的教学工作量，我估计每门本科课程的平均学生人数在 50 人以上。

83 而且即便在该指南所注明的"目的"中，也找不到它将用于评定终身任教资格的字样：Harvard University Committee on Undergraduate Education，The CUE Guide，2004－2005，i．

83 学生对课程所作的评价：Nalini Ambady and Robert Rosenthal，Half a minute：Predicting teacher evaluations from thin slices of nonverbal behavior and physical attractiveness，*Journal of Personality and Social Psychology* 64 (1993)，431－441．

83 大多数大学教授享有盛誉，是因为他们思想独到、著作等身：Charles P. Thwing，*American Colleges：Their Students and Work* (G. P. Putnam's Sons，1878)，25．

85 哈佛的"师生接触频率"(availability)在 5 分制评分中仅得到了 2.92 分：Margaret W. Ho and Joshua P. Rogers，Harvard students less satisfied than peers with undergraduate experience，survey finds，*Harvard Crimson*，March 31，2005．

85 大学中平均每个学生获得教师的关注，与最简陋的小学或慈善学校中的小孩相比都更加匮乏：Ticknor，*Remarks on Changes*，7．

85 师生关系被视为一种相互敌视的关系：Andrew P. Peabody，*Harvard Reminiscences* (Ticknor and Co.，1888)，200．

86 教师有责任与学生们打成一片：White，The condition and wants of Harvard College，63．

86　学生的规模在扩大：Robert E. Herzstein, Survey stresses student-faculty contact, *Harvard Crimson*, December 1, 1950.

86　你们来到了这里就要奋发图强：Nalina Sombuntham, Under the big tent, *Harvard Crimson*, June 5, 2003.

86　"哈佛夏令营"：Elisabeth S. Theodore and Jessica E. Vascellaro, Lewis departure may mean shift in college's priorities, *Harvard Crimson*, March 18, 2003.

86　"夏令营辅导员"：Anthony S. A. Freinberg, Debunking "Camp Harvard," *Harvard Crimson*, March 21, 2003.

87　学生若想与食堂签订伙食合同还需"排队"：Edward S. Martin, Undergraduate life at Harvard, *Scribner's Magazine* 21, 5（May 1897）, 549. 根据马丁的报道, 哈佛纪念堂修建20年后, 学生人数增加过快, 食堂服务的学生数量比预期的增加了三分之一, 但仍有600人需要"排队"等待签订伙食合同。

87　1891—1892学年的《哈佛索引》（*Harvard Index*）中就出现了几十个俱乐部的名字：*The Harvard Index for 1891 – 1892: A University Directory* vol. 18（Alfred Mudge and Son, 1891）.

87　使得学校无法通过"班级凝聚力"（tie of class）而整合在一起了：Martin, Undergraduate life at Harvard, 537 – 538.

87　研究的一大发现是：Richard J. Light, *Making the Most of College*（Harvard University Press, 2001）, 26（emphasis in original）.

87　考察本科生生活（住宿生活与课外生活）与本科生教育的关系：Kirby, Annual Letter 2001 – 2002.

88　或许课外活动确实能够丰富哈佛文理学院和其他学院的日常生活：Sombuntham, Under the big tent.

88　教会学生如何有效地与他人合作, 如何扮演好领导下属与服从领导的角色：Derek Bok, 引自 Sombuntham, Under the big tent.

88　那是一次我同1994届和1995届计算机专业的三位毕业生共进午餐时的对话：Miguel Helft, Microsoft to buy San Francisco-based Internet advertising firm, *San Jose Mercury News*, November 5, 1998.

89　无论是什么具体内容, 我们可以设想一下：本科生的体育活动给他们留下了什么：This and the subsequent paragraph are substantially based on an internal memorandum I wrote in 2001.

第四章 咨询:永恒的主题

91 关于选修制度的细节问题仍需讨论:Charles William Eliot, Report of the President, 1876 - 1877, 24.

91 在帮助学生树立正确的价值观、确立坚定的信念、培养个人的责任心:Derek Bok, Report of the President, 1976 - 1977, 26 - 27.

93 咨询本意是希望建立师生之间彼此信任和友好的关系:Charles William Eliot, Report of the President, 1888 - 1889, 9.

93 学生可以向他的导师咨询关于大学生活的任何问题:Clement Lawrence Smith, Report of the President: The College, 1888 - 1889, 95.

93 这样可以帮助学生了解:Eliot, Report of the President, 1890 - 1891, 13.

93 该项制度的实施"并非尽如人意":Editorial, *Harvard Monthly* 32, 5 (July 1901), 221 - 222.

94 对于新生来说,在选修课程中出现差错是件很糟糕的事情:L. B. R. Briggs, Report of the President: Faculty of Arts and Sciences, 1901 - 1902, 102.

94 学生咨询工作委员会最终出台的报告建议:Draft Report of the Committee on Advising and Counseling, May 2005, http://www.fas.harvard.edu/curriculum-review/draft_pdf/report_adv.pdf.

95 具有多年教学经验、能引导学生徜徉在知识殿堂的顶尖教授:Marcella Bombardieri, Harvard reviews how freshmen are advised, *Boston Globe*, January 2, 2004.

95 地域或家庭经济环境决定论:James Bryant Conant, Report of the President, 1934 - 1935. 8.

97 我们仍然以培养有道德感和有责任感的公民和领导人为己任:Report on the Harvard College curricular review, April 2004, 22.

97 我不知道我们是否应该培养学生的道德品质:Fred Hargadon quoted by David Brooks, The organization kid, *Atlantic Monthly*, April 2001.

98 就像大卫·布鲁克斯(David Brooks)在他的论文,essay "The Organization Kid":同上.

100 学生"表现出无助的言语"以及"时常落泪":What can I do? How to recognize students in distress ... and how to help, brochure, Harvard University, Student Health Coordinating Board, Office of the Provost, AY 2003 - 2004.

102 最近,马萨诸塞州一法院判定:Marcella Bombardieri, Lawsuit allowed in MIT suicide, *Boston Globe*, July 30, 2005. Cho Hyun Shin et al. v. Massachusetts Institute

102　of Technology et al.，Opinion No. 89553，Docket No. 02－0403，Superior Court of Massachusetts，at Middlesex.

102　杜威认为，人的学习是社会性的：Louis Menand，Re-imagining liberal education，in Robert Orrill，executive editor，*Education and Democracy*（College Entrance Examination Board，1997）.

102　按照哈佛的政策，教师的聘任和晋升需考虑三个方面的因素：Appointment Handbook，Faculty of Arts and Sciences，Harvard University，2004

103　大量普通和优秀的犹太人涌入自然科学工作岗位……会带来许多危害：引自 Keller and Keller，*Making Harvard Modern*，155.

104　在很大程度上，大学已经放弃了以道德标准选拔教授的做法：Bok，Report of the President，1986－1987，26－27.

104　除非"严重行为不端或玩忽职守"：Third Statute of Harvard University，http://www.hsph.harvard.edu/facultyhandbook/org&gov4.htm.

104　聘任政策最终变成了人品和头脑间的制衡：Education in the Yard，Ⅱ：Admissions，*Harvard Crimso*n，April 27，1938.

105　我在哈佛有一间办公室，但我从来没有使用过：Martin Feldstein quoted by David Leonhardt，Scholarly mentor to Bush's team，*New York Times*，December 1，2002.

105　所幸的是，大多数教授的确能做到为人正直、认真负责、乐于助人：Bok，Report of the President，1986－1987，27.

105　即便在印尼演讲时，面临伊斯兰教令反宗教多元化的危险也毫无惧色：Fatwa feud，*Guardian Unlimited*，August 2，2005，http://www.guardian.co.uk/elsewhere/journalist/story/0，7792，1541091，00.html.

106　打火药孔、爆破、和混凝土：Diana L. Eck，*Encountering God*（Beacon Press，2003），7.

106　在为行政院长、运动队教练、宿舍主管等涉及学生工作的岗位招聘人员时，可以重点考察其人品：Bok，Report of the President，1986－1987，27.

106　对体育教练的职责一般有这样的规定：From the job posting for Requisition Number 20076，Assistant Coach，Men's Tennis，posted on jobs.harvard.edu on June 10，2004.

第五章　为什么分数在上升

107　当前教师在给学生评分时，A 和 B 给得太轻率了：Report of the Committee on Raising the Standard，Harvard University，January 16，1894，UA Ⅲ 5.15，Harvard

University Archives.

107 《哈佛静悄悄的秘密：分数贬值》：Patrick Healy, Matters of honor; Harvard's quiet secret: Rampant grade inflation, *Boston Globe*, October 7, 2001.

107 《哈佛荣誉学位沦落至中等水平》：Patrick Healy, Matters of honor, second of two parts; Harvard's honors fall to the merely average, *Boston Globe*, October 8, 2001.

107 耶鲁的一位院长说：Richard Brodhead 引自同上.

107 在一所健康的大学里：Harvey Mansfield, Grade inflation: It's time to face the facts, *Chronicle of Higher Education*, April 6, 2001, 24.

107 非常关注荣誉学位贬值和分数贬值的问题：Patrick Healy, Harvard asks faculty to justify grading methods, *Boston Globe*, October 23, 2001.

107 哈佛的评分标准过于宽松了：Patrick Healy, "Careful review" of grading urged at Harvard, *Boston Globe*, November 14, 2001.

107 学校需要"重视这一问题，不能让学生的利益受损"：Elisabeth S. Theodore, Summers addresses grade inflation, *Harvard Crimson*, January 18, 2002.

108 长期以来，哈佛在各学术领域独领风骚：Why grade inflation is serious, editorial, *New York Times*, December 9, 2001.

108 50%的学生都能获得 A 等：Ivy League grade inflation, editorial, *USA Today*, February 7, 2002.

108 "哈佛课堂中'腐烂'的分数贬值现象了"：Jeff Jacoby, Summers's truth-telling, *Boston Globe*, September 26, 2002.

108 "你决不能对这种问题置之不理"：Pete DuPont, You can't outlaw failure, *Wall Street Journal*, June 10, 2003.

109 哈佛"已决心给学生更多的 B 等分数"：Patrick Healy, Harvard to award more B's, raise honors standards, *Boston Globe*, May 22, 2002.

109 "让 A 等分数重新代表优异的成绩"：Anemona Hartocollis, Harvard faculty votes to put the excellence back in the A, *New York Times*, May 22, 2002.

109 图 5.1 显示的是哈佛学生进入"院长名单"的比例：The graph and the subsequent discussion are adapted from Harry R Lewis, The racial theory of grade inflation, *Harvard Crimson*, April 23, 2001. 该数据来源于哈佛大学的公开报告。

111 结果共有 115 名学生获得了"最高级优等生荣誉"：Peggy S. Chen, "Worries about summa integrity drive downsizing reform," *Harvard Crimson*, June 5, 1997.

111 "A 等分数与以前相比贬值了"：Lawrence Buell quoted by Andrew S. Chang, "Grade

111 inflation becomes an educational fact of college life," *Harvard Crimson*, June 5, 1997.

111 我今年没花上几个小时来担心这个问题: Andrew Chang, Grade inflation becomes an educational fact of college life, *Harvard Crimson*, June 5, 1997.

111 哈佛学生毕业时有 80% 获得了这三类荣誉学位中的某一种: Alice Dembner, Cum laude gets harder to come by, *Boston Globe*, February 11, 1997.

112 作为一种政治形式,学术政治是如此的血雨腥风: Though often attributed to Henry Kissinger, a version of this maxim seems to have originated with the political scientist Wallace Sayre. Sayre is quoted by Charles Philip Issawi, *Issawi's Laws of Social Motion* (Hawthorn Books, 1973), 178: "在任何形式的矛盾中,气氛的紧张程度与其危险系数总是成反比的——这就是学术政治如此残酷的原因。"

112 学术生活变得类似于渡渡鸟在奇境里向爱丽思解释的"会议式赛跑": George Will, D is for dodo, *Newsweek*, February 9, 1976.

112 "评分实践过松,有分数贬值现象出现,应该回到正常状态": Lee H. Simowitz, Increase in honors marks prompts study of grading, *Harvard Crimson*, October 13, 1966.

112 每个班级中极其聪慧、学习兴趣浓厚的学生比例绝对比哈佛历史上任何时期都高: Nathan Marsh Pusey, Report of the President, 1955 – 1956, 19.

113 荣誉学位数量的增加鼓舞人心: Delmar Leighton, Report of the President, 1952 – 1953: The College, 79.

113 有人甚至提出: W. J. Bender, Report of the President, 1951 – 1952: The College, 103.

113 他把这一情况归因为"本科生在学业上比以前更加认真了。": Dean A. C. Hanford 引自 Dean's annual report explains higher standard of scholarship, *Harvard Crimson*, January 4, 1933.

114 你会发现[你课程的分数]高于正态分布的情况: A. Lawrence Lowell, letter to I. L. Winter, March 29, 1912, in Lowell Papers, UAI 5. 160, 1909 – 1914, folder 1040, Harvard University Archives.

114 难道这还不能证明我们的学生的抱怨也有合理的时候: I. L. Winter, letter to A. Lawrence Lowell, November 4, 1914, in Lowell Papers, UAI 5. 160, 1909 – 1914, folder 1040, Harvard University Archives.

114 通过检查选课者众多的课程中的评分不公平现象,竭力维持平等的标准: A. Lawrence Lowell, letter to A. B. Wolfe of the University of Texas, March 27, 1915,

in Lowell Papers, UAI 5. 160, 1914 – 1917, folder 220, Harvard University Archives.

114 之所以选择这八门课程：A. Lawrence Lowell, letter to Professor Mary Augusta Scott of Smith College, December 13, 1910, in Lowell Papers, UAI 5. 160, 1909 – 1914, folder 1040, Harvard University Archives.

114 一些院系偶尔会开设一些容易的课程：Report of the Committee Appointed to Consider How Tests for Rank in College may be made a More Generally Recognized Measure of Intellectual Power, Appendix to Reports of the President and the Treasurer of Harvard College, 1908 – 1909, 43. 文章意思表达得很明确：不仅是学习任务偏少，教师的评分也显得过松。

115 [本委员会]相信……如果对分数 A、B、C、D、E 重新定义：Report of the Committee on Raising the Standard, Harvard University, January 16, 1894, UAⅢ 5. 15, Harvard University Archives.

115 "每个人都知道 C 才是代表平均水平的分数"：Mansfield, Grade inflation: It's time to face the facts.

115 当年的平均分数，使用常见的 4 分制计算：

以下是 1890 年哈佛学生各分数段的分布表，数据来源：1890 年 4 月 21 日的《每日深红报》。

	A 的%	B 的%	C 的%	D 的%	E 的%
一年级	15.9	22.7	36.8	21.5	2.9
二年级	16.2	26.8	26.4	18.9	1.7
三年级	17.9	32.8	35.9	13.0	0.8
四年级	22.1	37.6	31.8	7.6	1.2
总　计	17.8	29.7	35.4	15.9	1.6

115 哈维·曼斯菲尔德教授念大一的那年：Comparison of Distribution of the Grades of Undergraduates for the Fall Term 1949 – 1950, Folder "Course Grading 1946 – 1950," UAⅢ 5. 33, Box 245, Harvard University Archives.

116 曼斯菲尔德念大二那年：Board votes to continue draft grading, *Harvard Crimson*, October 4, 1951.

116 表 5.2 显示的是 2004—2005 学年的分数分布情况：Mailing to all faculty in Arts and Sciences in fall 2004. 由于出现了"通过"和"不及格"两项，这使得该数据无法与 50 年

前的数据作精确比较。

116 曾经人们可以在市场上看到 B 级鸡蛋：See USDA website，http：//www. ams. usda. gov/poultry.

116 同样型号的女装：Standardization of women's clothing, NIST website, http://museum. nist. gov/exhibits/apparel.

117 事实证明，学生对教师的好评，与教师给学生的高分是同步的：参见，Valen Johnson, *Grade Inflation*（Springer，2003）.

118 现在学生上课的态度更加端正了：Luke Habberstad, Harvard plans to reform grading system，*Yale Herald* 33，13，April 26，2002.

119 1950 年开始正式得到哈佛大学的认可：Minutes of the Committee on Educational Policy，November 15，1950，416.

121 评分的一致性要比精确性重要得多：有时候，人们认为"分数贬值"现象让分数所提供的信息也贬值了。这一说法是经得起定量分析检验的。某一系统的信息容量可以用"熵"（*entropy*）来表示，"熵"由信息系统的子系统数量及其使用比例决定。目前哈佛评分体系的"资讯量"为每个分数等级 2.50 比特，较 1987 年每等级 2.84 比特有所下降，但较 1950 年每等级 1.85 比特有所上升（当时评分中还没有使用"+"和"-"）。但是，随着获得 A 等级的数量不断上升，其信息容量在不断下降。读者若想了解普林斯顿大学的相关信息，可参见费尔顿（Edward W. Felton）的《普林斯顿的等级分数意义何在？》（*How much information is conveyed by a Princeton grade?*）（2004 年 4 月 22 日），http：//www. cs. princeton. edu/-felten/gtading. pdf；以及艾伦博格（Jordan Ellenberg）的《别为分数贬值担忧》（*Don't worry about grade inflation*），http：//slate. msn. com/default. aspx？id＝2071759.

121 在三大学科领域中：Laura L. Krug, Faculty express concerns over implications of grade inflation，*Harvard Crimson*，February 13，2004.

121 我在这封邮件中"将分数贬值的原因，部分归咎于仁慈的人文学科教授"：Patrick Healy，Low，high marks for grade inflation，*Boston Globe*，October'7，2001.

123 "无法激励学生尽心尽力"：Letter from Dean Susan Pedersen to members of the Faculty of Arts and Sciences，November 2001.

第六章　评价只是教育手段

125 哈佛学院的百分制：Charles William Eliot, Report of the President, 1885-1986, 9.

127 是为了让学生不虚度光阴：*Publications of the Colonial Society of Massachusetts*,

vol. 25,28, quoted by Samuel Eliot Morison, Harvard College in the Seventeenth Century (Harvard University Press,1936), part 1,67.

127 四年累计最高总分精确到 27493 分: Table showing the comparative power of each department on the scale of comparative merit, Harvard University, Corporation Papers, 2d Series, UAI. 5. 130, Box 2,1930, Harvard University Archives.

127 要想学生将注意力一直放在学习上: Josiah Quincy, Report of the President, 1830 - 1831,3.

128 学生们之所以不肯努力学习,或者说教授们很难让学生努力学习: Harvey Mansfield, Grade inflation: It's time to face the facts, *Chronicle of Higher Education*, April 6,2001.

129 当时,一名叫邓肯的学生拒绝了教师的要求: Proceedings of the Overseers of Harvard University relative to the late disturbances in that seminary (James Loring, August 25,1834)

129 类似的事情 2000 年在达特茅斯大学也发生过: David Abel, Aides support accused students, Dartmouth to review facts in cheating case, *Boston Globe*, March 8,2000; Benjamin Wallace-Wells, Research and its discontents, *Dartmouth Review*, March 13,2000; David Abel, Dartmouth officials close the book on cheating scandal, most on N. H. campus greet news with relief, *Boston Globe*, March 13,2000.

129 这鼓励了一种为分数而分数的反学术倾向: Editorial, *Harvard Crimson*, December 3,1885.

130 时断时续而不健康的产业: Andrew Preston Peabody, Report of the President, 1868 - 1869,6.

131 查尔斯·威廉·埃里奥特校长在当时班级上排第二名: Harvard University Quinquennial Catalogue (1930),252.

131 尽管校方竭力避免并列情况的出现,但并列第一的情况至少还是出现了一次: Peabody, *Harvard Reminiscences*, 31.

132 学生有了选课的自由后: Charles William Eliot, Report of the President, 1884 - 1885, 4,39 - 40.

132 "对[日后]生活毫无作用的'分数恶魔'"的说法: L. B. R Briggs, Report of the President, 1900 - 1901: The College, 105.

132 正如 1869 年哈佛校长所言: Andrew Preston Peabody, Report of the President, 1868 - 1869,7.

133　在这种情况下,学生被在低年级课程中累积的劣势拖了后腿:Harvard University, College Papers, UAI. 5. 131. 10mf, Series 2, vol. 23, 1856, 215, Harvard University Archives.

133　如果有 90% 以上的学生都能获得荣誉学位,荣誉学位本身就失去了意义:Sara E. Polsky, Honors drop irks Seniors, *Harvard Crimson*, October 19, 2004.

136　[学生]在同一门课程中所得分数是可以比较:Report of the committee appointed to consider how tests for rank in college may be made a more generally recognized measure of intellectual power, Appendix to Report of the President, 1908 – 1909, 39.

137　学生如果在某一特殊领域获得了突出的成绩:Charles F. Dunbar, Report of the President, 1878 – 1879: The College, 72.

137　鼓励在某一特殊领域具有一定天赋的学生:同上, 73。

137　瓦伦·约翰逊在一本关于分数贬值的书中:Johnson, *Grade Inflation*, 2.

138　一位心理学教授向我描述字母评分制度时:Daniel Gilbert, e-mail to the author.

139　从几年前开始,哈佛商学院就强烈反对用人单位以分数作为是否录用学生的依据:Harvard Business School, MBA Recruiting Policies and Guidelines, http://www.hbs.edu/mba/recruiting/forms/postagree.html as of December 15, 2005, 文中写道:"为了支持工商管理硕士课程的学术使命,全体学生于 1998 年 1 月 23 日投票通过决定:在哈佛商学院获得的任何分数,都不得提供给用人单位,除非学生已获得用人单位的聘用合同。同样,用人单位若想聘用哈佛商学院的学生,就必须遵守此决议,不将学生成绩作为聘用标准。在聘用过程中,是否获得"荣誉学位"是学生学术表现的唯一公开证明"(着重部分原文如此)。

139　虽然 2005 年 12 月哈佛商学院废除了这项规定,但大多学生还是希望保留此规定:Letter from HBS Acting Dean Jay D. Light to HBS students dated 14 December 2005. 2005 年 12 月 9 日,哈佛商学院学生会致莱特(Jay D. Light)院长的一份备忘录写道:在总共 1559 名学生中, 87% 投票赞同继续保留"不公开成绩"的政策,并对该政策被更改的决策过程表示批评。但莱特院长在解释政策改变的原因时认为,新政策更有利于学生的"自由"。新政策将可能导致哈佛商学院的学生今后在选课时,回避他们不熟悉的领域。

139　现在很少有报道说:Henry Rosovsky and Matthew Hartley, *Evaluation and the Academy: Are We Doing the Right Thing? Grade Inflation and Letters of Recommendation* (American Academy of Arts and Sciences, 2002), 12.

141　学生已经学会将一门课程不仅看作一系列的课堂教学过程:Eliot, Report of the

President, 1885 – 1886, 71 – 72.

141 每一名学生,只要他保持良好的道德品质: Peabody, Report of the President, 1868 – 1869, 8 – 9.

141 一位校友把他形容为"率直、和蔼、慷慨与爱的化身": Charles Franklin Thwing, Peabody and Bowen, *Harvard Graduates Magazine* 40 (1931 – 1932), 258.

142 哈佛之所以放弃精确的分数评价,是为了肯定其他形式评价带来的优点比分数本身更重要: Reports to the Overseers-Harvard, vol. 1885 – 1887; 1886, 2 – 3 Quoted by Mary Lovett Smallwood, *An Historical Study of Examinations and Grading Systems in Early American Universities* (Harvard University Press, 1935), 84.

143 应该是不同领域评分标准不一的问题: 参见, Johnson, *Grade Inflation*, 188 – 194.

144 普林斯顿大学的校领导在2004年采纳了这一评分制度: Robert Strauss, Princeton limits As, *New York Times*, May 2, 2004.

144 这暗示存在一种"知识守恒": William Vaughan Jr., An "A" at Princeton, letter to the editor, *New York Times*, April 30, 2004.

第七章 独立、责任感、性侵犯问题

148 "有学养和美德的青年": Clarke, *Letters to a Student*, 9.

148 18至22岁正是年轻人养成在自由环境里自我控制习惯的年纪: Eliot, Report of the President, 1871 – 1872, 13.

149 有人认为这是技术进步带来的变化: Sarah Schweitzer, Case of the hovering parents, *Boston Globe*, August 20, 2005.

150 哈佛"已经放弃了对学生日常生活的规范": John Fox, Report of the President, 1983 – 1984: The College, 65 – 66.

152 哈佛学生对自己大学经历的满意度是相当低的: Marcella Bombardieri, Student life at Harvard lags peer schools, poll finds, *Boston Globe*, March 29, 2005.

152 "过去三年我们的工作重点就在于此": Margaret W. Ho and Joshua P. Rogers, Students less satisfied, *Harvard Crimson*, April 4, 2005.

153 另一方面,还要破天荒地在《深红报》上发表有关爱情的文章: Harry R. Lewis, Romance and love at Harvard, *Harvard Crimson*, February 12, 1999.

155 "比尔·科比院长希望开设一家酒吧,我们得试一下": Joshua P. Rogers and Nicole B. Urken, Administration hopes to buck stereotype, *Harvard Crimson*, April 4, 2005.

155　学校甚至将"酒吧之夜"的内容印在新生的活动日程表上，并规定只有年满 21 岁的学生才能获准买酒：Freshman Dean's Office, Calendar of Opening Days for New Students 2005 – 2006, http://www.fas.harvard.edu/~fdo/publications/calendar0506.

155　"采取适当措施，防止未成年宾客携带酒精饮料参加聚会"：Harvard College Freshman Dean's Office, Handbook for Parents 2005 – 2006.

159　规模较大学院的院长：LeBaron Russell Briggs, *School, College, and Character* (Houghton, Mifflin; and Riverside Press, 1903), 6 – 7.

160　学院行政委员会是"学校教育工作的有机组成部分"：John B. Fox Jr., Report of the President, 1980 – 1981: Harvard and Radcliffe Colleges, 55.

161　第一，任何被哈佛录取的学生都是哈佛的一分子：同上，57 – 58。

162　但是在 2004 年，一位联邦法官下达了决定：United States District Court, District of Massachusetts, United States of America v. President and Fellows of Harvard College, Andrei Shleifer, and Jonathan Hay, Defendants, Civil Action No. 00 – 11977 – DPW, Memorandum and Order, June 28, 2004, 87 – 92. 施莱费尔被指触犯了 31 U. S. Code § 3729(a)(3)，该条款规定：如果他（她）因默许或支付了虚报的账目，从而共谋欺骗政府，那么他（她）就必须承担法律责任。

162　就在面临被处罚的时候：施莱费尔的妻子拥有的一家公司也支付了 150 万美元。见：Russia case (and dust) settle, *Harvard Magazine*, November-December 2005; USAID press release, Harvard defendants pay over $31 million to settle false claims act allegations, August 3, 2005, http://www.usaid.gov/press/releases/2005/pr050803_1.html.

162　著名经济学专栏作家大卫·沃什（David Warsh）把去年这一事件的拖延，与萨默斯和事件中心人物的私交联系起来：美国地区法官大卫·马佐尼（David Mazzone）决心调停此事……但 2001 年 3 月萨默斯当选校长后，调停宣告结束。此时，校长显然在学校董事会的要求下，脱离了与此事的干系……聘用了萨默斯的人们原本希望新校长能按照法官提出的方案那样，把事情尽可能处理得有利于学校，令人不解的是，他没有这样做。David Warsh, The Tick-Tock, *Economic Principals*, January 22, 2006. http://www.economicprincipals.com/issues/06.01.22.html. 又见：David McClintick, How Harvard lost Russia, *Institutional Investor*, January 2006, 66ff.

162　《深红报》报道说，当萨默斯来到坎布里奇面试哈佛校长职务时：Michael M. Grynbaum, A costly case, *Harvard Crimson*, June 9, 2005.

162　萨默斯盼咐当时的文理学院院长：United States District Court for the District of

Massachusetts, United States of America v. President and Fellows of Harvard College, Andrei Shleifer, Jonathan Hay, Nancy Zimmerman, and Elizabeth Hebert, Civil Action 00 CV 11977 – DPW, Deposition of Lawrence Summers, March 13, 2002, 112.

162 据报道, 在被查出在任哈佛职务期间有欺诈政府的罪责后数月: Michael M. Grynbaum, Punishing its own, *Harvard Crimson*, June 9, 2005.

163 "纯属为个人牟利 (self-dealing)": U. S. v. President and Fellows et al., Memorandum and Order, 73.

163 如果俄罗斯准备发展真正的私有经济: U. S. v. President and Fellows et al., Deposition of Lawrence Summers, 97.

163 一个人就自己感兴趣的经济问题提出咨询意见: 同上, 128。

163 为什么不泰然地承认错误: David Warsh, Andrei and Rafel, economicprincipals. com, August 7, 2005, http://www. economicprincipals. com/issues/05. 08. 07. html.

163 例如, 法学教授查尔斯·欧格里特利 (Charles Ogletree) 和劳伦斯·特莱伯 (Laurence Tribe) 曾被指控不恰当地引用了其他作者著作中的话语: Sara Rimer, When plagiarism's shadow falls on admired scholars, *New York Times*, November 24, 2004; Tribe's tribulation, *Harvard Magazine*, July-August 2005; John Harvard's Journal, *Harvard Magazine*, November-December 2004.

164 而施莱费尔拒绝承认自己犯有错误: 此事告一段落后, 施莱费尔在其一份声明中称: "凭一己之力与强大的政府的抗衡, 也只能坚持这么长时间了。在持续八年之久后, 我已经决定放弃这场斗争, 但我并没有承认自己需承担任何责任。我坚定地相信自己完全可以最后获胜, 但我的律师告诉我, 我的诉讼费用将超过我将支付给政府的款项。" Russia case (and dust) settle, John Harvard's Journal, *Harvard Magazine*, November-December 2005.

164 "采取任何适当措施": Faculty of Arts and Sciences, Harvard University, *Principles and Policies that Govern Your Research, Instruction, and Other Professional Activities*, 2002, Section 6: Procedures for Responding to Allegations of Misconduct in Research. http://www. fas. harvard. edu/~research/greybook/misconduct. html

165 如果大学主管部门不愿意解释其政策: Derek Bok, Report of the President, 1986 – 1987, 26.

165 在同一个学院会议上, 既可以讨论某学生发出的音乐声响太大的事情: 参见: Minutes of Faculty Meeting of April 23, 1877, 370, 这里曾记录了: 4月10日, 教师们投票通过

"二年级的凯利先生在课余时间制造了过大的音乐声,而被私下警告。"

165 文理学院可以向由学院教授组成的行政委员会授权:Eliot,Report of the president,1889－1890,4.

165 必须保证,除非有学院三分之二以上教授投票通过,否则学生不能被学校开除:Clement Lawrence Smith,Report of the President,1889－1890:The College,110.

166 想尽办法让那些学者担任这些学生事务的主管:John Fox,Report on Harvard Collge,1980－1981,56.

166 哈佛学院院长认为自己肩上的责任太重,于是把很大一部分工作交由一位副院长管理:Benedict Gross quoted by Katharine A. Kaplan and Rebecca D. O'Brien,Gross finds post overwhelming,*Harvard Crimson*,June 10,2004.

166 此人获得过商科学位:Patricia O'Brien named Harvard College deputy dean,*Harvard University Gazette*,June 10,2004.

166 同时引进了一名负责学生寄宿生活的副院长:Steve Bradt,Student life gets an experienced hand,*Harvard University Gazette*,September 15,2005.

166 两名长期在哈佛学院工作的领导转而去其他学院负责学生辅导事务了:Sean Smith,Centering on advisement,*Boston College Chronicle* 14,5(November 3,2005);Joshua P. Rogers,Dean O'Keefe to head for Wellesley,*Harvard Crimson*,July 15,2005.

166 哈佛学院招聘到的学生辅导主管曾担任一家私营企业的教育顾问:Robert Mitchell,Rinere appointed advising dean of Harvard College,*Harvard University Gazette*,December 15,2005.

166 "学生福利、种族问题"方面的经验:Professor Judith Ryan quoted by Sara E. Polsky,Senior Tutor Reform proposed,*Harvard Crimson*,April 14,2005.

166 2005－2006学年开始时安排的活动是"哈佛庆典":Welcome back from the dean of Harvard College,September 2005,http://www.college.harvard.edu/deans_office/communications/81.htm1.

167 我们将进一步解决教育的核心问题:Lawrence H. Summers,Inaugural Address,October 12,2001,http://www.president.harvard.edu/news/inaugurations/summers.html.

169 "噢,昨晚我在一档叫《阿布拉姆斯报道》的节目中得知。":MSNBC cable,Abrams Report,August 20,2002.

170 其中最著名的当数安提亚克学院的例子:Jane Gross,Combating rape on campus in a class on sexual consent,*New York Times*,September 25,1993.

170　让几百名已到结婚年龄的男女学生同住一处,管理起来难度很大:Eliot, Inaugural Address, October 19, 1869 Samuel Eliot Morison, ed., *Development of Harvard University*, 1930, lxx.

170　如果女性和男性在智力上的差别,不如他们在体能上的差别那么大,那简直是一个奇迹:Charles William Eliot, address in *A Record of the Exercises Atending the Inauguration of Caroline Hazard, Litt. D., as President of Wellesley College*,Ⅲ *October MDCCCXCIX*(Riverside Press, 1899), 16–18.

170　布林·玛尔女子学院(Bryn Mawr College)院长凯瑞·托马斯(Carey Thomas)依然感到愤愤不平:Helen Lefkowitz Horowitz, The great debate: Charles W. Eliot and M. Corey Thomas, in Laurel Thatcher Ulrich, ed., *Yards and Gates: Gender in Harvard and Radcliffe History*(Palgrave Macmillan, 2004), 133.

172　"报道力度明显不足":Henry Rosovsky, Report of the President, 1973–1974: Faculty of Arts and Sciences, 52.

172　"建立一个真正的社会和性别平等的社会":A murder, editorial, *Harvard Crimson*, December 4, 1973.

172　想到有那么多的性侵犯事件每天在自己身边发生:Bernadette Brooten, The meaning of murder, *Harvard Crimson*, November 29, 1973.

172　拉德克里夫学院"妇女教育处"在那年春天就针对女性侵害问题:Paul S. Turner, OWE conference to discuss ways to prevent rape, *Harvard Crimson*, April 17, 1974. Also Matina S. Horner, Radcliffe College, Report of the President, 1972–1977: Admissions, Financial Aid and Women's Education, 10.

172　虽然男人已经并将继续可能对妇女实施性侵犯:Elisabeth Einaudi and Peggy Mason, Women: Take back the night, *Harvard Crimson*, November 6, 1980.

172　她不认为示威游行可以解决问题:Rape protest to proceed without funds, *Harvard Crimson*, October 9, 1980.

173　"被性侵犯者在案发后不再孤立无援":Melinna I. Weissberg, Harvard seeks wider perceptions of rape: New booklet broadens definitions of the crime, *Harvard Crimson*, October 4, 1983.

173　每天晚上她们都能接到一两个电话:Alison L. Jernow, Fighting awareness: Harvard date rape, *Harvard Crimson*, April 17, 1986.

173　但两位当事人对同一事件各执一词:Lisa I. Backus and Ellen Porter Honnet 引自同上.

174 我们中的很多人遇到性侵犯时，并没有采取果断措施：Sara O. Vargas, Cornell professor describes potential date rape scenarios, *Harvard Crimson*，October 2，1986.

174 我们应该教育大学生如何在性关系上进行沟通：Vernon Silver, On campuses, understanding of crime lacking, *Boston Globe*，September 2，1990.

174 一名男生和女生共同参加了聚会：同上。

174 1990年10月26日，《深红报》关于约会性侵犯的一篇专题报道"一石激起千层浪"：Madhavi Sunder, Can the ad board handle date rape? *Harvard Crimson*，October 26，1990.

175 人们指责这些言论传达出学院领导层"一贯怪罪于受害人"的态度：Editorial, Why the ad board fails; Date rape remarks, *Harvard Crimson*，October 30，1990.

175 1992年2月，工作小组提交了一份建议书，把性侵犯界定为：Date rape task force proposal 引自 Defining date rape, *Harvard Crimson*，September 14，1992.

175 如果不顾受害人已经表示不愿意，另一方还与之发生性行为：Undergraduate council response 出处同上.

176 有关性侵犯的法律概念一直处于变化之中：Miller and Dershowitz as quoted by David S. Kurnick, UC date rape terms draw criticism; RUS, Dershowitz voice concerns over council's role; others defend discussion, *Harvard Crimson*，April 17，1992.

176 而《深红报》这样评论此次争论的结果：Steven A. Engel, Date rape debate ends, controversy to continue, *Harvard Crimson*，March 8，1993.

176 当两位哈佛学生从哈斯蒂·普丁演出公司：Amit R. Paley, Pudding's Pomey, Gomes plead guilty, *Harvard Crimson*，September 16，2002.

178 学生，特别是女学生，应该结伴出行：Police describe rape suspect, *Harvard Crimson*，March 7，1996.

178 让人们如此关注学生的行为：Catherine L. Dunlop, Lewis' comment on safety outrageous, *Harvard Crimson*，March 11，1996.

178 1999年2月，一份学生出版物《视点》："There is nothing like being able to tell somebody"：Two Harvard rape survivors share their stories, *Perspective*，February 1999.

179 毫无疑问，在当年《深红报》编辑的心目中：Editorial, Warranting expulsion: If the ad board calls it rape, the faculty should expel the perpetrators, *Harvard Crimson*，February 22，1999.

179 但也有人认为，这两者不具可比性：Jenny E. Heller, Sexual assault victims; College

action fell short; second student convicted of indecent assault, *Harvard Crimson*, February 19,1999.

179 会议讨论了很多问题,没有一个问题达成决议:William E. Paul as quoted by Jenny E. Heller, Faculty to vote on Douglas dismissal Tuesday, *Harvard Crimson*, March 5,1999.

179 性侵犯案不是千篇一律的:引自 editorial opinion, After Douglas, *Harvard Crimson*, March 15,1999. 在这起案子的讨论中,5 名教授中有两人宣读了几乎相同的声明。

180 经文理学院最后投票,袭击 N 的男学生还是被劝退学:Kate Zernike, Harvard student is ousted, accusation of rape stirred debate at the university, *Boston Globe*, March 10, 1999. 后来,另一本杂志复述了这起案子的细节,但一些重大的疑惑依然没有解开:Lisa Gerson, Rape at Harvard, *Boston Magazine*, August 1999, 104ff.

180 1999 年下半年,文理学院劝退了另一起性侵犯案中的袭击者:Tara L. Colon, Elster dismissed by full faculty in quick vote, *Harvard Crimson*, April 14,1999.

180 哈佛的顾问、当地的报纸、全国性的出版物都在发表观点和评论:Nadja Burns Gould and Veronica Reed Ryback, Misconceptions about date rape, *Boston Globe*, March 12, 1999; Azell Murphy Cavaan, Universities struggle with date-rape cases, *Boston Herald*, March 14,1999; Ben Gose, Harvard expels student in controversial date-rape case, *Chronicle of Higher Education*, March 19,1999.

180 都无法证明两对学生在事发当晚正在约会:Jenny E. Heller, Records show no consent in Douglas case: Concerns over communication seem unfounded, *Harvard Crimson*, March 11,1999.

180 "哈佛并没有把约会性侵犯与其他犯罪等量齐观":Beverly Ford and Tom Farmer, Student ousted for sex assault; Harvard demonstrators cheer faculty vote, *Boston Herald*, March 10,1999.

180 一家报纸说,那位男生已经向 N 写了道歉信:同上。

180 院长们将根据需要,积极鼓励学生求助律师:Rosalind S. Helderman, Sr. tutors gain new role in discipline, *Harvard Crimson*, May 26,1999.

183 在 2001 年院长年度报告中,我解释了校园性侵犯问题:Harry R. Lewis, Annual Report on Harvard College, 2000 – 2001, http://www.college.harvard.edu/deans_office/dean_lewis/annualreport2001/annual_report_2001.htm1.

183 除非"学院行政委员有证据,可以对案件事实作出合理的评价":Report of the Ad Hoc Faculty Committee on the Administrative Board, January 18,2002, http://www.fas.

harvard. edu/~secfas/Ad Bopard/AdBoardAdHoc. pdf.

183 从9月份开始：Anne K. Kofol, Lewis requests changes in sex assault policy; ad board to limit investigations into "he-said-she-said" cases, *Harvard Crimson*, February 11,2002.

183 《哈佛要求性侵犯案件出示更多证据》：Patrick Healy, Harvard to require more proof in sex cases, *Boston Globe*, May 8,2002.

184 《警惕：常识在哈佛成了麻烦》：Kathleen Parker, Alert：Disturbing evidence of common sense found at Harvard, *Orlando Sentinel*, May 12,2002.

184 即使有法律依据,赤裸裸地剥夺被告权利的做法也是极其不公平的：Cathy Young, A turning tide on date rape, *Boston Globe*, May 13,2002.

184 处理犯罪是警察部门：Eileen McNamara, Arrogance at Harvard, *Boston Globe*, May 19,2002.

184 学院正着手组建另一个委员会,研究校园性侵犯问题：Adjudicating sexual-assault cases, John Harvard's journal, *Harvard Magazine*, July-August 2002.

184 波士顿的一名律师向美国教育部民权办公室(Office of Civil Rights)提交了一份诉状：Patrick Healy, U. S. probe expected of Harvard policy on sexual assault, *Boston Globe*, August 6,2002.

185 哈佛是"第一所以书面方式认定妇女的言辞不足为信的大学"：Elizabeth Mehren, Harvard is sued for its new sex assault policy, Women's eNews, December 8,2002, http://www. feminist. com/news/news130. htm1.

185 民权办公室调查发现,根据哈佛学院现有的情况：Letter from Thomas J. Hibino to Lawrence H. Summers dated April 1,2003, http://www. thefire. org/issue. php? doc = harvard-hibino-040103. inc.

185 而原先提出诉状的律师也以自己的方式宣布了胜利：Jenna Russell, U. S. review finds no bias in Harvard's revised policy on sex assault, *Boston Globe* April 2,2003.

185 哈佛的政策改革是全国性大学校园企图掩盖犯罪真相的一部分：Gretchen Cook, Campuses may be developing tactics to hide rapes, Women's eNews, May 25,2003, http://www. womensenews. org/article. cfm/dyn/aid/1342/context/archive.

185 学校性侵犯调查委员会在发布的报告中,提出了后续的教育计划：Committee to Address Sexual Assault at Harvard：Public Report, April 2003, www. fas. harvard. edu/~casah/FinalReport. html.

185 但哈佛学生领袖立即提出要对"性侵犯案件的处理程序进行全面评估"：Associated

Press, Harvard panel urges changes in abuse policy, *Washington Post*, April 18, 2003.

186 因为经验告诉我,每一起校园性侵犯案都至少涉及一名酒醉者:National data are cited in the Report of the Committee to Address Sexual Assault at Harvard, 22.

186 人们对于性侵犯存在很多错误的看法:Nadja Burns Gould and Veronica Reed Ryback, Misconceptions about date rape, *Boston Globe*, March 12, 1999.

187 所有的犯罪行为(包括性侵犯、袭击和抄袭)都不是独立的:Daniel Gilbert as quoted by Ben Gose, Harvard expels student for role in controversial date-rape case, *Chronicle of Higher Education*, March 19, 1999.

187 女性无法澄清她们自己在其中的责任:Committee to Address Sexual Assault at Harvard, Public Report, 34.

187 与那些没有受到性虐待的儿童一样:Richard J. McNally, *Remembering Trauma* (Belknap Press of Harvard University Press, 2003), 22.

188 人们没有从儿童康复的角度理解我的研究论文:同上,23。

189 让犯罪调查人员"接受专门培训,识别受到性暴力者的症状":Title IX complaint questionable; Moral, not legal arguments needed against university's new sexual assault policy; editorial, *Harvard Crimson*, September 18, 2002.

189 法医心理学家对民事案件中对当事人滥用创伤后压力失调的诊断手段提出了警告:McNally, *Remembering Trauma*, 281.

189 另外,只有少数受害人有创伤后压力失调的体验:同上,89。

189 那些真正承受创伤后压力失调的受害人记忆中的伤痛:同上,82。

190 哈佛并不是调查严重违法行为的合适机构:C. C. Felton, Report of the President, 1859-1860, 34.

191 哈佛大学曾经言简意赅地规定:1816年的哈佛制度规定:"对凡是按照本州法律应该被处以罚款、拘役或其他处罚的学生违规行为,学校管理部门应该提出相应的处罚措施。"*Laws of Harvard College*, for the use of the students, with preliminary notices and an appendix (Cambridge, printed at the university press by Hilliard and Metcalf, 1816), 14.

191 凡违背对方意愿、暴力胁迫对方就范:General Laws of Massachusetts, ch. 265, § 22 (b)(2003).

191 对性侵犯案的起诉必须对受害人的"非自愿"和施暴者的"暴力使用"分别举证:例如,Commonwealth v. Lopez, 433 Mass. 7222, 745 N. E. 2d 961 (2001): "我们已经解释,

'暴力和违背意愿'是一个整体的两个方面,必须同时满足这两个条件,性侵犯罪行才能成立。见 Commonwealth v. Caracciola, 409 Mass. 648, 653–654, 569 N. E. 2d 774 (1991)(其中声明,'暴力'和'违背意愿'的措辞并非累赘,而是两个必须同时取证的方面)。"

192 "沙尔(Schaer)诉布兰戴斯大学(Brandeis University)": 716 N. E. 2d 1055, 48 Mass. App. Ct. 23, Schaer v. Brandeis University (Mass. App. Ct. 1999). Citations in the decision have been omitted.

193 这件事情在《哈佛大学公报》(*Harvard University Gazette*)上有长篇报道: Faculty Council notice for Feb. 6, On campus, *Harvard University Gazette*, February 7, 2002.

第八章 学生与金钱

195 在多科技术学校,学生一直奉行实用主义的教育宗旨: Charles William Eliot, The new education: Its organization, part 1, *Atlantic Monthly* 23 (February 1869), 214.

195 现在,学校制定政策、设置课程和确定教师工资的标准: James Engell and Anthony Dangerfield, The market-model university: Humanities in the age of money *Harvard Magazine*, May-June 1998.

195 大卫·克普的《莎士比亚、爱因斯坦与商业利益》: David L. Kirp, *Shakespeare, Einstein, and the Bottom Line: The Marketing of Higher Education* (Harvard University Press, 2003).

195 詹尼弗·沃什伯恩的《大学有限责任公司》: Jennifer Washburn, *University Inc.: The Corporate Corruption of Higher Education* (Basic Books, 2005).

195 恩格尔、丹泽菲尔德的《拯救金钱时代的高等教育》: James Engell and Anthony Dangerfield, *Saving Higher Education in the Age of Money* (University of Virginia Press, 2005).

196 在这一年2月29日的一次重要演讲中,萨默斯校长通过一份引人注目的数据: Higher education and the American dream, speech to 86th Annual Meeting of the American Council on Education, February 29, 2004, http://www.president.harvard.edu/speeches/2004/ace.html.

197 哈佛的改革引起了《纽约时报》和《今日美国》的关注: Karen W. Arenson, Harvard says poor parents won't have to pay, *New York Times*, February 29, 2004; Mary Beth Marklein, Harvard to boost aid to needy student, *USA Today*, March 1, 2004.

197 后者几周后在弗吉尼亚大学的"杰弗逊讲座"中报告自己多年研究成果：William G. Bowen, Jefferson Lectures, April 6, 2004, http://www.mellon.org/pursuitofexcellence.pdf.

197 在我看来,他们一定做足了分析：Louise Story, Following Princeton, Harvard beefs up aid, *Yale Daily News*, February 22, 2001.

197 我们改革的目的并不是为了在生源竞争中赢得先机：Harold Shapiro quoted by Bill Beaver, New financial aid policy may pressure other universities to follow, *Dailyprincetonian.com*, February 5. 2001.

198 我理想中的大学：Pamela Burdman, Dollars & sense, *Princeton Alumni Weekly*, April 23, 2003.

198 哈佛在一年中就多录取了22%的贫困生：Class of 2009 chosen from record 22,796, *Harvard University Gazette*, April 7, 2005.

198 当时的女清洁工名叫"玛丽大妈"：引自 Maids are a College institution, but time may bring changes, *Harvard Crimson*, November 22, 1950.

198 1817年的学生骚乱之后：Lee P. Howard, *The Story of the Yard*, 1638-1932 (Andover Press, 1932), 14.

198 主人公从缪斯女神变为了女清洁工：*The Rebelliad*, (Welch, Bigelow, and Co., 1863), 11-12, 71.

199 1954年,哈佛取消了"整理床铺"的服务项目：Stephen L. Seftenberg, Lowell House and Yard will lose maids in fall, *Harvard Crimson*, February 20, 1954.

199 我讨厌20世纪,哈佛的生活传统就这样丢失了：Perkins deplores maid loss; would fight for them, *Harvard Crimson*, February 25, 1954.

199 学生预算中为数不多的机动选择权：Room rents, *Harvard Crimson*, October 10, 1963.

200 《深红报》对改革持反对意见：Staff editorial, Maid for Harvard? *Harvard Crimson*, March 10, 2005.

200 想在校园里炫耀财富的方法很多：Pam Belluck, At Harvard, an unseemly display of wealth or merely a clean room? *New York Times*, March 22, 2005.

200 当听说哈佛贫困生遭遇的困境时：James Taranto, WSJ.com Opinion Journal from the *Wall Street Journal* editorial page, March 14, 2005.

205 大学的主导思想应该包括：Eliot, The new education, part 1, 214.

206 我应该把儿子送去哪儿呢：同上,203。

206 "安静和隔离": Eliot, The new education, part 2, *Atlantic Monthly* 23 (March 1869), 364.

206 多科技术学校的精神在大学弥漫有多广: Eliot, The new education, part 1, 214-215.

206 他曾三度尝试把哈佛的应用学科送给麻省理工: Morison, *Three Centuries*; 372.

207 此事还闹到了马萨诸塞州高院: Supreme Judicial Court of Massachusetts, November 27, 1917, 228 Mass. 396; 117 N. E. 903; 1917 Mass. LEXIS 1277.

207 当绵羊和狮子相傍而卧时,绵羊总逃不出狮子的手掌: Letter from Adelaide Sherman Blackman to the president of MIT, May 25, 1905, MIT Archives, AC 13:19.

207 洛厄尔的交易,是否会促使哈佛也像麻省理工学院那样,开始向女性授予学位呢: Letter to the editor, *The Nation*, February 26, 1914, 209.

207 这类学校提供的训练无法培养通识文化的素质: N. S. Shaler, Gordon McKay, *Harvard Graduates' Magazine* 13, 52(June 1905), 573-574.

207 在了解到麦凯生前意图后,马萨诸塞州高院驳回了哈佛的提议: President and Fellows of Harvard College v. Attorney General et al., Supreme Judicial Court of Massachusetts, Suffolk, 228 Mass. 396; 117 N. E. 903, November 27, 1917.

207 哈佛的应用学科才得以被保留下来:戈登·麦凯生于1821年,死于1903年。尽管早在去世前十多年,他就提出将大量的不动产赠予哈佛,但此事直到1949年才最终敲定,当时该遗产已经增值到1 600万美元了,是哈佛收到的最大一笔捐赠。这笔遗赠经历了很长时间才完全转移到哈佛账下,因为麦凯的遗嘱及其附录规定,遗产的一部分将以年金的形式提供给他亲近的人。遗嘱中列出了23位受益者,其中有两位在遗嘱公布之时已经过世。在原遗嘱的六份附录中,又有人加入到受益者的行列,也有人被剔除出列。麦凯身边的女性不少。23位受益者中,包括他已经离异的妻子、她所生的两个随麦凯姓的孩子、她的母亲及妹妹,以及另外八位看似与他毫不相干的女性。William Bentinck-Smith, *Harvard University*: History of Named Chairs: Sketches of Donors and Donations, Secretary to the University, 1991-1995, vol. 1, 338-341; *Will and Codicils of Gordon McKay*, 1902(?), Harvard University Archives, HUB 2562.

208 为谋生而求学的情况日益频繁: Eliot, Report of the President, 1892-1893, 10-11.

208 "传统学院"中的文学学士学位"大受影响":同上,12。哈佛一直以来都对物质进步充满抵触。这在《已故的乔治·阿普利》(*The Late George Apley*)一书中体现得淋漓尽致。这本伟大的讽刺性小说在哈佛乃至整个波士顿地区都非常流行。书中的阿普利是作者杜撰的一名1887届的哈佛毕业生。20世纪20年代的时候,阿普利受到了哈佛商学院的排挤,以至于他连驾车路过商学院时,都要扭头回避校门。John P. Marquand, *The Late George Apley* (Little Brown, 1937), 330.

208 这场运动虽然席卷全美,但在哈佛大学却无明显感觉: Eliot, Report of the President, 1877–1878, 10.

208 与未接受资助的学生相比,接受资助的学生更倾向于表示: Data supplied by the Harvard College Registrar's Office for the Class of 2005.

209 在高等教育和整个社会都日益专业化、职业化、分工化的时代: Faculty of Arts and Sciences, Curricular Review (2004), 6.

209 其目的并不是灌输"某一领域的知识,而是加强学生思考问题的深度": 同上。

209 对部分学生来说,主修课程提供了学习自己感兴趣领域的机会: 同上, 23。

210 将学生培养为自力更生、知识渊博、严于律己、善于创新的思想家: 同上。

212 挣脱自我与时空束缚的自由: Frank H. T. Rhodes, *The Creation of the Future* (Cornell University Press, 2001), 112. For another eloquent modern defense of a liberal education, see James O. Freedman, *Idealism and Liberal Education* (University of Michigan Press, 2000).

212 必须传授那些在日益国际化、多元化的世界中必需的广博知识: Report of the Committee on General Education, November 2005, 1.

212 也无法指出"广博"的知识体系如何建立: 同上。

第九章 大学体育与金钱

213 巧舌如簧的演说家和文风绚烂的作家曾一度备受推崇: Francis A. Walker, College athletics, (Phi Beta Kappa oration, June 29, 1893), *Harvard Graduates' Magazine*, September 1893, no. 5, 6–7.

213 比赛正在进行,欢呼声响彻一片: George Santayana, Philosophy in the bleachers, *Harvard Monthly* 18 (July 1894), 190.

218 威廉·鲍文与人合作出版了两本剖析大学体育的著作: James L. Shulman and William G. Bowen, *The Game of Life* (Princeton University Press, 2001); and William G. Bowen and Sarah A. Levin, *Reclaiming the Game* (Princeton University Press, 2003).

218 这两本书一出版就广受好评: 例如,路易斯·梅纳德(Louis Menand)称《运动人生》是近二十年来高等教育研究方面最为重要的著作之一, The *New Yorker* (January 22,

2001）。

218 一本法律杂志也发表了两篇关于《运动人生》一书的详细、透彻的批判性评论：Hal S. Scott, What game are they playing? A review of *The Game of Life* by James L. Shulman and William G. Bowen, *Journal of College and University Law* 28（2002），719－755；and J. Douglas Toma and Thomas Kecskemethy, College sports, the collegiate ideal, and the values of the American university, A review of *The Game of Life*，同上，697－718。

218 鲍文从大学体育的实践出发：这些书是在分析了大量高校学生信息的基础上完成的。法学教授哈尔·斯科特（Hal Scott）提出了质疑：高校向梅隆基金会提供学生的信息是否合法呢？因为根据《家庭教育权利和隐私权法案》（FERPA），这些信息里涉及"个人识别信息"（personally identifiable information），也就是说，学生的信息是受学生个体隐私权法保护的，如果这些信息流传到校外的机构，很可能触犯他们的隐私权。斯科特并不建议梅隆基金会以不恰当的方式将学生的个人信息泄露给他人。但是外行人会这样解读《家庭教育权利和隐私权法案》：高校不应该将学生的个人信息泄露给梅隆基金会，除非梅隆基金会的研究是以"提高教育质量"为目的——但这个目标本身有点"越权"的味道。34 Code of Federal Regulations 99.31（a）（6）（i）（C）。

218 一个人可以通过比赛习得生活的经验：*Reclaiming the Game*，243。

218 每个重点院校的学生都应获得这些品质：同上，325。

218 随着知识资本重要性的日益提高：James L. Shulman and William G. Bowen, Playing their way in, *New York Times*, February 22, 2001, A－25。

220 那些在体育上表现杰出的学生并没有什么错：*Reclaiming the Game*，12。

220 在这些学校里，体育生们占据了一定的招生名额：同上，250。

221 在一个理想的世界里，学校应提倡多样化：*Game of Life*，275。这里作者措辞谨慎，并不是说在社会科学和商科等领域不存在学生群体多样性的现象，而是说一些学生群体选择特定专业学科领域的可能性，比其他学生群体更大。

222 曾有人计算过，在公元前5世纪，一名运动员一生的收入：Stephen G. Miller, *Ancient Greek Athletics*（Yale University Press, 2004），213－214。

222 在公元前488年和公元前484年奥运会上：David C. Young, *The Olympic Myth of Greek Amateur Athletics*（Ares Publishers, 1985），141。

223 体育俱乐部里几乎所有的成员都称自己为"绅士业余选手"：Letter to *Athletic Record and Monthly Journal*, June 1876, 引自 Peter Bailey, *Leisure and Class in Victorian England*（University of Toronto Press, 1978），136（emphasis in original）。

223 业余选手的身份是技工、工匠和劳工：H. F. Wilkinson, ed., *The Athletic Almanack* (1868) 引自同上，131.

223 不得以任何形式出卖体育技能：NCAA website, http://www.ncaa.org/eligibility/cbsa/indexl.html. 在这套规章中也有一些例外的条文。例如，运动员可以通过上体育课获得一定限额的工资，又不至于失去运动员资格；在特定条件下，运动员可以接受一定的奖金以资比赛的开支。

224 净化大学体育是一个老生常谈的话题：Athletics：The undergraduate rule, *Harvard Graduates' Magazine*, April 1893, 470.

224 适当的娱乐可以让你学习时精力充沛：Thomas Shepard Jr., A letter from the Revd Mr ThosShepard to His Son [at] His Admission into the College, circa 1670, in Publications of the Colonial Society of Massachusetts, vol. 14, *Transactions* 1911–1913 (Colonial Society of Massachusetts, 1913), 104; reprinted in Thomas L. Altherr, ed., *Sports in North America*: A Documentary History, vol. 1, part 1：Sports in the Colonial Era, 1618–1783 (Academic International Press, 1997). 14.

224 当学生厌倦了教育一味强调与生计的联系时：Mather, circa 1726, A serious address to those who unnecessarily frequent the tavern, 10, 引自 Altherr, *Sports in North America*, 15.

224 新生入校时需携带垫子、橄榄球等：*President, Professors, and Tutor's Book*, vol. Ⅳ, 1781, 259–260, Harvard University Archives, UA Ⅲ. 5. 5. 2. (buttery 是一种储藏室，但它并不仅仅是用来储藏黄油的。)

224 为那些有兴趣的学生开设体操课程：John Thornton Kirkland, Report of the President, 1825–1826, 52.

225 这种训练课程并不受欢迎，但福伦先生成为哈佛史上第一位体育教练：Morison, *Three Centuries*, 207.

225 在未得到校方允许的情况下，任何学生都不能在学校养宠物：F. O. Vaille and H. A. Clark, eds., *The Harvard Book*: A Series of Historical, Biographical, and Descriptive Sketches, vol. 2 (Welch, Bigelow, and Co., 1875), 188.

225 1850 年底，哈佛赛艇队的一名队员在波士顿与警察发生争执：同上，194。

225 哈佛对鲍文所谓"体育文化"的偏见具有悠远的历史：*Game of Life*, 150。有意思的是，当人们对这些煽动性的语言提出质疑时，作者否认自己曾经说过的话。James L. Shulman and William G. Bowen, Authors respond to Hal Scott's and Douglas Toma and Thomas Kecskemethy's reviews of *The Game of Life*, *Journal of College and*

University Law 29,1(2002),191.

225 "伤痕累累的腿"：James Cook Richmond, The battle of the Delta, *Harvard Register*, October 1827; reprinted in Larry K. Menna, ed., *Sports in North America: A Documentary History*, vol. 2: The Origins of Modern Sports, 1820 – 1840 (Academic International Press, 1995),156.

225 新生们为了开学时能有资格参加橄榄球比赛：C. C. Felton, Report of the President, 1859 – 1860,32.

225 橄榄球年度比赛已演变为班级间的斗殴：同上,31。

226 1860 年 7 月 2 日,校方正式发出通告：Vote of the Faculty, July 2,1860, quoted by Morton Prince, History of football at Harvard, 1800 – 1875(June), in *The H Book of Harvard Athletic*, John A. Blanchard, ed. (Harvard Varsity Club, 1923),334.

226 欢呼吧,鼓掌吧,新生们：*Sibley's Private Journal*, September 3,1860, http://hul.harvard.edu/huarc/refshelf/Sibley.htm#1860.

226 2004 年哈佛《深红报》的一位专栏作家嘲弄常春藤盟校的校长为八位"常春"的"收割者"：Michael R. James, King James Bible: Council Hurting Ivies, *Harvard Crimson*, May 7,2004; and James, Presidents need to drop the grudge, *Harvard Crimson*, November 2,2004.

226 一天,当铁路公司的主管詹姆斯·艾尔金斯(James Elkins)坐火车经过温尼湖区时：Robert F. Herrick, *Red Top: Reminiscences of Harvard Rowing* (Harvard University Press, 1948),71; Thomas C. Mendenhall, *The Harvard-Yale Boat Race 1852 – 1924* (Mystic Seaport Museum, 1993),15 – 16.

226 船上载了一帮在波士顿喝得醉醺醺的队员：Charles William Eliot, Rowing in the fifties, in *H Book of Harvard Athletics*, 10.

227 我们还能再度夺冠吗：The boating reputation of Harvard, *Harvard Magazine* 4,5 (June 1858),194. 韦德纳图书馆(Widener Library)珍藏的复印件表明,该书的作者是莫特(E. L. Motte)和1859届的霍普金森(F. C. Hopkinson)。

227 不是为了追求任何卓越的体育水平：Eliot, Rowing in the fifties, 12. 这篇文章之后是关于1858年比赛的记载。

228 自己会适度地划船,决不会太卖力：Letters from Charles William Eliot to Ellen Peabody, June 19 and 20,1858, reprinted in Henry James, *Charles W. Eliot*, vol. Ⅰ (Houghton Mifflin Co., 1930),81 – 83.

228 禁止学生组织或参加任何形式的体育比赛：*Laws of Harvard University, Relative to*

Undergraduates（Metcalf and Co.，1845），25.

228 他们为战胜强壮的爱尔兰人而欣喜若狂：Letter from Eliot to Peabody, June 20, 1858, in James, *Charles W. Eliot*, vol. 1, 82.

228 《圣徒和他们的身体》一书问世：Thomas Wentworth Higginson, Saints and their bodies, *Atlantic Monthly* 1（1858），582–595.

229 无论是学习还是玩耍,只要能保持一颗纯洁而豁达的心:同上。

229 一方面是受维多利亚时代宗教女性化的影响：参见，Clifford Putney, *Muscular Christianity*（Harvard University Press，2001），3.

229 一个美国人,夜幕降临时拖着疲惫的身躯下班回家：Thomas Wentworth Higginson, Gymnastics, in *Out-Door Papers*（Lee and Shepard，1886），134.

229 应该以新的进取精神取代过去温文尔雅的习气：Putney, *Muscular Christianity*, 5.

230 人们普遍忽视甚至鄙视硬朗强悍的作风：Theodore Roosevelt, Machine politics in New York City, *Century Magazine* 23（1886），76，引自 Putney, *Muscular Christianity*, 26.

230 橄榄球是所有运动中最具魅力的：Higginson, Saints and their bodies.

230 我们每个人身上都有一股未爆发的原始力量：Higginson, Gymnastics, 137–139.

230 对后维多利亚时代的资产阶级而言：T. J. Jackson Lears, *No Place of Grace*（Pantheon Books，1981），48，300.

230 复古的英雄……他的智慧源自于丛林：Richard Hofstadter, *Anti-Intellectualism in American Life*（Vintage Books，1962 and 1963），159.

231 从那以后,那些被认为过于文雅、过于理想化和学究气的未来政治家们:同上，196。

231 过去那些擅长市场营销、注重团队合作、强调管理结构和热爱体育锻炼的精英们：*Game of Life*, 112.

232 希望能允许学生踢橄榄球：William R. Tyler, 引自 Morris A. Bealle, *The History of Football at Harvard*，1874–1948（Columbia Publishing，1848），17.

232 将门票收入挥霍一空：*H Book of Harvard Athletics*, 358–364.

233 哈佛对1873年的会议的抵制为现代橄榄球运动的诞生奠定了基础：The story of the Harvard-McGill contests is detailed by Robert Grant, Harvard College in the seventies, *Scribner's Magazine* 21,5（May 1897），562–563. 因为麦吉尔大学的一些球员最终未能从蒙特利尔赶来参加比赛,球队双方各有11名队员,人数少于通常的英式橄榄球比赛。但每方11人的标准并没有维持几年。在1875年第一场哈佛与耶鲁的比赛中,双方队员各为15名。在1876年的比赛中,参赛队员减为11名。1877年,因为未能就参赛人数达成协议,两校暂停了比赛。

234 我们是否还可以说这些球员是在读大学呢:John Williams White, The constitution, authority and policy of the committee on the regulation of athletic sports, Harvard Gradates' Magazine 1,2 (January 1893),209 - 210. 本文在总体上可以被看作是对"学校体育运动委员会"早期"金玉在外、败絮其中"混乱历史的描述。

234 学校……第一次直接干预了体育比赛的性质和内容:Charles William Eliot, Report of the President,1881 - 1882,16 - 19。

234 而追求体育卓越的任务,应留给那些职业选手们:同上,18。

234 并通过表决在操场周围建立栏杆,以保护操场和阻止抗议人士入内:Harvard Athletic Committee, minutes of June 15,1882,引自 Ronald A. Smith, *Sports and Freedom* (Oxford University Press, 1988),127。

235 总的来说,在过去的 25 年里,大家一致认为:Eliot, Report of the President,1881 - 1882,19。

235 校际比赛加剧了体育中残暴行为的恶化:Eliot, Report of the President,1887 - 1888,10。

235 哈佛早已打破禁止聘任专业教练的规定:William Shakespeare, *Hamlet*,Ⅰ.iv.14。

235 它给棒球队队员和教练开工资:Ronald A. Smith, Introduction to *Big-Time Football at Harvard 1905*:*The Diary of Coach Bill Reid* (University of Illinois Press,1994), xxxiv。

235 还提及了航海、骑马、爬山、打猎等普通美国人很少涉及的运动项目:Eliot, Report of the President,1892 - 1893,15。

235 在他看来,投一个曲线球需要耍弄低级的狡猾手段:James, *Eliot*, vol. 2,69. James noted that he was reporting L. B. R. Briggs's account of this incident (*Atlantic Monthly*, November 1929,600)。

236 为哈佛获胜三呼加油:同上,69—70。

236 为了正义的事业,为了祖国,为了全人类而无私的奉献是崇高和神圣的:*The Soldier's Field*, Henry Lee Higginson, June 10,1890 (brochure recording the events at the dedication of the field)。

237 在哈佛,学生们彼此之间并不怎么碰面:Report of the Committee of Five (Charles Francis Adams, Wm. Roscoe Thayer, Henry E. Warner, Thomas C. Thacher, William Endicott 3d, *Harvard Graduates' Magazine*,4,15 (March 1896),455。

237 据报道那是橄榄球比赛有史以来观众人数最多的一场比赛:Harvard's great stadium,

New York Times，November 22，1903；Yale's football team defeated Harvard，*New York Times*，November 22，1903.

237 该委员会打破了不聘请职业教练的惯例，以 3 500 美元的高薪聘请：Smith，*Sports and Freedom*，156.

238 把高校橄榄球赛看作是体育运动，这不是一种错误吗：*Life* 45，1159 (January 12，1905)，40.

238 尽管校董会极力为发展"阳刚运动"辩护：Eliot, Report of the President，1873－1874，22－23.

238 埃里奥特承认，由于金钱的卷入：James，*Eliot*，vol. 1，85.

239 无论从精神还是身体角度看，今天的竞技体育是所有正统文化的公敌：Dudley A. Sargent, The physique of scholars, athletes, and the average student, *Harvard Graduates' Magazine* 16(June 1908)，611－613.

239 而是诉诸更为高尚的动机：Dudley A. Sargent, The Hemenway Gymnasium：An educational experiment，*Harvard Graduates' Magazine*，December 1894，172.

239 大量劣等的外来血统破坏了美国社会的完整性：Dudley A. Sargent，*Physical Education* (Ginn and Co.，1906)，21－23.

239 在平等的法律下，白人和黑人应隔离开来，各自生活，但彼此间保持融洽的关系：Letter from Eliot to unnamed correspondent，April 30 and May 5，1909, in James，*Eliot*, vol. 2，166－168.

239 1912 年，埃里奥特与其他一些有名望的知识分子一起：Carl N. Degler，*In Search of Human Nature* (Oxford University Press, 1991)，43. 埃里奥特反对"男女同校"(co-education)的观点直接来源于他的"社会隔离"理论。1874 年一位约翰·霍普金斯大学财产管理会理事的妻子报道了埃里奥特关于"男女同校"的观点："在一个平等的社会中，男女学生同校有利于人际交流。但是在一个各阶层混杂的大城市，男女同校教育弊大于利。不同阶层的男女杂居一起，最后往往以悲惨的婚姻生活告终。Letter from Mary Whitall Thomas to M. Carey Thomas，June 10，1874，quoted by Horowitz, The great debate，130.

240 5 世纪末之前，人们对强壮身体和竞技胜利的过度追求：E. Norman Gardiner，*Greek Athletic Sports and Festivals* (London, 1910)，4，as quoted by Young，*The Olympic Myth*，78.

240 从本质上讲，业余哲学与竞技哲学是对立的：Young，*The Olympic Myth*，78 (emphasis in original).

241 那些贵族出生的英国选手将会尝到苦头：Our sporting column, *Harvard Crimson*, May 17, 1878.

241 哈佛教师们建立栅栏、收取门票的想法着实荒谬可笑：Letters to the editor, *Harvard Crimson*, February 22, 1884.

242 居然非专业人士也能组装贝尔的电话：James Clerk Maxwell, as quoted by Hofstadter, *Anti-intellectualism*, 31.

245 在常春藤盟校，那些参加主要体育项目：*Reclaiming the Game*, 109.

248 对体育在大学中的现实地位作了评价：Santayana, Philosophy on the bleachers, 181-190.

249 "特殊的天分或才智"：Henry Rosovsky, Report of the President, 1975-1976: Faculty of Arts and Sciences, 66.

250 我希望中的哈佛学院，应该培养更多样化的学生：W. J. Bender, Final Report, excerpts reprinted from the Report of the President of Harvard College and the Reports of Departments, 1959-1960, 1-38.

250 杰罗姆·卡拉贝尔在他的新书《入学标准》：Jerome Karabel *The Chosen*（Houghton Mifflin, 2005）。卡拉贝尔抨击班德的继承人弗里得·格利姆（Fred Glimp）提出的"快乐底层四分之一"（happy bottom quarter）设想。事实上，对班级中后进生的关注可追溯到1869年，当时Andrew Preston Peabody校长对后进生在班级中的积极作用作了阐述：后进生记忆力差，他们的成绩在班级里处于倒数的地位。然而，他们的存在却维持了那些名次在他们之前的学生的自尊和抱负。在100人的班级中90名仍是不错的名次，因为他至少还会努力维持自己的名次，可能的话，还有向前冲几名的动力。但是，一旦他后面的10名学生被学校开除或降级，他将变成了班级中的垫底学生，这样的打击将会使他失去了努力学习的动力，摧毁了他的雄心壮志。如果这样的循环继续进行下去的话，班级中排名第80位的学生将会遭遇同样的困境，然后第70位学生，第60位学生……Peabody, Report of the President, 1868-1869, 9.

250 招生是一场"零和的游戏"：Julia M. Klein, Merit's demerits, *Chronicle of Higher Education*, November 4, 2005.

251 当运动员以低于他们本可以达到的成绩毕业时，我们也不必感到不安：*The Game of Life*, 65-68.

结 语

254 同时哈佛将不再鼓励学生在某个领域进行高深研修，相反它鼓励浅尝辄止：Harvard

College Curricular Review, Educational Policy Committee Summary Statement on Concentrations, November 22,2005,8.

259 当独立思考被传统的平民主义思想取代后:例如,萨默斯曾说,自己想哈佛应该建立一个学生活动中心,因为多数大学都有这样的活动中心。Lawrence H. Summers, Remarks to the Harvard College fund assembly, October 29, 2005, http://www.president.harvard.edu/speeches/2005/1029_hcf.html.

259 "摇滚明星校长":Alexander D. Blankfein, Nina L. Vizcarrondo, and Ying Wang, To students, a rock star president, *Harvard Crimson*, February 22,2006.

259 人们经常引述萨默斯在"国家经济研究局"一次关于女性在科学、工程领域地位的讲话:Lawrence H. Summers, Remarks at NBER conference on diversifying the science and engineering workforce, January 14,2005, http://www.president.harvard.edu/speeches/2005/nber.html.

259 三个月前,当一大群女教授向她指出哈佛聘用的女教师数量锐减时:Stephen M. Marks, Female faculty discuss tenure, *Harvard Crimson*, October 8,2004.

260 这戏弄了那些开始支持他的教授们的看法:Sara Ivry, Did an expose help sink Harvard's president? *New York Times*, February 27,2006.

260 从一月份有关此事长篇累牍的报道中,教授们已经了解了哈佛的立场:David McClintick, How Harvard Lost Russia, *Institutional Investor*, January 2006,62ff.

260 校长不恰当地提出了他对一些博士培养计划的意见:Marcella Bombardieri, Summers should go, ex-Harvard dean says, *Boston Globe*, February 16,2006.

261 新闻记者和评论家迅速在哈佛网站上列举了萨默斯的政绩:Summers to step down as president at end of academic year, *Harvard University Gazette*, February 23,2006; Scott S. Greenberger, Bold style brought firm Allston plans, larger public role, *Boston Globe*, February 22,2006; John Tierney, The faculty club, *New York Times*, February 25,2006.

261 在分析教育问题时,他喜欢引经据典但时过境迁,那些说明教育问题的数据都已发表多年:David C. Newman, Survey says advising lags, *Harvard Crimson*, December 10,2001.

261 2006年,在原来8500万美元学生资助预算基础上,又增加了200万美元的学生资助:Michael M. Grynbaum, A year after Harvard, Yale expands aid, *Harvard Crimson*, March 4, 2005; College's yield rises to nearly 80 percent, *Harvard University Gazette*, May 12,2005.

262 一些媒体报道称现在的哈佛教授"像一群病人,急切地希望掌控疯人院":参见,Faculty 1, Summers 0, editorial, Boston Herald, February 22, 2006.

263 哈佛理事会终于承担起受托的责任了:作为广纳民意的一个表态,一位董事会成员退位后几天曾表示,哈佛文理学院无意掌控整个哈佛大学。Maria Sacchetti and Kathleen Burge, At Harvard, faculty push for openness, Boston Globe, February 24, 2006.

265 诚如林塞·沃特斯所言,不能把追求卓越误认为追求个性. Waters, *Enemies of Promise*, 39, 87.

267 "严爱、明理": Jeremy Knowles quoted by Anthony Flint, Harvard's Archie Epps is dead at 66, *Boston Globe*, August 23, 2003.

附录　哈佛大学现行各学院结构图

- 文理学院 (Faculty of Arts and Sciences)①
  - 哈佛学院（Harvard College）
  - 文理研究生院（Graduate School of Arts and Sciences）
  - 工程与运用科学学院（School of Engineering and Applied Sciences）
  - 继续教育部（Division of Continuing Education）
- 哈佛神学院（Harvard Divinity School）
- 哈佛商学院（Harvard Business School）
- 设计学院（Graduate School of Design）
- 哈佛教育学院（Graduate School of Education）
- 肯尼迪政府管理学院（Kennedy School of Government）
- 法学院（Law School）
- 医学院（Medical School）
- 牙医学院（School of Dental Medicine）
- 公共卫生学院（School of Public Health）
- 拉德克利夫高级研究院（Radcliffe Institute for Advanced Study）

---

① 文理学院下属的哈佛学院是专门负责本科教育的机构。哈佛学院在哈佛教育发展历史中具有特殊的地位。本书作者曾经告诉译者，哈佛学院是哈佛大学教育的核心。在哈佛建校后的 200 年左右的时间里，哈佛学院就是哈佛教育的唯一存在。哈佛引进研究生院教育、建立现代大学制度仅仅是 19 世纪的事情。时至今日，哈佛大学最正式的名称依旧保留了 17 世纪的措辞（The President and Fellows of Harvard College）。另外，本书作者在结语部分曾经提到，2005 年 3 月 15 日哈佛文理学院委员会以投票方式，通过了对萨默斯校长的"不信任投票"。这是哈佛这座常春藤学府 370 年历史上首次对校长提出的不信任投票。后来哈佛引发了萨默斯校长辞职的风波。译者曾专门就此事问过作者刘易斯·哈瑞教授："这件事情上，我们是否可以认为文理学院事实上有权力推翻校长职位，从而体现出比学校董事会更大的影响力？"哈瑞这样回答："哈佛大学并没有正式的'不信任投票'这一制度。当时的投票是由学院的一名教授发起的，后来得到了多数教授的支持。投票结果表达了文理学院对萨默斯校长领导能力和道德品质的否定态度［特别是在施莱费尔事件（见本书第七章）上，萨默斯校长表现出的不诚实］，也表明了他已经失去了对文理学院的领导力。哈佛大学董事会意识到，尽管萨默斯有其他方面的优点，但他已经失去了对大学的领导能力，这一局面已经无以修复。"哈瑞教授认为，萨默斯校长下台一事，并不能说明哈佛大学的"特殊性"，相反它反映了人们对大学领导者素质的一般要求。哈瑞教授引了中国的《老子》（第 17 章）中的一段话来解释他理想中的大学领导：太上，不知有之；其次，亲而誉之；其次，畏之；其次，侮之。信不足焉，有不信焉。悠兮，其贵言。功成事遂，百姓皆谓"我自然"。——译者注

译后记

本书是我和我的研究生们合作的结果。其中梁爽提供了第三、五、六、八章的翻译初稿,曹长清和梁爽提供了第四章的翻译初稿,陈琼琼提供了第九章的翻译初稿,浙江海洋学院的钟伟良参与了"导言"的翻译和"注释"的文字输入工作。本人完成中文版序言、英文版序言、导言、第一、二、七章和结语的翻译及全书的修改工作。翻译过程中,我们不但有分工,还相互校对彼此的翻译文稿,并相互激励、不断讨论并克服翻译中遇到的各种问题。我为他们的工作和精神感到骄傲!

除了合作者,我还要感谢本书原作者哈瑞·刘易斯先生在翻译期间提供的有关背景知识。毕业于哈佛法学院的刘扬博士通读了全部书稿,并提出了宝贵的意见。我的研究生闫晶晶和她可敬的母亲,经常通过互联网鼓励我的翻译工作。华东师大高等教育研究所的王惠、张静华、薛文正等同学也通过各种方式为本书的翻译提供了支持,感谢石芳同学在本书修订中给予的帮助。

华东师范大学出版社的彭呈军先生总是在艰苦的翻译过程中,给我带来各种好消息。我还要感谢所有为本书出版作出贡献的华东师大出版社的工作人员。

本次修订纠正了原先译文中的不当和错误之处。对于本书中依然可能存在的各种问题,恳请读者批评指正。

侯定凯

华东师范大学高等教育研究所

2012 年 6 月

图书在版编目(CIP)数据

失去灵魂的卓越:哈佛是如何忘记教育宗旨的/(美)刘易斯(Lewis,H.)著;侯定凯等译. —2版. —上海:华东师范大学出版社,2012.6
ISBN 978 - 7 - 5617 - 9639 - 9

Ⅰ.①失… Ⅱ.①刘…②侯… Ⅲ.①哈佛大学—学校教育—研究 Ⅳ.①G649.712.8

中国版本图书馆 CIP 数据核字(2012)第 136368 号

失去灵魂的卓越(第二版)
哈佛是如何忘记教育宗旨的

撰　　著	哈瑞·刘易斯
译　　者	侯定凯等
责任编辑	彭呈军
项目编辑	刘　佳
责任校对	王丽平
版式设计	卢晓红
封面设计	杜静静　陈军荣
出版发行	华东师范大学出版社
社　　址	上海市中山北路 3663 号　邮编 200062
网　　址	www.ecnupress.com.cn
电　　话	021 - 60821666　行政传真 021 - 62572105
客服电话	021 - 62865537　门市(邮购)电话 021 - 62869887
地　　址	上海市中山北路 3663 号华东师范大学校内先锋路口
网　　店	http://hdsdcbs.tmall.com
印 刷 者	常熟高专印刷有限公司
开　　本	787 毫米×1092 毫米　1/16
印　　张	18.5
字　　数	314 千字
版　　次	2012 年 8 月第 2 版
印　　次	2024 年 4 月第 14 次
印　　数	32301—33400
书　　号	ISBN 978 - 7 - 5617 - 9639 - 9
定　　价	36.00 元
出 版 人	王　焰

(如发现本版图书有印订质量问题,请寄回本社客服中心调换或电话 021 - 62865537 联系)

华东师范大学出版社

新书推荐

《重新想象大学的学习》

大学存在的理由在于紧密联系年轻人和老年人，发挥想象，为学为道，搭建知识生长与生命热望之间的桥梁。大学的确是要传授知识，但必须是以一种充满想象力的方式来传授知识。这是大学服务于社会的应有之义，否则就不能成其为大学。

——怀特海

全球高等教育走到了通向未来的十字路口，我们必须认真思考何去何从了。斯坦福 2025 计划、密涅瓦大学和欧林工学院的出现，正是这种思考和尝试的体现。在此背景下，联合国教科文组织提出要重塑高等教育的理念和实践，其中包括确保高等教育学习的多元化和灵活性，维系高等教育系统的包容性和参与性。本书呈现了呼应这一愿景的有益尝试和实证研究，适时、及时地对中国大学扎根本土、面向未来的人才培养模式提出基于证据的思路和建议。

《大学的挑战》

大学——"我们最熟悉的陌生人"，在社会变革中如何演进？如何应对全新的挑战？本书为大学的未来使命续写答案。

本书是一本探讨未来高等教育变革的著作，由一位资深大学管理者（曾任职于英国、澳大利亚的高校）和一位资深高等教育政策制定者及实施者（曾担任英国教育大臣）合著，该书基于英语文化圈的高等教育体系，讨论了社会激烈变化中大学的使命和未来发展趋势，最突出的一点是关注了剧烈的社会变革，这在学界尚未充分讨论过，例如预期寿命的延长对教育需求的影响，涉及教学、研究、公民参与、资助、问责制和高等教育的价值等方方面面，并对大学的发展作出了预测。